新能源纯电动汽车：构型、管理及控制

谢长君　费亚龙　全书海　著

科学出版社
北京

内 容 简 介

本书从理论及工程应用的角度，系统地介绍新能源纯电动汽车在动力构型、电池管理及整车控制方面的关键问题及核心技术。全书共9章。第1章概述新能源纯电动汽车的定义及发展现状；第2章探讨纯电动汽车动力系统的基本构型；第3～7章重点介绍车载动力电池成组管理技术、主动均衡技术、荷电状态及健康状态估计技术等；第8章引入新型能源超级电容，并建立其非线性三分支等效电路模型；第9章详细探讨整车控制器及控制策略。

本书既可作为新能源汽车相关领域技术人员的参考用书，也可作为汽车、自动化等专业高年级本科生和研究生的教材。

图书在版编目(CIP)数据

新能源纯电动汽车：构型、管理及控制/谢长君，费亚龙，全书海著. —北京：科学出版社，2020.4

ISBN 978-7-03-060117-9

Ⅰ.①新… Ⅱ.①谢… ②费… ③全… Ⅲ.①新能源—汽车—构造 Ⅳ.①U469.7

中国版本图书馆CIP数据核字(2018)第288494号

责任编辑：张艳芬 赵晓廷 / 责任校对：王 瑞
责任印制：吴兆东 / 封面设计：蓝 正

科学出版社 出版
北京东黄城根北街16号
邮政编码：100717
http://www.sciencep.com
北京厚诚则铭印刷科技有限公司 印刷
科学出版社发行 各地新华书店经销
*
2020年4月第 一 版 开本：720×1000 1/16
2022年8月第二次印刷 印张：13 插页：1
字数：249 000

定价：109.00元

前　言

内燃机动力体现了整整一个世纪人类智慧的精华，但其致命的弱点是造成环境污染，而且世界的石油资源已日益枯竭，内燃机很难从根本上摆脱这一被动的不利局面。开发新能源电动汽车，在能源环保形式日益严峻的情况下备受瞩目。节能与新能源电动汽车是《国务院关于加快培育和发展战略性新兴产业的决定》所确定的七大战略性新兴产业之一，是《中国制造 2025》中的重点发展方向，也是我国汽车工业实现由大转强的根本路径。

新能源电动汽车主要分为纯电动汽车、混合动力电动汽车和燃料电池电动汽车三类。据中国汽车工业协会统计，我国新能源电动汽车 2017 年全年生产量和销售量分别达到 79.4 万辆和 77.7 万辆，连续三年位居全球第一，2018 年全球新能源电动汽车销售量已突破 200 万辆。显然，新能源电动汽车产业迎来了前所未有的重大机遇。

目前，新能源电动汽车的主流为锂离子电池驱动的纯电动汽车。纯电动汽车的核心技术主要在于电池、电机及电控三个方面。本书主要涉及电池及电控技术。首先提出车载动力电池的精准管控技术。动力电池作为纯电动汽车的驱动能源，其成组管理、动态均衡、状态估计技术对电池安全及寿命保证非常关键。其次系统地提出纯电动汽车整车控制器的设计方法及控制策略。作为管控整车的核心中枢和大脑，整车控制器的角色尤为重要。

本书结合作者及团队十多年的研究实践，详细叙述新能源纯电动汽车在动力构型、电池管理及整车控制方面的技术细节。第 1 章概述新能源纯电动汽车的定义及发展现状。第 2 章探讨纯电动汽车动力系统的构型，包括与传统燃油汽车的比较及动力系统的典型拓扑分析。第 3 章介绍车载动力电池类型，重点分析锂离子动力电池的基本原理及等效电路模型。第 4 章讨论动力电池串并联成组技术、电池管理系统的基本架构及功能，并详细阐述电池管理系统的硬件设计电路。第 5 章深入分析电池组被动及主动均衡技术，设计电池组动态主动均衡系统。第 6 章系统论述动力电池荷电状态的定义及传统估计方法，并提出多种含扩展卡尔曼滤波、无迹卡尔曼滤波及自适应无迹卡尔曼滤波等多种在线估计算法。第 7 章提出一种基于动态内阻在线测试的电池组健康状态估计方法，并通过动态内阻检测电路设计来验证该估计方法的可用性。第 8 章介绍一种新型辅助驱动能源——超级电容，通过分析超级电容工作原理，提出并建立一种非线性三分支等效电路模型，基于 L-M 法进行模型参数辨识，并通过 SIMULINK 及测试台架进行模型验证。第 9 章重点探讨纯电动汽车整车控制器，包括控制器基本结构及功能、控制器硬件电路设计及整车控制策略等。

本书是武汉理工大学新能源检测与控制技术研究中心科研人员十多年的心血凝结与工作结晶。各章撰写分工如下：费亚龙和谢长君主要完成第 3～6 章的撰写，谢长君和全书海完成其他章节的撰写及全书的校核工作。参与本书资料整理的有博士生杨扬、李小龙、朱文超、李杨、张守震，硕士生程哲、曹夏令、姚提照、曾甜、刘霞、曾苗苗、孙绍博、张周灿、许梦蝶等，在此一并表示感谢。

经过多年的酝酿和努力，我们试图将新能源纯电动汽车领域国内外最新研究进展及实验室在该领域的研究成果及心得体会奉献给同仁和读者，助力我国在新能源汽车的学术创新与进步，推动新能源汽车产业快速健康发展。虽经多次修改，但仍难如人意，且有些工作仍在继续深入和推进。

限于作者水平，书中难免存在不足之处，欢迎读者批评指正，共同推动中国新能源电动汽车的研究与开发。

谢长君

2019 年 10 月

目　　录

第1章 新能源纯电动汽车概述

新能源纯电动汽车具有低噪音、无污染、能量来源多样化、能量效率高的特点，是解决城市化中汽车问题的重要途径。发展纯电动汽车将对调整能源产业结构、提高重点领域的创新能力和市场竞争能力，以及促进经济社会协调发展产生深远影响。从汽车工业的发展来看，电动汽车的迅速发展呈现不可逆的趋势。

电动汽车的出现比燃油汽车更早，世界上第一辆机动车就是电动车。后来，燃油汽车技术迅速发展，而电动车在能源技术和续驶里程方面长期未能取得突破，20世纪20年代初至60年代末，电动车的发展进入了沉寂期。70年代以来，由于石油危机的爆发及人类对自然环境的日益关注，电动车才再度成为技术发展的热点。特别是21世纪以来，在世界范围内能源日益枯竭、环境污染越发严重的大环境下，国际能源署(International Energy Agency，IEA)在《2017年世界能源展望》中提到：随着世界能源发展的持续变化，各国的经济方向和能源政策也随之发生重大改变，在可持续发展的前提下，在传统的化石能源向清洁的新能源转型的过程中，人类依然面临着巨大挑战，同时也面临新的机遇。各国政府都积极加入发展新能源产业的潮流中，将新能源的发展作为改善环境、节约成本的重要方针。新能源电动汽车随之应运而生并影响了世界整个汽车行业发展的趋向。新能源电动汽车主要由电池提供动力。噪音小、污染低、能量效率高、能量来源多元化等是其最为显著的优点。新能源电动汽车的研究技术将会随着科技的进步变得更加成熟，新能源电动汽车已成为全球汽车行业发展的风向标。与此同时，在我国行业内专家及相关技术人员的共同努力下，新能源电动汽车近几年也发展得异常迅猛。

2007年，我国实行了《新能源电动汽车生产准入管理规则》，预示着新能源电动汽车领域的发展将日益加快。纯电动汽车和混合电动汽车以其节能、低噪声、环保无污染等优点，深受用户喜爱，在汽车行业所占市场份额急速提升。近几年，我国在新能源电动汽车方面的相关研究取得了重要进展，例如在电动汽车的运行效果、行驶距离、动力电池机能、充电桩等基础设施建设方面均取得显著成果。据相关部门统计，我国新能源电动汽车2017年的生产总量高达79.4万辆，销售总量达到77.7万辆，相比2016年依次增长了53.8%和53.3%。

美国权威经济学家杰里米·里夫金认为，世界范围的第三次工业革命将是无污染的清洁能源和网络信息技术的融合。互联网、电动汽车、智能电网及电动汽车充电装置的互相结合，极大推动了汽车网络同步的能源交通系统的信息化发展。清华大学的能源互联网研究专家何继江认为，以电动汽车的使用情况为依据，对系统进行相关的能源反馈，利用太阳能发电技术，将大量清洁能源注入电网，以增强智能电网的稳定性，同时将电动汽车当成能量储存的末端，可有效地推动可再生新能源与电动汽车智能电网的结合。

相当一部分具有相关技术的国家为了保护环境的同时能够从容地应对即将转型的能源发展结构，在未来的新能源科技层面处于领先位置，近几年纷纷将新能源电动汽车的研究列为国家重要发展战略，并出台许多鼓励人们参与相关技术研究和补贴销售市场的相关政策。从 2016 年开始，许多国家更加重视新能源电动汽车产业的发展。美国大力推动国内电动汽车的发展，新建造了许多电动汽车充电桩，为提升动力电池的相关性能做了大量研究；日本为了发展电动汽车，要求国内汽车生产商在 2020 年销售电动汽车达到 100 万辆；德国为了提高电动汽车研发的吸引力，为国内相关技术企业发放总价值 12 亿欧元的资金补助。2011～2017 年全球电动汽车市场销售趋势如图 1.1 所示。在企业层面，众多大型的汽车企业也纷纷投入电动汽车的生产研发中。大众汽车集团发言人表示，大众汽车集团的电动汽车总销量在 2025 年将达到 250 万辆左右，将占据其汽车销售总量的 25％左右，并且在接下来的 10 年里，将会陆续推出至少 30 种不同车型的电动汽车。戴姆勒股份公司表示在 2018～2024 年将生产出 6 款以上的电动车型进入市场。东风雷诺汽车有限公司表示在 2020 年将出售电动汽车超过 150 万辆。2012 年，我国制定了《节能与新能源电动汽车产业发展规划(2012—2020)》政策，要求截至 2015 年我国电动汽车必须完成 30 万辆的累计销售，截至 2020 年要求国内自主生产销售的电动汽车达到 200 万辆而累计销量大于 500 万辆。2011～2017 年我国电动汽车销量趋势如图 1.2 所示。

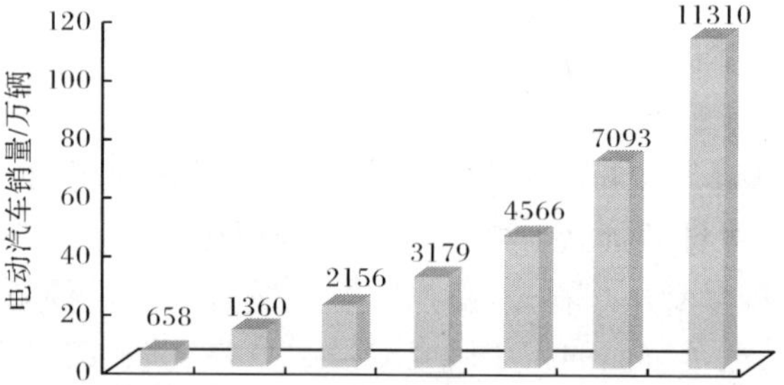

图 1.1　2011～2017 年全球电动汽车市场销售趋势

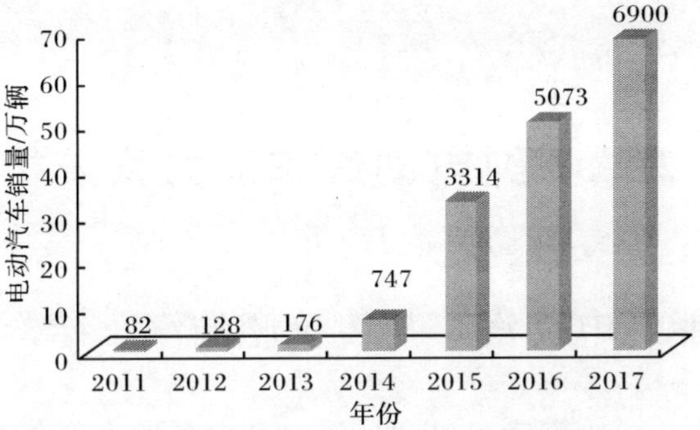

图 1.2　2011～2017 年我国电动汽车销量趋势

第 2 章　纯电动汽车动力系统构型

2.1　新能源电动汽车与传统燃油汽车结构上的异同

传统燃油汽车主要由发动机、底盘、车身和电器四大部分组成。与传统燃油汽车的结构相比，新能源汽车主要是采用动力电池和电动机代替传统汽车的内燃发动机，去掉传统燃油车的油箱。动力电池通过反应将化学能转变为电能，再经过电动机控制器去驱动电动机，电动机通过变速箱、减速器、传动轴等带动车轮滚动，从而驱动整车行驶。动力电池通过车载充电机或者地面大功率充电机进行外部充电，类似于传统燃油车的加油。

由于动力电池及电动机输出效率高，加上电动机可以在整车制动状态下进行能量回收，进一步提高能量利用率，因此新能源电动汽车的整体效率是传统燃油汽车能量转换效率的一倍以上。

传统燃油汽车的驱动系统主要包括离合器、变速器、万向传动装置、减速器、差速器、半桥等，而新能源电动汽车能源拓扑及驱动系统有多种形式，包括动力电池纯电动拓扑、动力电池与超级电容混合拓扑、燃料电池与动力电池混合拓扑、燃料电池与超级电容混合拓扑、燃料电池与动力电池及超级电容三能源混合拓扑，以及单电动机驱动、双电动机驱动、四轴独立电动机驱动等。与燃油汽车相比，新能源电动汽车的结构更加灵活。燃油汽车的能量主要通过刚性联轴器和传动轴传递，而新能源电动汽车的能量主要是通过柔性的电缆电线传递。

新能源电动汽车可以根据自身的特点进行全新设计，也可以在传统燃油汽车构造的基础上改造优化而来。目前已经上市的大多数新能源电动汽车都借助了已有的传统燃油汽车车型的构造布局，仅仅是将发动机驱动器改为电动机驱动器或电动机与发动机混合驱动器，把油箱改为电力储能装置，这样可以实现部分零部件共用，便于规模化生产，降低成本。对于变速箱，有的新能源电动汽车采用单级减速器，省去了变速箱，有的新能源电动汽车还加装了结构简单的变速箱。由于不同类型的新能源电动汽车的技术特点不同，对传统燃油汽车构造改变也不尽相同。当然，不管哪类新能源电动汽车都必须增加电动机、电控[电动机控制器、整车控制器(充电机、逆变器和 DC/DC 转换器)]、电池管理系统(battery management system，BMS)与电池四部分，电动转向、电动空调、电制动、电气仪表、能量回收和远程监控六部分。

2.2　传统燃油汽车和新能源电动汽车的技术对比

经过上百年的发展,传统燃油汽车产品非常成熟,其性能和成本已经能满足广大消费者的需求,只是在排放方面不尽如人意,因此未来的发展方向是节能与环保。受石油枯竭的威胁,能源安全也日益重要起来。

新能源电动汽车在使用过程中可以做到零排放,实现对环境的保护,造福子孙后代。同时,新能源电动汽车主要利用电能驱动,而电能可以通过多种方式获得,如煤、天然气等的燃烧,也可以通过核能、水能、风能、太阳能等获得,甚至人力也可以发电。通过电能的多样性来源可以摆脱对石油的单一性依赖。

受技术发展的限制,目前传统燃油汽车内燃机能量转化效率无法与新能源电动汽车电动机的能量转换效率相比,新能源电动汽车更节约能源,能量转换效率比传统燃油汽车高一倍左右。

传统燃油汽车的发动机是内燃机,包括汽油机和柴油机,燃烧燃油产生的能量只有约40%被用于驱动车辆做功。提高内燃机效率的方式有以下4种:①提高发动机热效率;②汽车遇到怠速时能自动启停;③尽量使内燃机在经济工况下运行;④余热(能量)回收。为了改善能量转换效率,多数发达国家做了大量研究,研发出不少新技术。汽油机改进新技术包括缸内燃油直喷、分层燃烧、贫燃技术、增压技术、可变进气歧管等。目前,柴油机采用的新技术是高压共轨。柴油汽车比汽油汽车更环保、节能,新一代高压共轨技术的应用,使柴油汽车排放更清洁,未来轿车动力系统有采用柴油发动机的趋势。

布朗气体的注入是一项新的研究技术。将布朗气体注入内燃机后,能显著提升内燃机的燃料效率,能够节油10%～20%且能使排放显著减少,更为环保。

新能源电动汽车的产品还未成熟,未来的发展方向是高性能与低成本。目前,电动机和电池新技术层出不穷,为新能源电动汽车的发展带来无限潜力。总体来说,新能源电动汽车新技术可分为两种:一种是降成本的新技术;另一种是提供新价值的新技术。

降成本的新技术主要集中在电池新技术的研究方面。随着技术的进步,电池重量、体积、容量、成本都有所下降,在稳定性和安全性上有所上升。科研人员正在研发各种新型电池,如锂硫电池、镁硫电池、金属空气电池、纳米点电池、液流电池和石墨烯电池。其中,研究进展较快的有锂硫电池和金属空气电池,预测能带来3倍的性能提升和50%的成本下降。

提供新价值的新技术主要集中在电动机驱动新技术和充电新技术方面。目前,轮毂电动机技术在电动机驱动新技术中最具有发展潜力。轮毂电动机将轮毂和驱动装置直接合并为一体,相对集中电动机驱动或传统车辆驱动省去了大量传动部件,使车辆结构更简单。由于电动机、传动和制动装置都整合到了轮毂中,因此离合器、变速器、传动轴、差速器乃至分动器都可以省去。轮毂电动机增加了簧下质量而减少了簧上质量,导致振动偏大而限制了其在乘用车上的广泛应用。如果轮毂电动机的轻量化取得重大突破,那么就会赋予新能源电动汽车更多的新价值。

目前,充电新技术包括太阳能自动充电和无线充电。太阳能自动充电是指在汽车上搭载太阳能电池板,利用太阳能自动发电后给蓄电池充电。此技术比较成熟,但是鉴于太阳能的转换效率和太阳能电池板的成本尚没有得到大规模应用。无线充电是指电池和电源之间不需要电源线的硬连接,可以直接通过空气传送能量,其主要原理还是磁电转换。目前,无线充电在手机充电上已有初步应用,在电动汽车上主要还是受制于传输功率的大小,该技术还在快速发展中。

与传统燃油汽车相比,新能源电动汽车的结构灵活,这种灵活性源自新能源电动汽车具有的独特特点:

(1) 新能源电动汽车的能量主要是通过柔性的电线而不是通过刚性联轴器和转动轴传递的,因此各部件的布置具有很大的灵活性。

(2) 新能源电动汽车驱动系统的布置不同,如独立的四轮驱动系统和轮毂电动机驱动系统等,会使系统结构差别很大;采用不同类型的电动机,如直流电动机和交流电动机,会影响新能源电动汽车的重量、尺寸和形状;不同类型的储能装置,如蓄电池,也会影响新能源电动汽车的重量、尺寸和形状。另外,不同的能源补充装置具有不同的硬件结构,例如,蓄电池可通过感应式和接触式的充电机充电,也可采用更换蓄电池的方式,将替换下来的蓄电池集中充电。

新能源电动汽车的结构主要由电力驱动控制系统、汽车底盘、车身及各种辅助装置等部分组成。电力驱动控制系统既决定了整个新能源电动汽车的结构组成及其性能特征,又是新能源电动汽车的核心,它相当于传统汽车中的发动机与其他功能以机电一体化方式相结合,这也是与传统内燃机汽车的最大不同点。因此,与传统燃油汽车相比,新能源电动汽车是一个系统级的结构性创新。

2.3　纯电动汽车动力系统拓扑结构创新

传统燃油汽车的能源主要是汽油或柴油。新能源电动汽车的动力能源包括锂离子电池、超级电容、燃料电池等,它们均可作为单独能量源为汽车提供能量,其中单独由锂离子电池驱动的纯电动汽车是目前新能源电动汽车的主流,其基本结构如图 2.1 所示。在复杂多变的工况下,汽车经常会加速运行或者减速运行,导致动力能源充放电运作十分频繁,这对能源的要求很高。也就是,动力能源既要有大的能量容量,又要有较高的功率密度,这是单一能量源无法满足的。因此,两种或三种能源进行混合是新能源电动汽车动力能源拓扑的发展趋势。

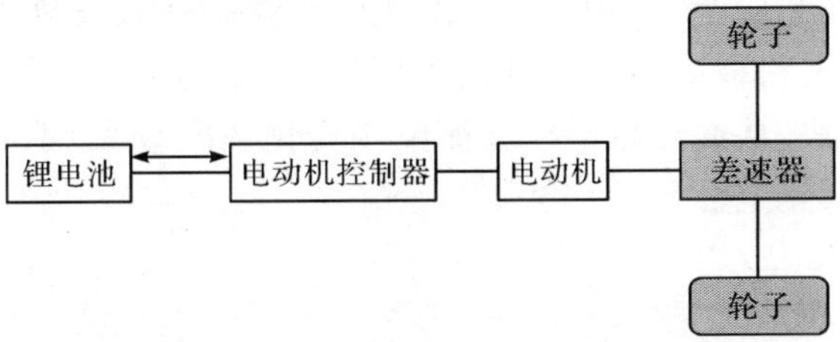

图 2.1　锂离子电池驱动的纯电动汽车动力系统拓扑结构

混合动力系统(又称混合能量存储装置),顾名思义就是两个或者两个以上的动力电源以某种形式结合在一起构成新的动力系统。在新的混合动力系统中,要能发挥各个能量储存装置的优势,且使其不足之处能够被合并使用的其他装置的特性弥补。锂离子电池具有能量比高、功率密度比较小等特点,超级电容刚好与之相反,因此这两种动力源的组合引起了不少科研人员的关注。这种新型的并联式混合动力将结合锂离子电池与超级电容的优点,弥补其缺陷,形成同时具有高能量和高功率密度的新型动力电源。

在混合动力系统组成中,最简单的方式是直接混合动力系统拓扑结构,即将超级电容直接以并联形式与锂离子电池相连接,系统中没有双向 DC/DC 变换器。在这种拓扑结构中,超级电容与锂离子电池组是直接并联形式,端电压与电动机直流母线电压相等,电容器的储能特性使流过锂离子电池组的电流值十分稳定,同时系统的制动能量被超级电容回收。此结构的主要缺点在于,电动机需求功率流不能被主动控制,仅根据锂离子电池和超级电容的内阻进行分配,这就会导致不能充分发挥超级电容的作用,功率效率比较低,锂离子电池的电流和电压也会随负载变化而急剧变化,此双能源结构没有起到合理分配电动机需求功率的作用,其拓扑结构如图 2.2 所示。

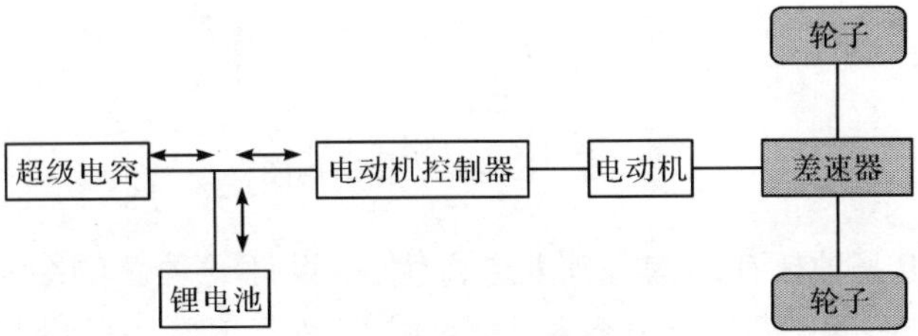

图 2.2　双能源拓扑结构图 1

有 DC/DC 变换器存在的混合动力系统拓扑结构称为间接混合动力系统拓扑结构。与图 2.2 相比,图 2.3 所示的双能源拓扑结构增加了一个双向 DC/DC 变换器,将锂离子电池与双向 DC/DC 变换器串联接在负载一端,同时超级电容直接与负载相连。这种结构下,与电动机直流母线电压不同,锂离子电池组的电压要求等级被放松,但是超级电容与负载直接相连,其输出电压会随负载电流(输出电流)增大而下降较快,从而导致母线直流电压变化幅度较大,不利于混合能源的控制,功率利用率低、安全性差。

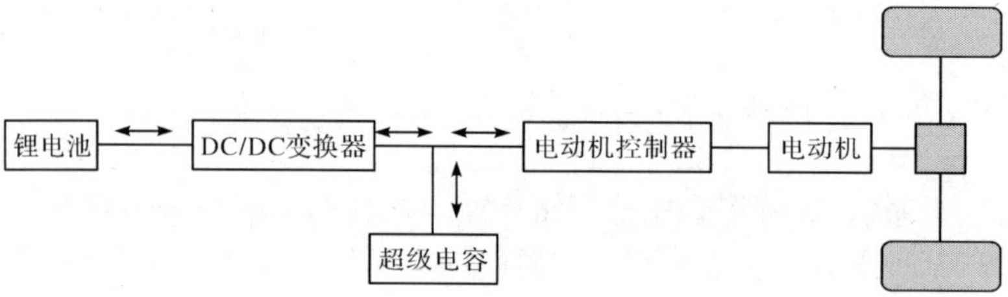

图 2.3 双能源拓扑结构图 2

为了使双能源更安全、功率利用率更高,本书在图 2.3 所示拓扑结构的基础上加以修改,即在超级电容与锂离子电池两端分别增加两个 DC/DC 变换器,再与负载并联,此结构的优点在于两个 DC/DC 变换器将动力能源与负载完全隔离,提高了系统运行的灵活性并扩大了电压的调控范围,但是增加两个 DC/DC 变换器会导致整个系统结构更为复杂,相应的控制策略也会变得更加难以制定。其拓扑结构如图 2.4 所示。

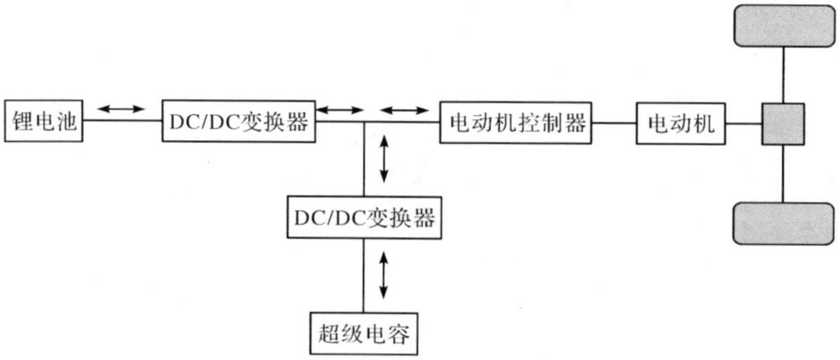

图 2.4 双能源拓扑结构图 3

本书在以上三种拓扑结构基础上进行优化,设计一种新的结构。选择间接混合动力系统拓扑结构,将超级电容和 DC/DC 变换器串联后的结构与锂离子电池并联,再与负载相连接,如图 2.5 所示。如此安排 DC/DC 变换器的位置,可以确保锂电池直流侧电压与母线电压相等,保持在一个稳定范围内,而超级电容电压、输出功率均受 DC/DC 变换器的调控,可以灵活应对所有的动态负载功率。

锂离子电池组和 DC/DC 变换器的端电压均跟随电动机直流母线电压作为高

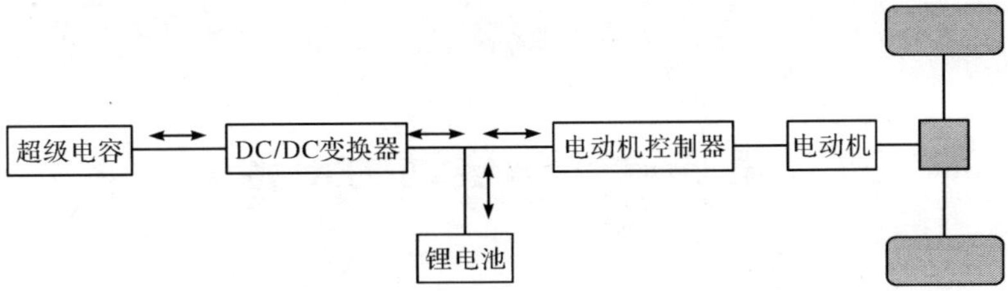

图 2.5　双能源拓扑结构图 4

压端，超级电容通过 DC/DC 变换器降压后作为低压端，锂离子电池组与超级电容之间的功率流能够主动地通过 DC/DC 变换器加以控制，双向 DC/DC 变换器作为能量调节装置使得锂离子电池可直接对外输出功率，超级电容的能量能够被充分利用，整合后的混合动力系统的能量转换效率较高。值得注意的是，只有当能量管理策略（energy management strategy，EMS）能够控制功率流时，双能源的组合才会起作用。

第3章　车载动力电池

3.1　动力电池类型

从全球新能源电动汽车的发展来看，其动力电源主要包括锂离子电池、镍氢蓄电池、燃料电池、铅酸蓄电池、超级电容，其中铅酸蓄电池、超级电容大多以辅助动力源的形式出现[1,2]。

1. 铅酸蓄电池

铅酸蓄电池已有100多年的历史，广泛用作内燃机汽车的起动动力源。铅酸蓄电池也是成熟的新能源电动汽车蓄电池，可靠性好、原材料易得、价格便宜；比功率也基本上能满足新能源电动汽车的动力性要求。铅酸蓄电池有两大缺点：①比能量低，所占的质量和体积太大，且一次充电行驶里程较短；②使用寿命短，使用成本过高。

2. 镍氢蓄电池

镍氢电池的正极采用金属氢氧化镍，负极使用锡氢合金。镍氢动力电池具有无污染、高比能、大功率、快速充放电、耐用性等许多优异特性。与铅酸电池相比，镍氢电池具有比能量高、重量轻、体积小、循环寿命长的特点；与镍镉电池相比，镍氢电池比能量是镍镉电池的两倍。另外，镍氢电池不含有镉、铅这类有毒金属，其中一些金属还有较高的回收价值，可称为绿色能源。

镍氢电池在日、美、德等国率先进入产业化。早期镍氢电池的用途主要是在笔记本电脑和移动电话领域取代镍镉电池，从1990年锂离子电池商品化以来，锂离子电池已经取代镍氢电池占领了便携式电子设备市场。2006年，我国生产镍氢电池13亿块；2011年，我国镍氢电池产量约11亿块；2012年，国内镍氢电池企业面临进一步转型的压力。在动力电池领域，日系丰田普锐斯电动汽车是镍氢电池商业化的代表作，也是“镍氢电池派”技术路线有力的证明。不容忽视的是，锂离子电池未来将取代镍氢电池成为新能源汽车车用动力电池的主流。

3. 锂离子电池

锂离子电池作为新型高电压、高能量密度的可充电电池，由于其独特的物理性能和电化学性能，具有广泛的民用和国防应用的前景。锂离子电池突出的特点是重量轻、储能大、无污染、无记忆效应、使用寿命长。在同体积、同重量情况下，锂离子电池的蓄电能力是镍氢蓄电池的 1.6 倍，是镍镉电池的 4 倍，目前人类只开发利用了其理论电量的 20%～30%，开发前景非常广阔。同时，锂离子电池是一种真正的绿色环保电池，不会对环境造成污染，是目前能应用到电动汽车上的最佳电池。我国从 20 世纪 90 年代开始开发和利用锂离子电池，目前已取得突破性进展，并研制出了完全拥有自主知识产权的锂离子电池。

4. 镍镉电池

镍镉电池的应用广泛程度仅次于铅酸蓄电池，其比能量可达 55W · h/kg，比功率超过 190W/kg。镍镉电池可快速充电，循环使用寿命较长，是铅酸蓄电池的 2 倍多，可达到 2000 多次，但价格为铅酸蓄电池的 4～5 倍。镍镉电池的初期购买成本虽高，但由于其在能量和使用寿命方面的优势，长期的实际使用成本并不高。镍镉电池具有以下缺点：①有记忆效应，容易充放电不良而导致电池可用容量减小；②需在使用 10 次左右后，进行 1 次完全充放电，如果已经有了记忆效应，那么应连续进行 3～5 次完全充放电，以释放记忆；③镉有毒，使用中要注意做好回收工作，以免造成环境污染。

5. 钠硫蓄电池

钠硫蓄电池具有以下优点：①比能量高，其理论比能量为 760W · h/kg，实际已大于 100W · h/kg，是铅酸电池的 3～4 倍；②可大电流、高功率放电，其放电电流密度一般可达 200～300mA/mm^2，并瞬时可放出其 3 倍的固有能量[1]；③充放电效率高。钠硫蓄电池采用固体电解质，因此没有通常采用液体电解质二次电池的那种自放电及副反应，充放电电流效率几乎为 100%。钠硫蓄电池的缺点主要是工作温度为 300～350℃，因此电池工作时需要一定的加热保温，而且高温腐蚀严重，电池寿命较短。采用高性能的真空绝热保温技术，可有效解决这一问题。钠硫蓄电池还存在性能稳定性及使用安全性不太理想等问题。20 世纪 80～90 年代，国外企业重点发展钠硫蓄电池用作固定场合（如电站储能），并越来越显示出其优越性，日本企业在这方面研究进展最为显著。钠硫蓄电池作为近年来被普遍看好的新能源电动汽车蓄电池，已被美国先进电池联盟（United States Advanced Battery Consortium LLC，USABC）列为中期发展的新能源电动汽车蓄电池。德国 ABB 公司（Asea Brown Boveri Ltd.）生产的 B240K 型钠硫蓄电池，其质量为 17.5kg，蓄电量为 19.2kW · h，比能量达 109W · h/kg，循环使用寿命为 1200 次，装车试验时最好的一辆新能源电动汽车无故障地行驶了 2300km。

3.2　锂离子电池

锂离子电池是一种二次电池(充电电池)，它主要依靠锂离子在正极和负极之间移动而工作。在充放电过程中，Li^+在两个电极之间往返嵌入和脱嵌。充电时，Li^+从正极脱嵌，经过电解质嵌入负极，负极处于富锂状态；放电时则相反。锂离子电池一般采用含有锂元素的材料作为电极，是现代高性能电池的代表。

3.2.1　锂离子电池类型

自20世纪90年代初锂离子电池投放市场以来，由于具有能量密度高、电压高、循环使用寿命长等优点，其发展速度快，品种增加也很快。锂离子电池可以从不同角度进行分类。

1. 根据电解质的种类

1) 液体锂离子电池

液体锂离子电池可以根据电池的形状分为圆柱形电池和方形电池。其具有以下优点和缺点。

优点：①锂离子电导率高，在较高的温度范围内电导率为$3\times10^{-3}\sim2\times10^{-2}$S/cm；②化学性能稳定，正极、负极、隔膜和集流体电解质溶液基本不发生化学反应；③制造电池的工艺比较简单、成本低。

缺点：容易漏液、安全性差，液体的有机溶剂电解质容易引起着火和爆炸。

2) 聚合物电池

聚合物电池可以分为全固态电解质电池和凝胶型聚合物电解质电池。目前达到实用化并大量投产的是凝胶型聚合物电池。其具有以下特点：①电解质呈凝胶状态，不漏液、安全性好；②离子电导率接近液态锂离子电池；③正极、隔膜和负极黏合在一起；④采用软包装材料，降低了电池的重量；⑤厚度减薄、体积减小，可以制成任意形状。

2. 根据电池的用途和容量大小

根据电池的用途和容量大小来划分，锂离子电池可以分为手提式电器使用的小型锂离子电池和大容量的锂离子电池。手提式电器使用的小型锂离子电池的容量一般在2A·h以内；大容量的锂离子电池主要用于电动工具、电动汽车和混合电动汽车。随着国际石油价格的不断上涨，电动汽车和混合电动汽车使用的锂离子电池的需求量会迅速增加。锂离子电池用于电动汽车上，要求一次充电后电动汽车行驶较长的距离，所以锂离子电池容量大，每个锂离子电池的容量达上百安时；混合电动汽车锂离子电池要求高功率，锂离子电池容量在10A·h左右。

3. 根据电池正极材料

锂离子电池根据不同的正极材料分为钴酸锂离子电池、锰酸锂离子电池和磷酸铁锂离子电池等。

钴酸锂离子电池：因含有稀有元素钴而价格昂贵，充电和高温状态下的安全性较差，故不适合动力电池领域。

锰酸锂离子电池：具有工作电压高、安全性好、成本低等优点，缺点是高温状态下不稳定且循环性能较差。

磷酸铁锂离子电池：在安全性与循环使用寿命等方面具有明显优势，具有广阔的应用前景，是目前新能源电动汽车锂离子电池的首选。

四种锂离子电池性能对比如表3.1所示。

表3.1　四种锂离子电池性能对比

性能指标	钴酸锂离子电池	镍钴锰锂离子电池	锰酸锂离子电池	磷酸铁锂离子电池
	$LiCoO_2$	$LiNiCoMnO_2$	$LiMn_2O_4$	$LiFePO_4$
晶体结构	层状	星状	尖晶石	橄榄石
振实密度/(g/cm^3)	2.8～3.0	2.0～2.3	2.2～2.4	1.0～1.4
实际比容量/(mA·h/g)	140～155	130～220	90～120	130～150
平台电压范围/V	3.6～3.7	3.6～3.7	3.7～3.8	3.2～3.3
工作电压范围/V	3.0～4.3	3.0～4.4	3.5～4.3	2.5～3.8
循环性能次数	≥800	≥1200	≥1200	≥2000
高温性能	一般	一般	差	好
环保	含钴	含钴、镍	无毒	无毒
安全性能	差	较好	良好	优秀
适用领域	小电池	小型动力电池	动力电池	动力电池/超大容量电源

3.2.2　锂离子电池的基本原理

图3.1(a)是磷酸铁锂离子电池的内部结构，图3.1(b)是实物磷酸铁锂离子电池。由图3.1(a)可知，磷酸铁锂离子电池的左边是电池负极，由石墨材料经铜箔与电池负极相连，中间是聚合物薄膜，聚合物薄膜只允许锂离子通过，而不让电子通过。右边是电池正极，由磷酸铁锂经铝箔与电池正极相连。

当给电池充电时，电池内部会形成一个电场，电场的方向是从电池正极指向电池负极。在电池正极上：在电池内部，锂离子从正极材料的晶格中脱离，在电场的作用下，经过电解液、聚合物薄膜、电解液最终嵌入负极石墨的晶格内；在电池外部，电子从电池正极材料中经由铝箔、电池正极、外部电路、电池负极、铜箔，嵌入电池负极材料石墨中。在电池充电时，正极材料失去电子，其化合价升高，被氧化，发生氧化反应（磷酸铁锂被氧化成磷酸铁）。充电时，发生氧化反应的化学方程式为

$$LiFePO_4 - xe^- - xLi^+ \longrightarrow xFePO_4 + (1-x)LiFePO_4 \tag{3.1}$$

当锂离子电池放电时，电池内部也会形成一个电场，电场的方向是从电池负极指向电池正极。在电池负极上：在电池内部，锂离子脱离石墨材料的晶格，在电场的作用下，经过电解液、聚合物薄膜、电解液，最终嵌入电池正极材料磷酸铁锂的晶格中；在电池外部，电子脱离电池负极材料石墨的晶格，经过铜箔、电池负极、外部电路、电池正极、铝箔，嵌入磷酸铁锂的晶格中，使得电池正极材料达到平衡。在电池放电的过程中，电池的正极材料得到电子，其化合价降低，被还原，发生还原反应（磷酸铁变成磷酸铁锂）。放电时，发生还原反应的化学方程式为

$$FePO_4 + xe^- + xLi^+ \longrightarrow (1-x)FePO_4 + xLiFePO_4 \tag{3.2}$$

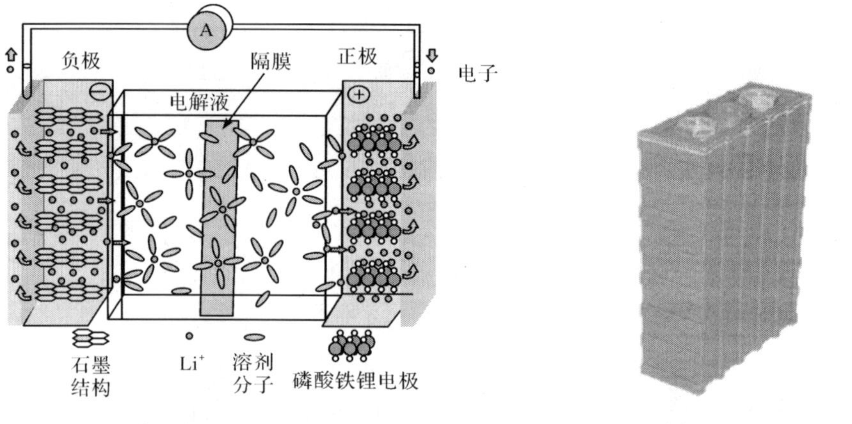

(a) 磷酸铁锂离子电池的内部结构　　(b) 实物磷酸铁锂离子电池

图 3.1　磷酸铁锂离子电池的内部结构和实物磷酸铁锂离子电池

磷酸铁锂离子电池具有高效率输出（标准放电为 2～5C，连续高电流放电可达 10C）、工作电压适中（2.6～3.6V，标准工作电压为 3.2V）、能量密度高（100～130W · h/kg）（参考中航锂电技术参数）、高温性能良好（内部温度高达 95℃，放电结束温度可达 160℃）、充电时间较短、循环使用寿命长（经过 2000 次循环，其放电容量仍大于 80%）、稳定性好、成本低、对环境无污染等优点，迅速占领了动力电池市场并不断得到应用。

图 3.1(b) 为某公司生产的 40A · h 磷酸铁锂离子电池，其技术参数如表 3.2 所示。

表 3.2　典型单体磷酸铁锂离子电池技术参数

额定容量	40A·h	
能量密度	105W·h/kg	
工作电压	充电截止电压	3.6V
	放电截止电压	2.6V
最大充电电流	≤3C	
最大放电电流	恒电流	≤4C
	脉冲电流	≤12C
标准充放电电流	0.3C	
循环使用寿命	80%DOD	≥2000 次
	70%DOD	≥3000 次
壳体最高耐温性	140℃≤长期耐温≤170℃	
适应环境	充电	0～55℃
	放电	−25～55℃
低温放电效率(−20℃)	≥80%	
自放电率(月)	≤3%	
单体电池质量	(1.5±0.1)kg	

注：DOD 为放电深度(depth of discharge)。

3.2.3　锂离子电池伏安特性测试

对磷酸铁锂离子电池在不同荷电状态(state of charge，SOC)下进行恒流脉冲充放电实验，通过测量电池由工作状态到静置状态的端电压变化，了解电池的内部等效阻抗特性及极化电压特性。

实验方法：选取一节单体容量为 40A·h 的磷酸铁锂离子电池，将其充电到一定阶段，静置足够长时间直到电池达到稳定状态，然后以 0.1C 的倍率恒流放电 10s 之后静置 30s，再对电池进行恒流充电 10s，静置 30s。通过测量得到的上述时间段内电池的电压响应曲线如图 3.2 所示，曲线是在电池 SOC=0.9 的情况下得到的，其中，电流为正代表放电；电流为负代表充电。

由图 3.2 可知，对电池放电时，电池端电压首先在 t_0 时刻出现瞬间下降，这是电池内部存在欧姆内阻导致的；在 t_0～t_1 时间段内，电池端电压缓慢下降，这是因为电池内部存在极化电容，有电容存在，电池端电压不会突变；在 t_1 时刻，停止对电池放电，电池端电压瞬间上升，也是电池的欧姆内阻导致的；t_1～t_2 时间段内，由于电池内部极化效应的存在，电池端电压缓慢上升。对电池充电的过程同理，这里不再赘述。

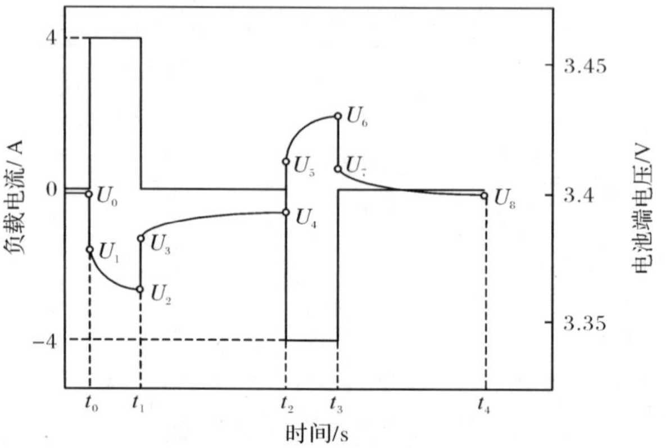

图 3.2　电池的电压响应曲线

3.2.4　锂离子电池等效模型

1）热效应模型

动力电池在使用过程中,若由电池内部的放热化学反应及由电流效应产生的热量未能及时散失掉,则热量就会在电池内部沉积起来,从而引起内部温度上升,当电池温度超过一定值时,性能及循环使用寿命就会降低,会对电池产生无法挽回的损伤[3]。此外,电池往往只能被动散发热量,被动散热方式的效率很低。因此,对电池处于不同应用情况下的热效应开展研究,并对热效应过程进行建模分析十分必要。建立热效应模型一般采用流体动力学方法,将电池内部看成一个温度场,热源在其内部均匀分布,搭建输运方程,并增加若干初始条件及边界条件,通过计算分析获得温度在电池内部的分布情况,然后通过相关实验确定模型的参数。

2）电化学模型

由于锂离子电池的能量密度较高,在充放电过程中,电池内部往往会发生各种反应,包括物理反应和化学反应。其中,物理反应主要是电池内部产生发热现象,化学反应主要有氧化还原反应及跟随着相应物质的转移。有的化学反应即使是在电池处于断路条件下也会发生,该过程往往会产生大量热量,如果这些热量不能及时通过各种途径散发到外界中,那么会在电池内沉积起来,当积累的热量达到某种程度时会造成热失控。

若要进一步了解锂离子电池产生热失控现象的内部机理,就需要对电池进行建模,从而为锂离子电池的安全使用提供理论依据。电化学模型以能量守恒定律及电荷守恒定律为基础而搭建,主要是对电池在不同情况下的充放电过程进行模拟。主要模型有:文献[4]采用球坐标下的 Fick 扩散方程来表征固相物质的平衡和扩散效应，对电池处在不同倍率下的充放电过程进行模拟；文献[5]从宏观上采用抛物线近似法表征固相中物质的平衡和扩散效应，对电池处于不同温度下的放电过程进行模拟。上述两种电化学模型的不同之处在于对固相物质的处理采用不同的方法。

由于锂离子电池的电化学模型与电池实际状态及环境密切相关，且这些因素很难控制及观测，因此难以在此基础上建立准确的模型，复杂的模型很难应用于实际中。此外，模型参数受所用电池材料、结构及物理大小等因素的限制，参数不易直接检测和计算，难以进行量化分析，不适合应用于实际系统中。完全的电化学模型通常很难表述，在新能源电动汽车上使用则更加困难。通常，用在新能源电动汽车上的电化学模型是经过简化处理的，如 Shepherd 模型、Unnewehr Universal 模型、Nernst 模型[6]。

(1) Shepherd 模型：

$$y_k = E_0 - Ri_k - \frac{k_1}{z_k} \tag{3.3}$$

(2) Unnewehr Universal 模型：

$$y_k = E_0 - Ri_k - k_1 z_k \tag{3.4}$$

(3) Nernst 模型：

$$y_k = E_0 - Ri_k + k_2 \ln z_k + k_3 \ln(1 - z_k) \tag{3.5}$$

总结式(3.3)～式(3.5)，可得到如下的复合经验公式：

$$y_k = E_0 - Ri_k - \frac{k_1}{z_k} - k_2 z_k + k_3 \ln z_k + k_4 \ln(1 - z_k) \tag{3.6}$$

式中，y_k 为端电压；z_k 为 SOC；R 为内阻；E_0 为电池 SOC 处于 100%时的电动势；k_1、k_2、k_3、k_4为模型中没有实际物理意义的参数。

上述模型考虑了欧姆效应的影响，但未考虑极化效应的影响，因此很难反映电池在充放电过程中极化效应的作用。上述模型由电化学模型简化后得到，模型的阶数较低、准确性不高。

3) 神经网络模型

神经网络模型是一种智能算法模型，其根据已知的电池外特性，采用神经网络算法对外特性进行拟合。作为一种强非线性模型，神经网络模型适合于非线性程度较高的电池建模。神经网络模型具有多输入多输出及并行构造等特点，因此有较强的学习特性，适合描述电池的非线性特性[7]。从实用角度分析，常用模型的结构有三层，即输入层、隐层和输出层。输入层和输出层神经元数目由电池外特性决定，一般而言，输入层有电流、电压和温度等，输出层有电池 SOC 和功率等。隐层神经元个数决定模型的分析精度。通常而言，神经网络模型能够描述任意形式的电池外特性，其算法精度取决于电池变量的选择。模型的精度还与所要训练的样本数据规模有关，可供训练的样本数据越多，其精度就越高。但是，样本数据越多，算法的复杂性越大，需要的额外存储空间也就越大。需要注意的是，只有在训练样本数据范围内，神经网络模型才具有较高的精度，而新能源电动汽车的工况是非常复杂的。

4）电路等效模型

当电池通以电流时，电池外特性往往呈现出阻容特性，电路等效模型就是基于电池的阻容特性得出的。电路等效模型是由电容、电感、电阻、电压源等电气元件经过串并联构成的电路模型，能够模拟电池的欧姆特性、极化特性等外部特性[8]。相较于电化学模型，电路模型比较直观、容易理解，更加适用于电池仿真。由于电路模型可以用状态空间方程来描述，所以应用较为广泛。目前常用模型包括 Rint 模型、Thevenin 模型、PNGV(partership for a new generation of vehicles)模型和通用非线性(general non-linear，GNL)模型等。

(1) Rint 模型。Rint 模型又称内阻模型，是最基础的电路模型，由 1 个电阻和理想电压源组成。Rint 模型电路原理图如图 3.3 所示，图中 U_{oc}代表理想电压源，它是电池 SOC 及温度的高阶非线性函数；R_e表征电池内阻，也称欧姆电阻，与电池 SOC 有关，U_o代表端电压。

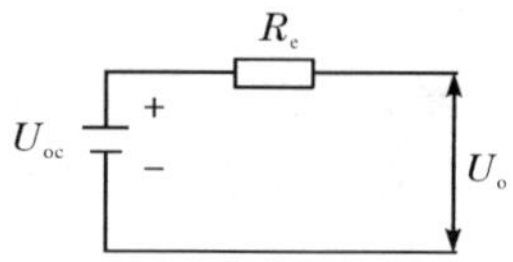

图 3.3　Rint 模型电路原理图

Rint 模型非常简单，因此应用范围较为狭窄，目前除用于估计锂离子电池健康状态外，在电池 SOC 的估计中已不再使用该模型。

(2) Thevenin 模型[9]。该模型是在 Rint 模型基础上采用电阻 R_s和电容 C_s并联的方式来描述电池的极化现象。当有电流流经电池时，其输出电压既具有突变性也具有渐变性，其突变性受内阻 R_e影响，其渐变性受极化电容 C_s影响，因为电容电压不可能发生突变。该模型参数较易识别，精度有所提高，但电池的充放电特性非常复杂，只用一组电阻电容难以表征所有的极化特性。Thevenin 模型电路原理图如图 3.4 所示。

(3) PNGV 模型。2001 年，《PNGV 电池实验手册》中公布了 PNGV 模型[10]，其电路原理图如图 3.5 所示。

图 3.5 中，U_{oc}代表理想电压源，表征其开路电压；R_e为欧姆内阻；相较于 Thevenin 模型，PNGV 模型增加了一个电容 C_b，大电容 C_b表征开路电压随着负载电流时间累积而变化；R_s与 C_s并联表征电池的极化特性。PNGV 模型参数辨识较

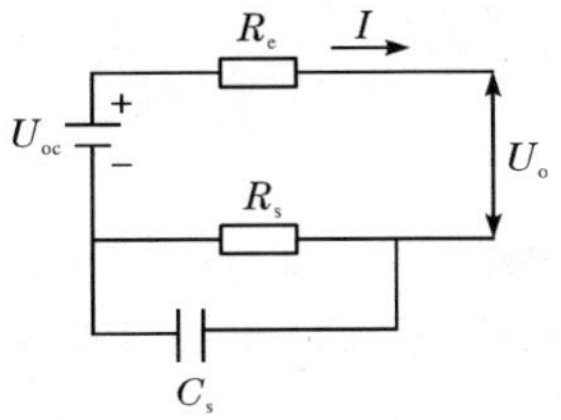

图 3.4　Thevenin 模型电路原理图

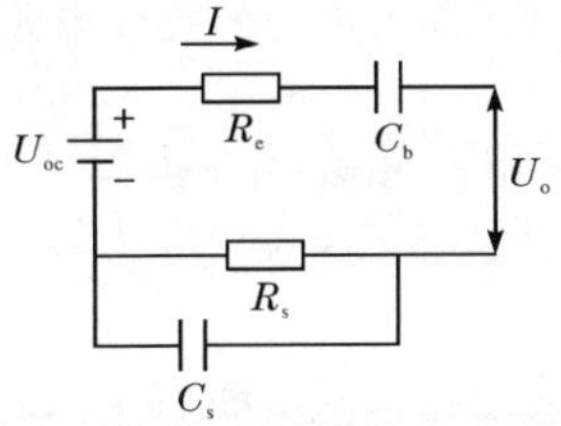

图 3.5　PNGV 模型电路原理图

为容易，可较好地模拟其动态特性。

(4) GNL 模型[11,12]。该模型对电池的电化学极化特性、浓差极化特性和欧姆极化特性分别进行分析建模，并将电池的自放电和过充电的影响考虑在内，其电路原理图如图 3.6 所示。

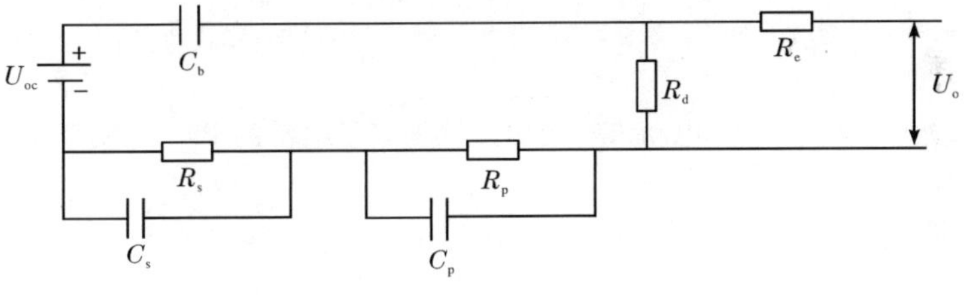

图 3.6　GNL 模型电路原理图

图 3.6 中，U_{oc}表征其开路电压；U_o为电池端电压；I 为电池端电流；C_b为能够储存电能的大电容，用来模拟由电池充电或者放电引起的开路电压波动；R_e为欧姆内阻；R_s与 C_s环描述电池的电化学极化特性；R_p与 C_p环描述电池的浓差极化特性；R_d为自放电电阻或过充电电阻。在该模型中，描述电池外特性的精确性随着电阻-电容并联网络的增加而提高，但随着模型阶次的升高，模型参数辨识的复杂度也会相应地成倍增加。因此，在实际使用过程中，要综合考虑模型精度和算法复杂性。

参考文献

[1] Lee S J, Kim J H, Lee J M, et al. The state and parameter estimation of an Li-ion battery using a new OCV-SOC concept[C]//IEEE Power Electronics Specialists Conference, Orlando, 2007: 2799-2803.

[2] 欧阳剑，李迪，柳俊城. 电动汽车用动力电池模型的研究综述[J]. 机电工程技术，2015，44(12)：1-4.

[3] 杨凯，李大贺，陈实，等. 电动汽车动力电池的热效应模型[J]. 北京理工大学学报，2008，28(9)：782-785.

[4] Albertus P, Newman J. A simplified model for determining capacity usage and battery size for hybrid and plug-in hybrid electric vehicles[J]. Journal of Power Sources, 2008, 183(1): 376-380.

[5] Kumaresan K, Sikha G, White R. Thermal model for a Li-ion cell modeling graphite data[J]. Journal of the Electrochemical Society, 2008, 155(2): A164-A171.

[6] Salameh Z M, Casacca M A, Lynch W A. A mathematical model for lead-acid batteries[J]. IEEE Transactions on Energy Conversion, 1992, 7(1): 93-98.

[7] 蔡信，李波，汪宏华，等. 基于神经网络模型的动力电池 SOC 估计研究[J]. 机电工程，2015，32(1)：128-132.

[8] Hu X S, Li S B, Peng H E. A comparative study of equivalent circuit models for Li-ion batteries[J]. Journal of Power Sources, 2012, (198): 359-367.

[9] 魏增福，董波，刘新天，等. 锂离子电池动态系统 Thevenin 模型研究[J]. 电源技术，2016，40(2)：291-293，415.

[10] 张宾，郭连兑，李宏义，等. 电动汽车用磷酸铁锂离子电池的 PNGV 模型分析[J]. 电源技术，2009，33(5)：417-421.

[11] Hu X S, Li S B, Peng H E. Robustness analysis of state-of charge estimation methods for two types of Li-ion batteries[J]. Journal of Power Sources, 2012, 217: 209-219.

[12] Krishnan S H, Kumar V S. A nonlinear equivalent circuit model for lithium-ion cells[J]. Journal of Power Sources, 2013, 222: 210-217.

第 4 章　动力电池成组技术及电池管理系统

4.1　电池成组技术及电池系统构成

4.1.1　电池串并联成组技术

电池组典型的拓扑结构有先并联后串联(图 4.1)、先串联后并联(图 4.2)和混联式(图 4.3)。

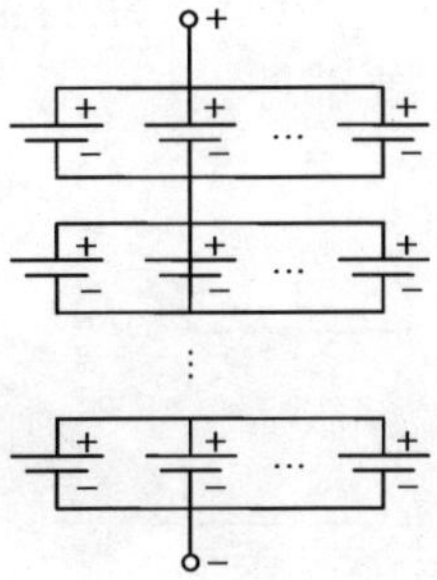

图 4.1　先并联后串联电池组拓扑结构

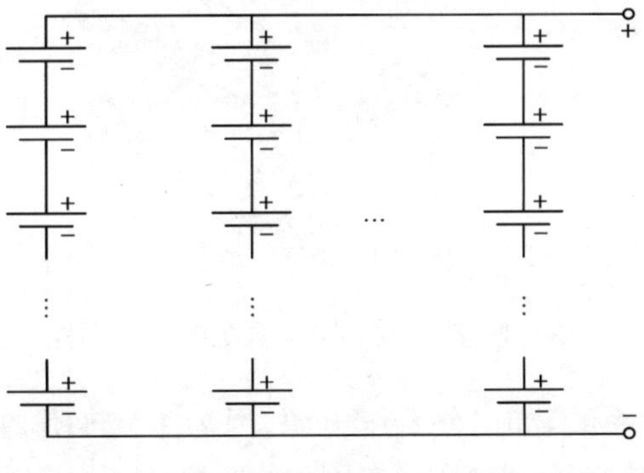

图 4.2　先串联后并联电池组拓扑结构

4.1.2　动力电池系统的构成

一般情况下,动力电池系统主要包含锂离子电池单体(或模组)、电池管理系

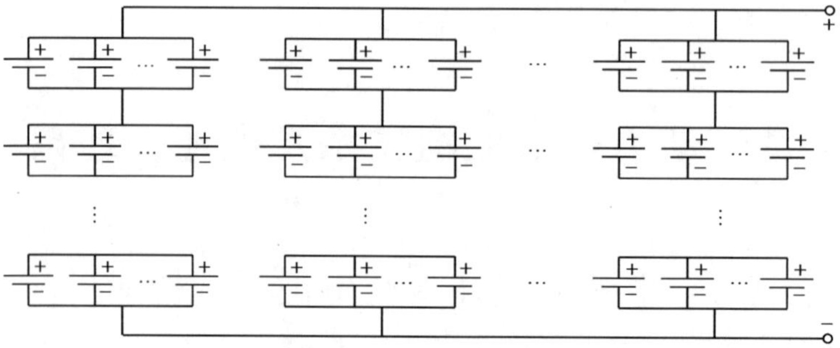

图 4.3 混联式电池组拓扑结构

统、结构件、高低压线束、热管理组件五大部分。电池管理系统一般包含单体监控单元、主控单元和高压件,结构件包含箱体、安装件、导电金属件、密封件等,高低压线束包含连接器及接线端子等,热管理组件包括水冷板、风扇或加热板等。图 4.4 为典型动力电池系统的主要部件。

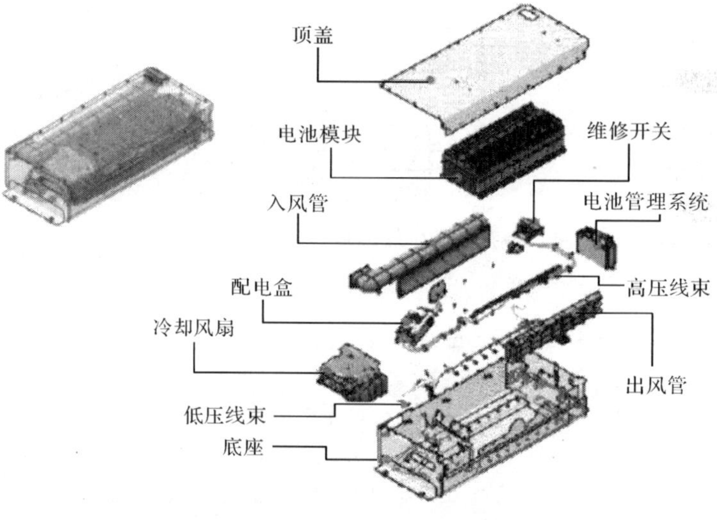

图 4.4 典型动力电池系统的主要部件

对于较小的电池系统,如启停系统电源,因为主要工作在脉冲功率状态,折算成平均功率较小,发热较小,加上成本因素,此类系统一般无需专门的热管理组件,外壳既是结构件,也是自然散热面。另外,因为采用印刷电路板(printed circuit board,PCB)代替了线束导电,所以没有线束部分。

从上述电池系统构成可以看到,不同电池系统虽然在外形、大小、内部结构和成组工艺上存在差异,但是用到的最基本的技术是相同的,包含动力电池组技术、电池管理系统技术、成组技术。图 4.5 为动力电池系统关键技术。

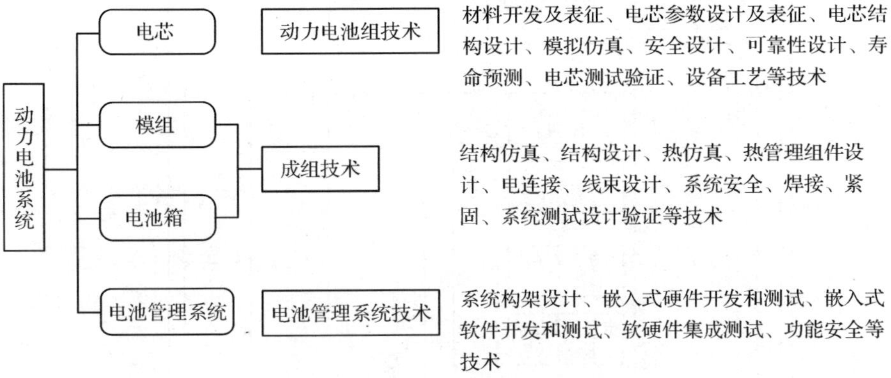

图 4.5　动力电池系统关键技术

4.2　电池管理系统

在燃料电池汽车和电动汽车的研制与推广中，动力电池的性能问题是共同的主要制约因素。受制造工艺的限制，当一组单体电池串联使用时，电池之间不可避免地存在各种差异，尤其是出厂额定容量的差异，在充放电过程中差异较大的电池会出现短板效应，从而影响整个电池组的工作状态，甚至损坏电池组。因此，必须对电池组的温度、电池单体的电压进行实时监控，并采取一定的控制策略，优化电池组的使用性能，提高电池组的工作效率，延长电池组的整体寿命。本节根据电池管理的目的和意义进行系统硬件平台的设计。

4.2.1　电池管理系统基本架构及功能

目前，针对电动汽车用蓄电池而开发的电池管理系统种类较多，从系统总体方案方面可以分为集中型、分布型和电池管理芯片型三种。通过对这三种方案进行比较分析，本小节提出一种基于模块化的分布式检测控制方案来实现对燃料电池车用磷酸铁锂离子电池组的管理。此方案具有结构清晰、可靠性高、可扩展性强、维护方便等优点。图 4.6 为磷酸铁锂离子电池管理系统总体结构图。

图 4.6 中，系统主要由电池管理系统主控模块、电压-温度检测模块、高压电源管理模块、低压电源管理模块、总电压-电流检测模块、动态均衡模块、高压充电接口、高压输出接口、整车通信接口、车载低压电源接口组成。根据国家标准《电动汽车传导充电用连接装置　第 1 部分：通用要求》(GB/T 20234.1—2015)对充电接口提出的通用要求，本系统还设置充电通信接口、低压辅助电源接口、充电连接

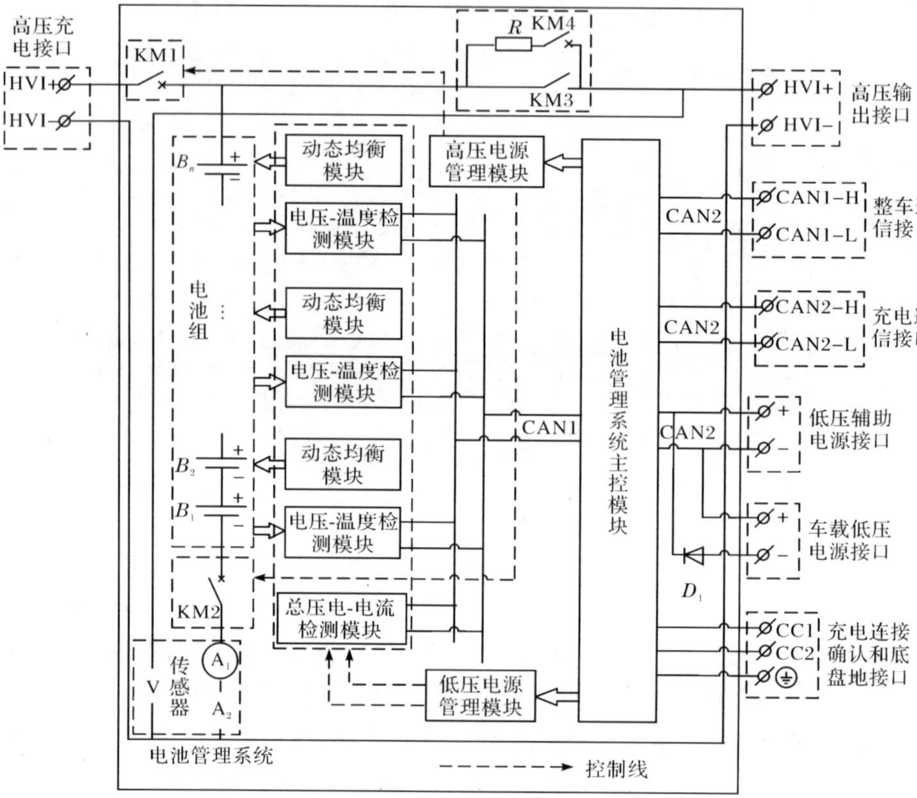

图 4.6 磷酸铁锂离子电池管理系统总体结构图

HVI-高压互锁(high voltage interlock)；CC-充电接口(charging counter)

确认和底盘地接口等。

根据燃料电池汽车实际运行情况，为了使磷酸铁锂离子电池安全有效地使用，结合前面提出的磷酸铁锂离子电池组管理策略，本书开发一种电池管理系统，其主要实现以下功能。

(1) 对单体电池进行电压和温度的实时监测，并与电池的基本工作运行参数进行比对，提供多项预警，支持热管理。

(2) 对电池组工作总电压、电流进行精确检测，获取电池组的当前负载状态，并提供过充过放预警。

(3) 能精确估算电池组的 SOC，并提供电池组维持当前运行状态的续航时间等。

(4) 具有充放电动态均衡管理功能，能在一定程度上解决单体电池一致性问题带来的电池组充放电短板效应，提高电池组的整体工作效率。

(5) 对电池管理系统供电电源进行有效管理,实现低功耗控制。

(6) 存储电池组的运行数据,为优化电池组的控制策略和分析电池组故障提供依据。

(7) 能提供监控终端,实时显示电池当前数据、状态、报警信息等,并具有人机交互接口,方便驾驶者和技术人员修改系统运行参数。

(8) 能与整车控制器通信,为整车控制提供必要的电池运行数据。

(9) 能与充电机通信,实现两者之间的数据交互,保证电池组安全高效充电。

4.2.2　电池管理系统基本硬件电路

1. 主控模块硬件设计

主控模块主要收集所有电池组的状态数据,包括单体电池的电压、温度,电池组的工作总电压、电流状态,从整个电池系统的角度完成对电池的故障报警和 SOC 估算,并对整车模式下的充放电进行管理,向整车控制器发送电池组关键数据,制定行车控制策略,在驻车外接充电模式下通过 CAN 通信总线与充电机进行数据交换。

图 4.7 为主控单元硬件结构图,主控单元主要由电源单元、主控制芯片相关单元、数据存储单元、开关量输出单元、人机交互单元、通信接口单元和声光报警单元等组成。出于对功耗、功能、可靠性方面的考虑,主控模块主芯片选用 Microchip 公司的 16 位控制器 dsPIC30F6013A。

2. 主芯片概述

dsPIC30F6013A 为 Microchip 公司推出的具有高速引擎的高性能数字信号控制器,其主要参数和功能如下。

片内闪存程序空间:132KB。

片内指令字存储空间:44KB。

片内 RAM:8KB。

片内非易失性数据 EEPROM:2KB。

工作速度:最高可达 30MIPS;4～10MHz 振荡器输入,带锁相环(phase locked loop,PLL)(4 倍频、8 倍频和 16 倍频)。

中断源:多达 41 个中断源,并拥有 8 个用户可选择的中断优先级、5 个外部中断源、4 个处理器陷阱。

16 位定时器:5 个,可配对形成 32 位定时器。

串行外设接口(serial pheripheral interface,SPI)模块:2 个。

通用异步收发传输器(universal asynchronous receiver/transmitter,UART)

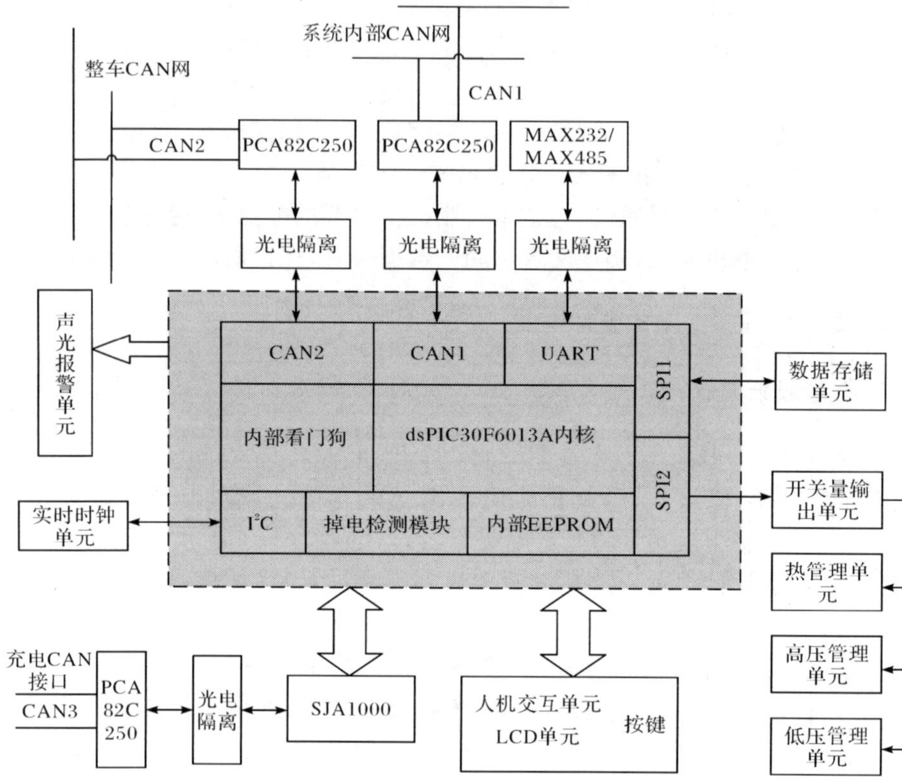

图 4.7　主控单元硬件结构图

模块：2 个。

CAN 模块：2 个，与 CAN 2.0B 标准兼容。

I^2C 模块：1 个。

高灌/拉电流 I/O 引脚：25mA/25mA。

可选择的功耗管理模式：休眠、空闲和备用时钟模式。

dsPIC30F6013A 最小系统包括复位电路、外部振荡电路和仿真在线串行编程(in-circuit serial program，ICSP)接口电路，如图 4.8 所示。

3. 通信接口单元

通信模块由 RS-232/RS-485 和 CAN 组成，由于 CPU 内置了 2 个 CAN 模块和 2 个 UART 模块，只需增加相关外设电路即可满足设计要求。

如图 4.9 所示，RS-232 接口电路采用电平转换芯片 MAX232，CAN 通信采用 Philips 公司的 CAN 收发器 PCA82C250。RS-232/RS-485 接口主要用于开发人员对系统进行初步验证和测试，也可以作为 PC 对电池组进行监控的数据通道。

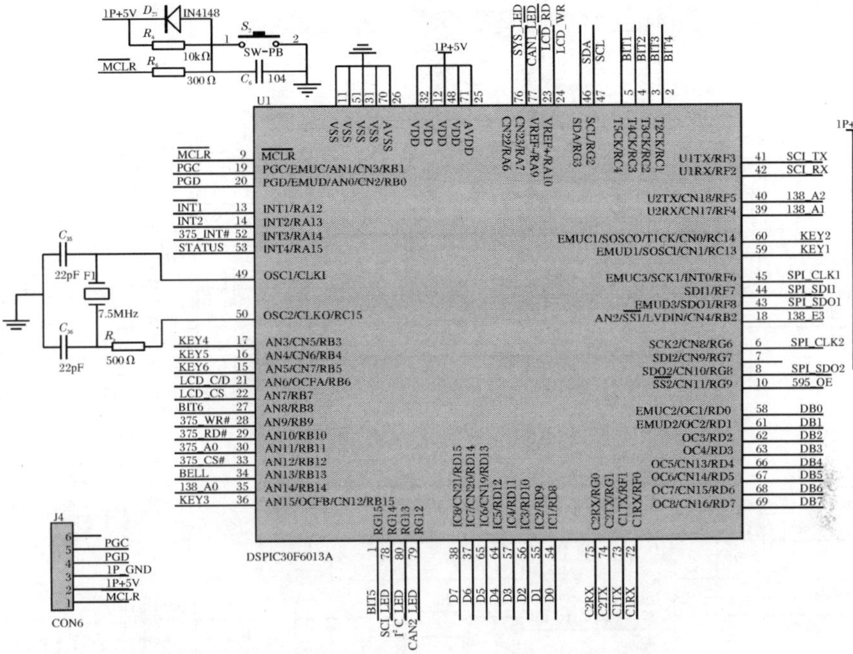

图 4.8　dsPIC30F6013A 最小系统电路原理图

CAN1 接口用来与系统内部 CAN 网进行数据交换，CAN2 接口用来与整车控制器进行通信，本书采用 SJA1000 对 CAN3 进行了扩展，如图 4.10 所示。为了防止 CAN 通信线路对主芯片电路产生干扰，影响系统正常工作，在本系统中 CAN 通信模块的接口电路由 TLP113 进行隔离，如图 4.11 所示。

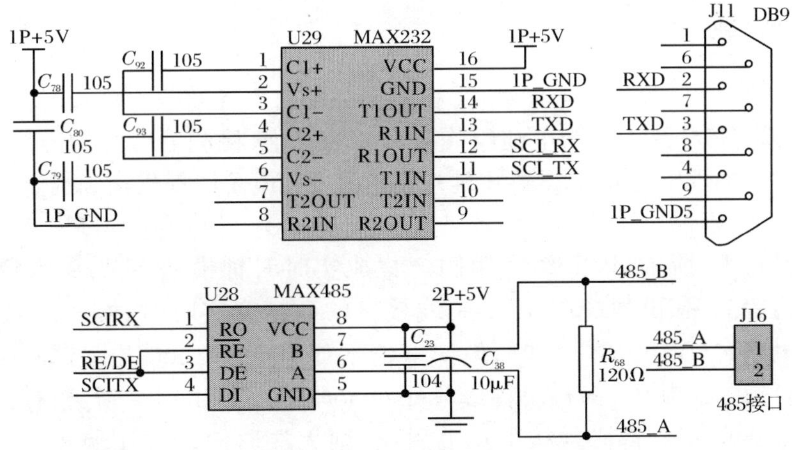

图 4.9　RS-232/RS-485 接口电路图

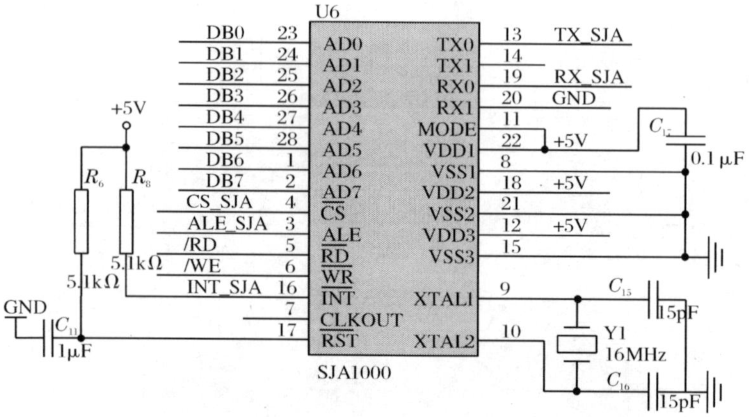

图 4.10　SJA1000 扩展 CAN3 电路图

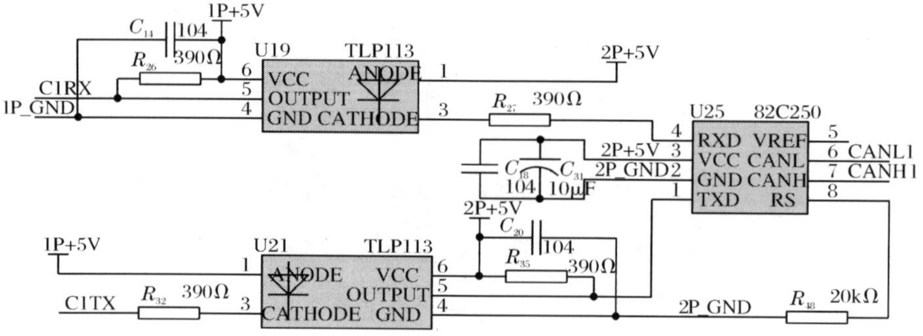

图 4.11　CAN 通信接口电路图

4. 实时时钟单元

实时时钟单元具有以下用途：①在数据存储时为各帧数据添加时间句柄，方便之后的数据分析；②作为电池组静置时间的标准，检测静置时的开路电压，为 SOC 的估算提供校正参考；③在电池均衡阶段或充电阶段提供精确的定时关机服务等。

如图 4.12 所示，该电路采用国产集成实时时钟模块 SD2200A。它是一种具有内置晶振、电池、支持 I^2C 总线接口的高精度实时时钟芯片，且内置电源管理电路，当 $V_{DD}\geqslant 3.0V$ 时，内部电池不耗电。SD2200 与主芯片通过 I^2C 总线进行通信。其中，串行时钟线（serial clock line，SCL）和串行数据线（serial data line，SDL）引脚都必须接上拉电阻，否则无法通信；NC 引脚统一接地，防止干扰。

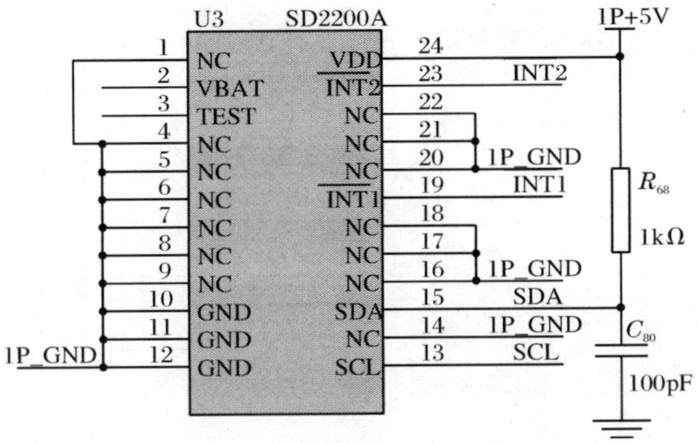

图4.12 实时时钟单元电路图

5. 数据存储单元

为了实时存储系统的关键数据和故障信息,需要能够高速读写、容量较大、可擦写无限次的存储器。关键数据包括电池组每一时刻内的工作状态数据,如总电压、总电流、单体最低电压、最低电压单体电池序号、单体电池最高电压、最高电压单体电池序号、单体电池最高温度、单体电池最低温度、最高温度单体电池序号、最低温度单体电池序号、SOC,主要用于线下对磷酸铁锂离子电池组整车工作模式下的性能进行分析,以优化电池管理系统本身电池保护策略和整车控制策略。系统故障信息为当前故障的故障代码值,若无故障,则为空值。另外,数据的时间句柄也是不可缺少的。

本系统选用Ramton公司的铁电串行存储芯片FM25H20,容量为2MB,可擦写无限次,支持SPI通信,读写速度最高可达40MHz,非常适合电池管理系统对数据的存储需求。考虑到实际数据容量的需要和方便扩容,本系统采用8片FM25H20组成数据存储单元。FM25H20的工作电压为2.7～3.6V,因此使用dsPIC30F6013A对其进行数据读写时,需要电平转换。这里,SPI总线的SCL和SDO采用高速光隔6N137来进行电平转换。为了节约成本和布板空间,选用8通道并行-双向转换(3.3V/5V)芯片74LVC4245A来实现8个片选。dsPIC30F6013A通过74HC138释放片选控制信号。数据存储单元电路图如图4.13所示。

6. 按键及LCD显示单元

为了支持人机交互,本系统采用dsPIC30F6013A特有的RB端口电平捕获功能,完成按键的识别。本单元共设置6个按键,分别定义为Main Screen、Menu、Up(+)、Down(－)、Enter、Back。系统显示采用NS240128并行数据接口LCD模块。

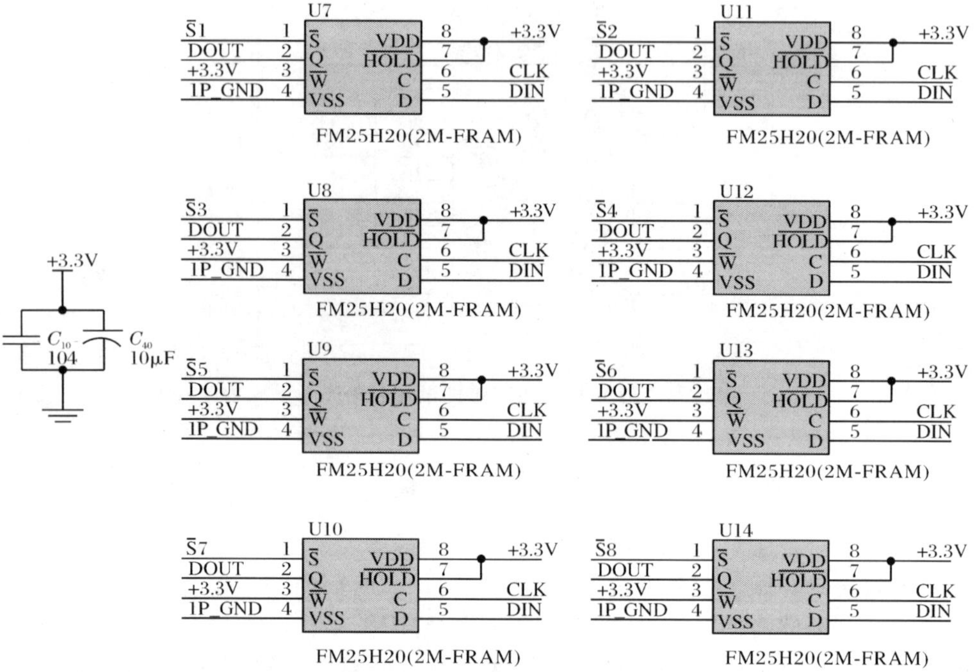

图 4.13　数据存储单元电路图

7. 开关量输出单元

电池管理系统需要对电池包的一些电气部件进行控制,控制信号较为简单,主要是开关量的控制,因此电池管理系统需要具备开关量输出接口。综合考虑系统的开关量,高压电源管理模块需要 4 个(图 4.6 中的 KM1～KM4),低压电源管理模块需要 1 个,热管理模块控制风机和电热丝各需要 1 个,共需要 7 个控制信号。由于外部器件的驱动功率较大,因此采用控制低压-小电流继电器间接驱动高压或者大电流继电器的方法。另外,为了节约 dsPIC30F6013A 的 IO 端口,本单元采用 SPI 锁存芯片 74HC595 进行 IO 端口扩展。开关量输出单元如图 4.14 所示。

8. 电压检测电路设计

电池电压是衡量电池工作状况的重要参数,电压检测电路的精度直接决定了蓄电池组保护策略的及时准确执行和均衡实现的效果。电压检测的方案有多种,本书选用浮动采集方案。

单体电池电压的测量过程如下:如图 4.15 所示,电池的正负极都接有一个开

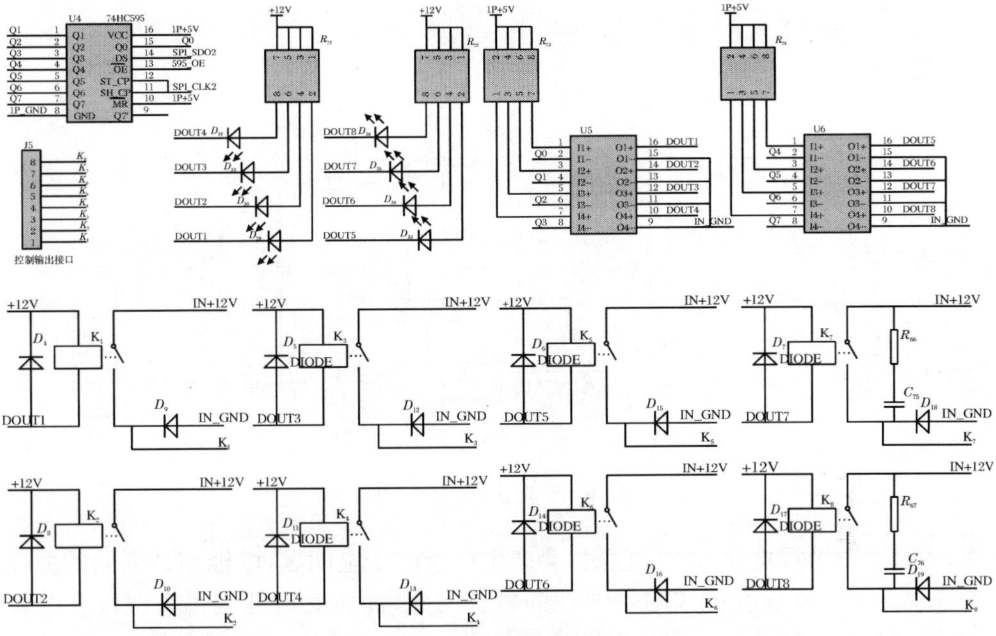

图 4.14　开关量输出单元

关，当测量电池 Cell-1 的电压时，单片机控制开关 K_1 和 K_2 闭合，其余开关全部断开，这时 V_{in} 为 Cell-1 正极电位，Cell-1 负极与采样电路的地相接，此时 V_{in} 即为电池 Cell-1 的电压信号。V_{in} 首先进入信号调理电路，调理电路主要由二阶有源滤波电路和差分放大电路构成。同理，当测量电池 Cell-2 的电压时，单片机控制开关 K_2 和 K_3 闭合，其余开关全部断开，这时 V_{in} 与电池 Cell-2 的负极等电位，采样电路的地与电池 Cell-2 的负极相接，此时 V_{in} 对地为负电压。考虑到 A/D 转换的基准电压为正电压，必须对负电压进行电位抬升，故在本方案的调理电路中采用 1 倍缩小的差分电路进行电位抬升。因此，V_o 送到后级进行 A/D 转换时，结果需由单片机转换为实际值。采样电路中的运放，采用 TI 公司轨到轨精密运放 TLV274，供电电压范围为 $-8 \sim +8$V，该芯片在满足要求的同等芯片中价格最低。$K_1 \sim K_{n+1}$ 采用松下电器公司的 PhotoMOS 继电器 AQW214EH。

此方案中，采用 TI 公司的高精度电压基准芯片 REF5040 输出的4.096V作为 A/D 采样的基准电压。对于后级 A/D 转换电路，采用 TI 公司的 12 位 A/D 采样芯片 TLV2541。该芯片是一种单通道、SPI 串行、高速 A/D 转换器，具有精度高、功耗低、抗干扰能力强、外围元件少、易与其他微控制器进行通信等特点。

9. 温度检测电路设计

电池的工作状态与工作环境温度密切相关。温度不仅影响电池的充放电效

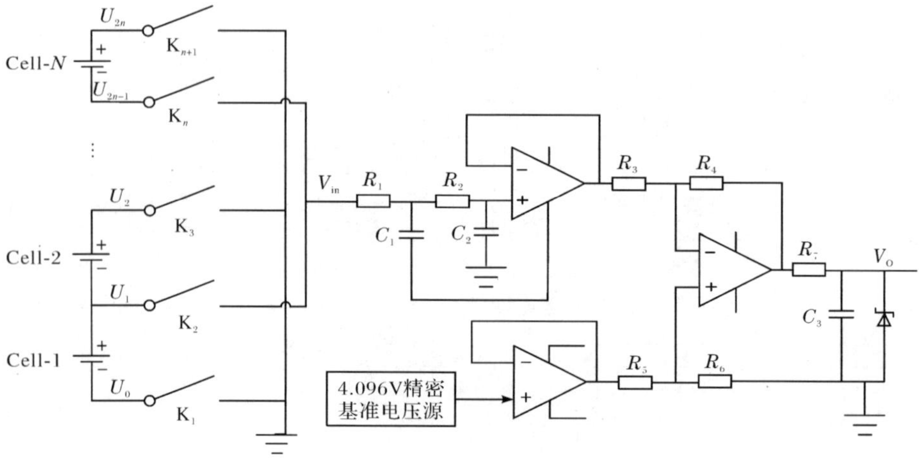

图 4.15　电压检测原理图

率，而且当电池温度超过一定值时，会产生严重的安全问题，电池箱体之间的温度差异也会引发电池组单体的一致性问题。因此，需要对电池组进行温度实时检测，以进行热管理。

由于电压-温度检测模块采集 15 块电池单体的电压值，对各块电池进行温度检测，硬件上将是一笔很大的开销，因此本系统采用对电池工作环境温度的检测来反映电池本身的温度。本系统使用 2 枚数字温度测量芯片 DS18B20 设计电池箱体温度检测电路。电池管理系统设计指标对温度的精度要求一般并不是非常严格，因此本系统选择 9 位分辨率、温度测量精度为 0.5℃、转换周期为 93.75ms 的 DS18B20。为了能够准确反映电池的温度，要将 DS18B20 直接连接在电池极柱上。DS18B20 支持独立供电和寄生电源两种模式。因外接电源方式稳定可靠，测量速度快，故本系统采用该方式，因单片机 I/O 端口有剩余，故采用两个 I/O 端口分别与两个 DS18B20 的数据线相连，这样不仅能缩短温度检测时间，也能降低软件复杂度，增强软件的稳定性。温度检测单元电路原理图如图 4.16 所示。

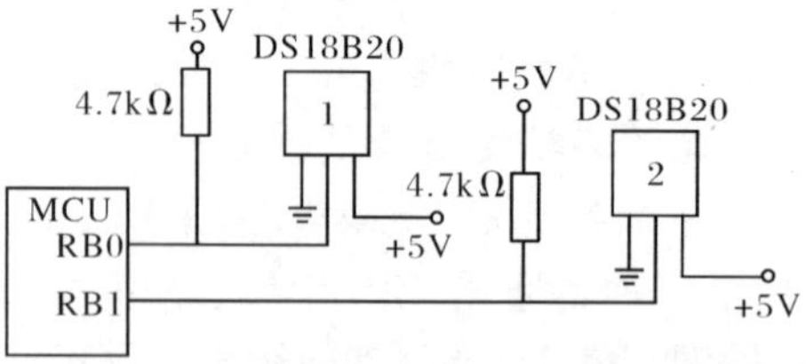

图 4.16　温度检测单元电路原理图

10. 总电压检测电路设计

虽然可以通过电压-温度检测模块采集的单体电压值累加得到电池组的总电压，但是电压-温度检测模块采集的单体电压会不可避免地出现误差，而且由于其采集和传输需要一定时间，累加的各单体电池的电压值并不是同一时刻的电压值，因此对于瞬态变化的电压，累加得到的总电压值将不能很好地反映真实的电压值。电池组一般与整车的逆变器连接，在逆变器前级输入端都并联有大电容，为了防止过大的瞬间电流，需要对其进行预充电，将总电压测量点选在充电继电器外端靠近逆变器一侧以测量电容两端的电压，即可在预充电过程中监测电容电压的变化，判断预充电是否完成并检测高压输出回路是否正常。

本系统的载体为 110 块磷酸铁锂离子电池组成的电池组，为了满足电动机控制器的输入电压需要，电池组工作电压为 300～396V，因此电池组总电压检测采用宇波模块闭环霍尔电压传感器 CHV-100/300，其具体参数如表 4.1 所示。

表 4.1　CHV-100/300 具体参数

参数名称	数值
额定电压	300V
测量范围	0～±450V
输出 V_M/I_M	5V/25mA
线性度	0.1%
精度(T_a=25℃)	0.5%
响应时间	20～200μs
供电电源	±(12～15)V

11. 电流检测电路设计

电流是电池保护策略中的重要参数，其测量精度直接决定采用安时积分法进行电池 SOC 估算的精度，因此系统对电流采样的精度、抗干扰能力、零漂、温漂和线性度误差等要求很高。

实际应用中，采用霍尔电流传感器对蓄电池工作电流进行采样。由于霍尔电流传感器在测量远小于额定电流的电流时，线性度不好、精度较低，为了保证对电池组电流的精确测量，本系统采用两个电流传感器 A_1 和 A_2 对电流进行测量。在某具体应用场景，考虑电池组安全电流输出范围为 0.3～2C，电流传感器 A_1 选用宇波模块闭环霍尔电流传感器 CHB-50A，其额定电流为 50A，量程为 80A；为了检测电池组工作中可能出现的更大电流，电流传感器 A_2 选用 CHB-100S，其额定电流为 100A，量程为 200A。在实际测量电流时通过 PhotoMOS 继电器进行切换，分别采集两个电流传感器的电流值，单片机根据采集的两个电流值得出大致的实际电流值，选择与其额定电流最接近的采集的电流值作为实际的电流值。总电压-电流检测模块电路原理图如图 4.17 所示。

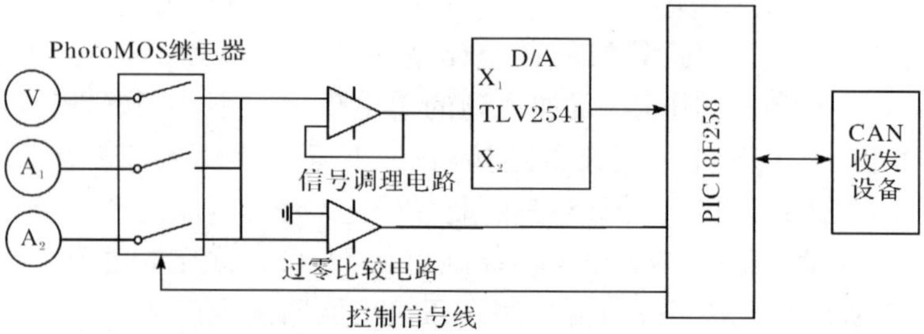

图 4.17　总电压-电流检测模块电路原理图

12. 动态均衡模块设计

动态均衡模块主芯片选用 Altera 公司的复杂可编程逻辑器件 EPM570GT100C，它是一款上电即用、非易失性的可编程逻辑器件，适合通用的低密度逻辑应用环境，芯片可采用 3.3V、2.5V 或 1.8V 供电，支持内部时钟频率达 66MHz。本模块硬件主要由主芯片最小系统电路、SPI 电平转换电路、功率 MOS 管驱动电路、均衡电路和电源电路构成[MOS 是指金属(metal)-氧化物(oxide)-半导体(semiconductor)场效应晶体管]。其中，SPI 电平转换电路采用高速光隔 6N137 构成；功率 MOS 管驱动电路选用东芝公司 TLP705 隔离驱动芯片。由于本模块电路 MOS 管较多，且 MOS 管的源极不共地，源极之间的电势可达 50V 以上，若采用升压型电路进行 MOS 管的驱动，电路会非常复杂。因此，在本模块设计中合理选择蓄电池作为驱动电路输出部分的供电电源，可大大简化电路。

第 5 章　电池均衡技术与设计

5.1　电池均衡技术

5.1.1　电池组不一致现象

电池由于自身内部差异或外部使用状态不同而形成的电池容量、SOC、内阻和电压等参数不同的现象，称为电池组不一致现象。

锂离子电池间的不一致性主要体现在制造因素和使用情况方面。制造过程中，生产工艺上的差别和材质不均匀，造成电池两极材料的活化程度和厚度、隔板等存在细微的差别，使得内部结构和材质不完全一致，电池的不一致性不能通过控制制作工艺消除，事实证明，同一批次、同一使用情况的不同电池仍会存在差异。在使用过程中，电池组中各个电池电解液密度、温度、自放电程度等的差别也会造成不一致。随着时间的积累，电池不一致性越来越大。

电池的不一致性不能直观表现出来，但由于电池电压、电池内阻、SOC 都随着不一致性的变化而不同，它们的不同可以反映电池之间的不一致性，其中，电池电压最容易测量。实验测试所用电池组由 16 块单电池串联而成，在使用过程中，记录电池组电压情况，如表 5.1 所示。

表 5.1　实验测试电池组电压不一致情况

测试 1	1	2	3	4	5	6	7	8
电压/V	3.114	3.167	2.998	2.999	3.204	3.018	3.111	3.038
测试 2	1	2	3	4	5	6	7	8
电压/V	2.885	2.873	2.604	2.703	2.985	2.845	2.893	2.812
测试 1	9	10	11	12	13	14	15	16
电压/V	3.067	3.045	2.999	3.128	3.008	3.012	3.121	3.108
测试 2	9	10	11	12	13	14	15	16
电压/V	2.842	2.731	2.625	2.931	2.812	2.835	2.895	2.759

将表 5.1 的数据通过图形的方式直观表现出来，如图 5.1 所示。

分析测试数据后发现，电池组即使初始状态相同，使用一段时间后电压也会出现一些差异，大部分电池的电压值比较相近，整体电压波动不太明显。电池组

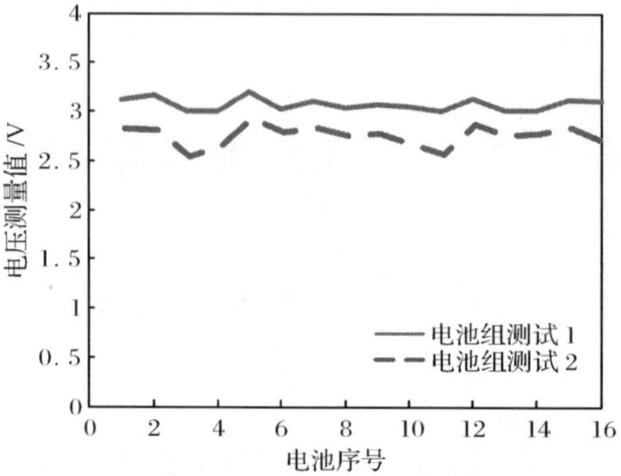

图 5.1　实验测试电池组电压不一致情况

存在不一致性，但差别不太大，见图 5.1 中直线。接着，在稍微不一致状态下让电池继续工作，发现电池的电压波动明显增大，电池的不一致性也增大，见图 5.1 中虚线。由此说明，电池的不一致性会随着使用时间的增加而变大，本身存在差异的电池容易出现更严重的不一致性。因此，发现电池有差异时，应当进行处理，及时减小不一致性对电池组造成的影响。

5.1.2　不一致性对电池组的影响

电池组不一致将对整体性能造成较大影响，电池利用率和寿命会随着差异性的增大而减小。不一致的电池，其电压、容量、内阻、SOC 也会不一致。

电池本身在制造时会存在细微差异，或者在使用过程中逐渐产生化学参数的不同，这些都会造成电池组不一致。不一致的电池串联形成电池组，充电时，容量小的电池会优先其他电池充满，使得整个串联回路无法继续充电；同样，放电时，容量小的电池会优先其他电池放完电，使得整个串联回路无法继续放电。这种情况导致不能完全利用电池组中其他容量大的电池中的能量。电池组的整体性能取决于性能最低的单块电池，所以整体容量性能降低。

由于存在不一致性，电池组受限于容量最小的单块电池，电池组充放电都达不到额定的容量。在提供等量的电能时，整体电池组需要频繁充放电来抵消容量劣势。性能最低的那块电池频繁充放电，会加剧劣化程度，可用容量越来越小，进而造成整个电池组性能越来越差，严重影响电池的使用寿命。

在电池组的功率方面，不一致的电池组内每块电池的特性不同。充电时电量大的电池会限制输入电流，放电时电量小的电池会限制输出电流，电池组内劣化严重的电池也同样限制整个电池组的性能。串联的锂离子电池组，其整体的功率限制取决于电池组放电能力最差的电池（也是电量最低的）。电池组的不一致性无法完全消除，但可以通过电池均衡技术使之尽量减小。

5.1.3　电池组被动均衡技术

被动均衡技术是通过对电池组中已充满或能量最高的电池由电阻热损耗的方式释放能量，直到这些高能量电池与电池组均衡。所用元件为功率电池，其实现方式可分为固定连续均衡和开关控制均衡，拓扑结构如图 5.2 所示。

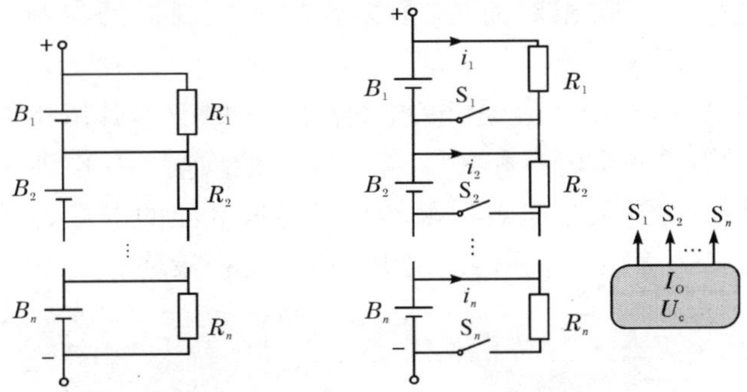

(a) 固定连续均衡拓扑图　　(b) 开关控制均衡拓扑图

图 5.2　固定连续均衡拓扑图和开关控制均衡拓扑图

固定连续均衡是将分流电阻与电池相固定，如图 5.2(a)所示，用连续的电流对所有电池进行放电，分流电阻 $R_1 \sim R_n$ 根据各单体电池电压量做出调整。这种方式只适用于密闭铅酸电池和镍氢电池，因为此类电池在过充电情况下不会产生不可逆破坏现象。

开关控制均衡是将功率电阻串联控制开关后并接到单体电池上，如图 5.2(b)所示。与固定连续均衡不同的是，这种方式不是连续放电，而是通过开关或继电器的方式有选择地对高能量电池进行放电。开关控制均衡有两种工作模式：第一种是让所有开关接收同样的控制信号，工作在连续工作模式；第二种是检测到不均衡情况时，有选择地闭合高能量的单体电池放电回路，工作在选择模式。开关控制均衡方法相比于固定连续均衡方法效率更高，且能用于锂离子电池均衡。

5.1.4　电池组主动均衡技术

主动均衡技术是将电池组中高能量电池的能量转移到低能量电池上实现能量转移式均衡。由于使用的储能元件及控制开关、转换器等存在差异，这种均衡电路有多种实现方式，但本质都是能量转移。

1. 均衡电路

1）电容式均衡电路

电容式均衡电路如图 5.3 所示。其可分为以下四种结构。

（1）开关电容法。开关电容法的均衡拓扑结构如图 5.3(a)所示，均衡 n 块电池需要 $n-1$ 个电容和 n 个开关。此方法能进行充电与放电操作，由于电容只有两种状态，因此控制策略相对简单，不需要智能控制器的参与，但其均衡时间很长。

（2）单开关电容法。该方法是开关电容法的一种衍生，其拓扑结构如图 5.3(b)所示。该方法只需要一个电容和 $n+5$ 个开关就能均衡 n 块电池。简单的均衡策略是通过选通相应的开关让电容反复转移高能量电池的电量到低能量电池中实现均衡。为了提高均衡速度，还需制定更复杂的均衡策略。

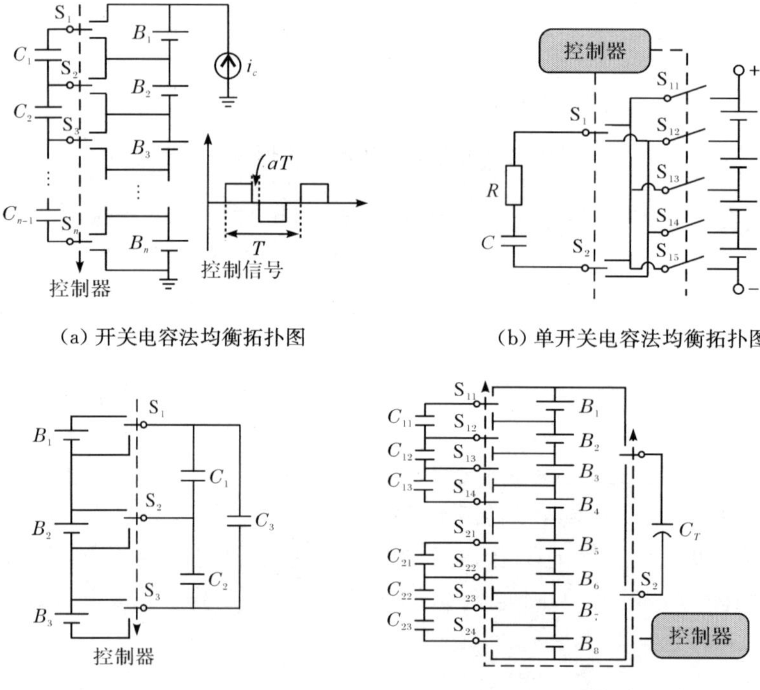

(a) 开关电容法均衡拓扑图　　(b) 单开关电容法均衡拓扑图

(c) 双层电容法均衡拓扑图　　(d) 模块化电容法均衡拓扑图

图 5.3　电容式均衡拓扑图

（3）双层电容法。该方法也是开关电容法的一种衍生，唯一的区别就是使用了两层电容，拓扑结构如图 5.3(c)所示。该方法需要 n 个电容和 n 个开关均衡 n 块电池，相比于开关电容法，该方法的最大优势是第二个环层电容的作用使均衡时间缩短为原来的 3/4。

(4) 模块化电容法。如图 5.3(d)所示，根据开关电容法将电池组分组进行模块化均衡，利用模块化思想，将电池组划分成各个子模块，每个子模块有各自独立的均衡系统，各模块间加上均衡电路实现整个系统均衡。

2) 电感/变压器式均衡电路

(1) 单一或组合电感法。利用一个或多个电感实现电池组均衡的拓扑结构如图 5.4 所示。单一电感法均衡拓扑图如图 5.4(a)所示，通过监测电池组中能量最高和最低的两块电池，选通对应 MOSFET 开关实现能量传递。组合电感法均衡拓扑图如图 5.4(b)所示，使用 $n-1$ 个电感均衡 n 块电池，控制器检测相邻两块电池电压，闭合高电压电池回路并发送脉冲宽度调制(pulse with modulation, PWM)信号实现均衡。单一或组合电感法最大的缺陷是均衡时间很长，在电池组单体电池数量巨大的情况下更为严重，单一电感法的均衡速度快于组合电感法。

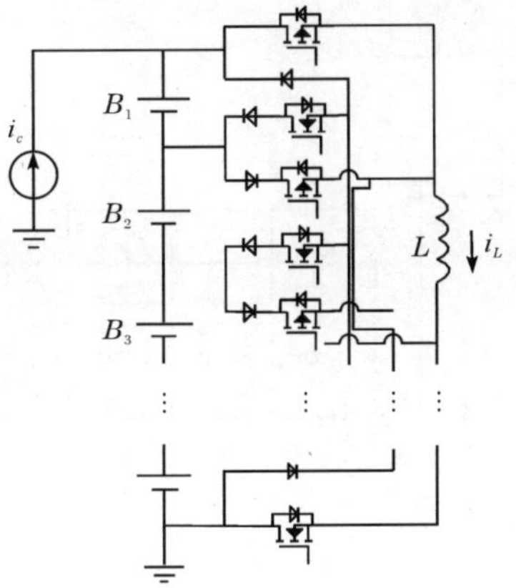

(a) 单一电感法均衡拓扑图

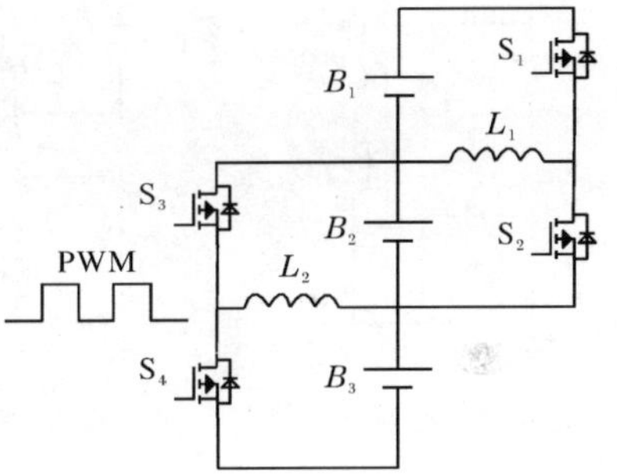

(b) 组合电感法均衡拓扑图

图 5.4　单一和组合电感法均衡拓扑图

(2) 单一绕组变压器法。单一绕组变压器也称为选择式变压器，此结构有两种均衡模式可以实现电池组均衡，具体电路拓扑如图 5.5 所示。第一种称为总转单模式，即变压器抽取整个电池组能量后转移给低能量的电池实现均衡。第二种称为单转总模式，即变压器抽取高能量电池的电量返还给整个电池组实现均衡。

(3) 多绕组变压器法。第一种多绕组变压器法均衡拓扑图如图 5.6(a)和图 5.6(b)所示，该多绕组变换器也称为共享变压器，一个原边绕组和多个副边绕组在一个磁芯上，每一个副边绕接一块单体电池。图 5.6(a)为正激式结构的多绕组变压器，开关闭合时原边电感储存能量，开关打开时大多数能量会通过副边绕组传递给电量最低的电池。图 5.6(b)为反激式结构的多绕组变压器，其工作方式

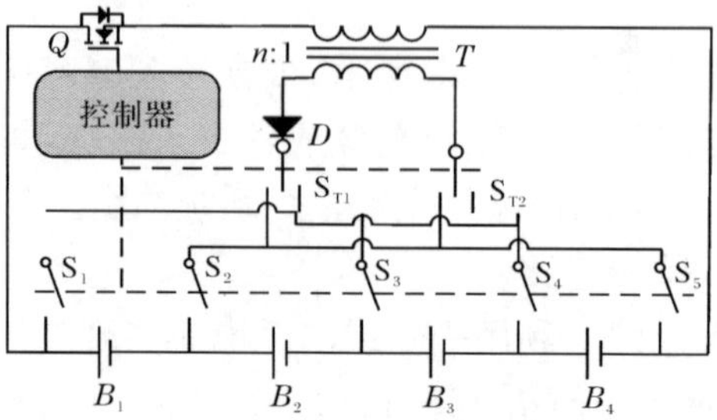

图 5.5 单一绕组变压器法均衡拓扑图

与单一绕组变压器法的单转总模式相同。第二种多绕组变压器法均衡拓扑图如图 5.6(c)所示,使用多个单绕组变压器,每个变压器接一块单体电池,这种方法便于模块化拓展,而且不需要重新设计变压器,但是成本较高。

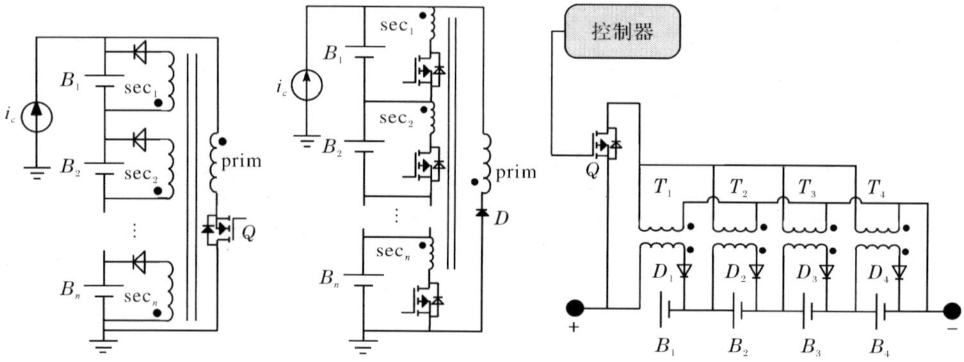

(a) 正激式结构　(b) 反激式结构　(c) 模块化结构

图 5.6 多绕组变压器法均衡拓扑图

3) 组合式均衡电路

(1) Cuk 与反激式转换器法。双向的 Cuk 转换器均衡拓扑图如图 5.7(a)所示,构成一个能够均衡相邻两块电池的独立电池均衡器单元(individual cell equalizer,ICE)。均衡 n 块电池需要 $n-1$ 个 ICE,每个 ICE 由两个 MOSFET 开关、两个电感和一个电容组成。由于每个 ICE 只能均衡相邻的两块电池,对于电池数量巨大的电池组,均衡时间很长。

反激式转换器法均衡拓扑图如图 5.7(b)所示,应用于单向或者双向隔离结构中。单向隔离结构中,变换器使用单转总模式均衡;双向隔离结构相对复杂,但变换器既能使用单转总模式均衡也能使用总转单模式均衡。反激式转换器均衡法的主要缺陷是在最大限度减少磁损耗下很难做到多绕组的一致性。

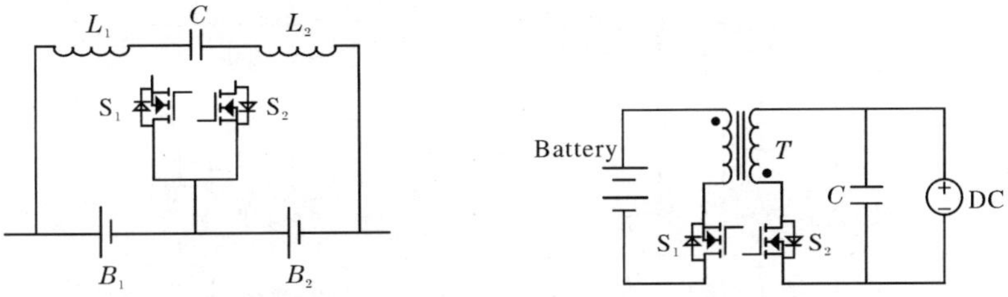

(a) 双向的 Cuk 转换器法均衡拓扑图　　(b) 反激式转换器法均衡拓扑图

图 5.7　Cuk 转换器法与反激式转换器法均衡拓扑图

(2) 降压升压转换器法。降压(BUCK)、升压(BOOST)或者升降压(BUCK-BOOST)转换器广泛应用于电池均衡系统中。这种方法的电路拓扑有多种,工作模式也各有差异,例如,升压转换器使用单转总模式均衡,升降压转换器抽取高能量电池的电量通过 DC 链路返回给低能量电池实现均衡。升降压转换器法均衡拓扑图如图 5.8 所示,这种均衡电路需要智能化的控制器,均衡电路相对复杂且昂贵,但适合模块化设计。

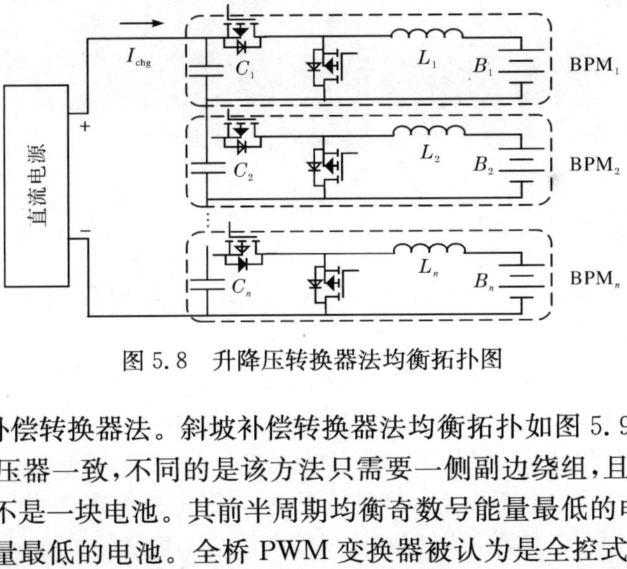

图 5.8　升降压转换器法均衡拓扑图

(3) 斜坡补偿转换器法。斜坡补偿转换器法均衡拓扑如图 5.9(a)所示,其思路与多绕组变压器一致,不同的是该方法只需要一侧副边绕组,且连接一对电池(两块电池)而不是一块电池。其前半周期均衡奇数号能量最低的电池,后半周期均衡偶数号能量最低的电池。全桥 PWM 变换器被认为是全控式的能量转换器口,均衡拓扑图如图 5.9(b)所示,用于 AC/DC 变换或 DC/DC 变换。该方法需要智能控制器,通常应用在高额定功率电路中,主要缺点是相对昂贵且控制复杂。

(4) 准谐振转换器法。准谐振转换器法均衡拓扑图如图 5.10 所示,工作在零电流准谐振(zero current quasi-resonance,ZCQR)转换器均衡模式或零电压准谐振(zero voltage quasi-resonance,ZVQR)转换器均衡模式。该电路可完成自驱动 MOSFET 开关功能,不需要智能控制器的参与就能实现能量转移式均衡,电感 L_r

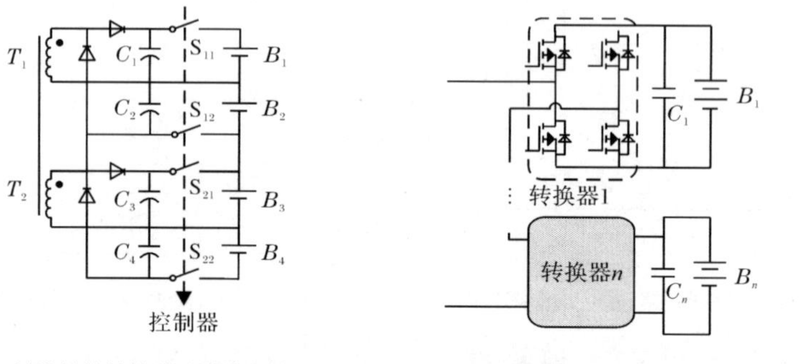

(a) 斜坡补偿转换器法均衡拓扑图　　(b) 全桥 PWM 转换器法均衡拓扑图

图 5.9　斜坡补偿转换器法与全桥 PWM 转换器法均衡拓扑图

和电容 C_r 构成谐振回路实现零电流开关功能。准谐振转换器法的主要优点是能有效减少开关损耗，提高系统均衡效率，但是实现复杂且成本较高。

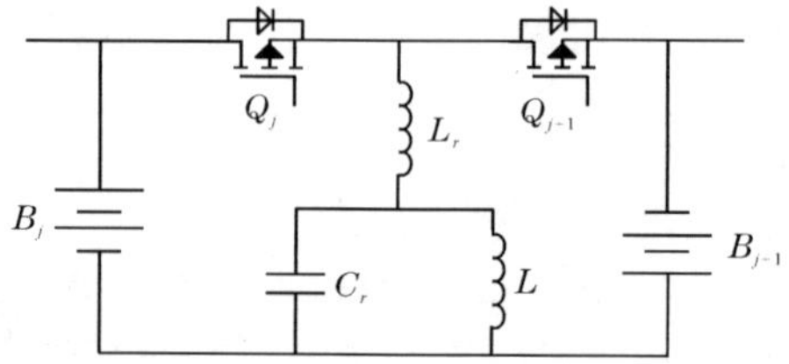

图 5.10　准谐振转换器法均衡拓扑图

2. 电池不均衡的表现

串联的各单体电池不一致性即电池组不均衡，一般表现为 SOC、电压、剩余电量和充放电速度不均衡。

SOC 不均衡是电池组不一致的直接表现形式之一，即各电池剩余电量与当前状态下该电池最大可用容量的比值不同。如图 5.11(a)所示，图形宽度相同，表示电池最大可用容量相同，深颜色的部分表示电池当前剩余电量，各电池剩余电量不相同导致电池的状态不均衡。这种情况下，串联电池组在充放电时，容量上升或下降的速度是相同的，因此可以很好地反映电池组不均衡的状态。如图 5.12(b)所示，深颜色表示高度，高度一致，相当于 SOC 值相同。这种情况下，SOC 相同，在同时放出或充进等量电量后，电池间均衡状态发生很大变化，也可以反映电池充放电过程中形成的不均衡状态。

电压不均衡是指电池组各电池两端的电压不相同。电压分为工作电压和开路电压。电池不均衡状态越明显，各电压的差别越大。由锂离子电池自身特性可知，在电量最高时电压最大，随着电量减少，电压逐渐降低，电池不均衡程度表现为

(a) 剩余电量不同　(b) 容量不同

图 5.11　荷电状态不均衡表现

电池间工作电压差值的大小。电压与电池 SOC 对应的是一条单调曲线，可用电压等效表示电池 SOC，因此电压也可间接反映电池间的不一致状态。

剩余电量不均衡是电池内可用的电量不相等，电池在使用过程中，每块电池剩余的电量不相等。电池不均衡，对应的剩余电量也不同。电池总容量相同时，如图 5.11(a)所示，电池总容量不相同时，如图 5.11(b)所示，图中深颜色区域面积表示剩余电量，不管电池容量的大小，只看电池剩余的电量是否相等。

充放电速度不均衡主要源自电池组内各电池不同的漏电情况，与电池内阻大小和电池容量无关，只取决于漏电流之差。理想情况下，充放电电流相同，电池以相同的速度充放电，它们的 SOC 应该始终是均衡的。实际情况下，电池充放电速度不同，随着时间的推移，电池的电量变化不同，时间越长不均衡性越明显，如图 5.12所示。

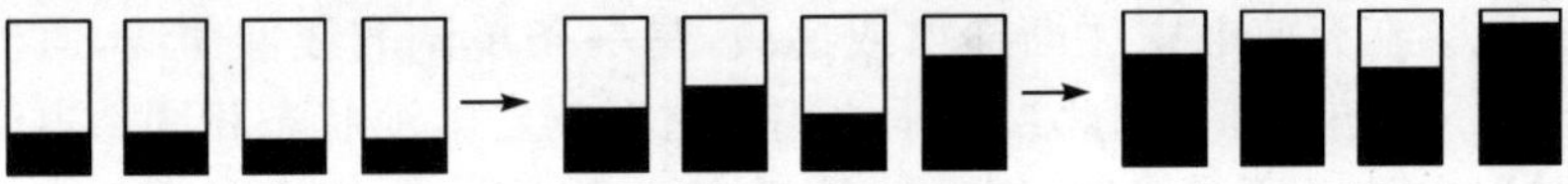

(a) 不均衡电池充电情况

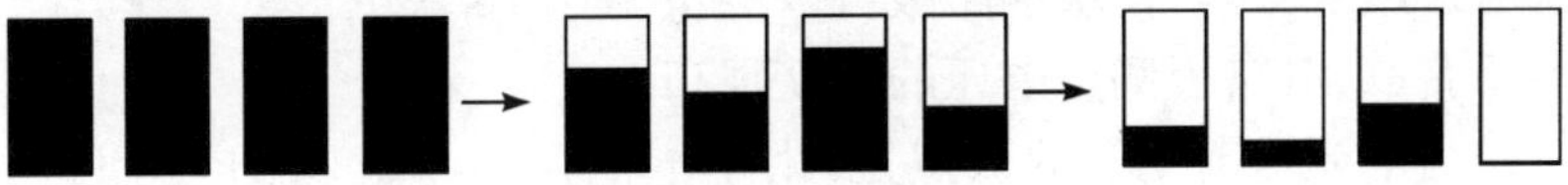

(b) 不均衡电池放电情况

图 5.12　不均衡电池充放电情况

3. 电池均衡变量选定

均衡变量是认为电池达到均衡状态时所参考的变量参数，电池均衡系统电路使这些变量参数相同。由图 5.12 电池不均衡的表现，得到可以反映电池是否均衡的变量参数，电池的不均衡导致变量参数不同。理论上，这些变量参数在电池均衡时应达到一致。电池均衡变量应具有反映电池不均衡状态、简单易获取、精度足够高等特点。电池充放电速度是制定电池充放电策略的参考依据，因此不作为均衡变量。下面对 SOC、电压和剩余电量三个变量参数进行可行性与优缺点分析。

1）SOC作为电池均衡变量

SOC是当前剩余电量与电池总容量的比值，是一个百分数，表示电池的放电深度。电池组中使用的电池一般是同一型号同一批次的相同电池，虽然各方面差异很小，但电池总容量还是有微小的差别，SOC与剩余电量成正比。由于剩余电量是一个变化范围很大的变量，从零电量到满电量线性变化，而且很小的电量变化都可以精确反映出来，电池总容量的差异变化不太明显，因此计算出来的SOC也是一个范围大、精确的变量。

SOC作为变量难点在于每个单块电池SOC计算难度大及SOC高精度难以实现。每测量计算一个SOC值需要一组专门的电流检测电路和SOC估算电路。如果每块电池都独立计算SOC，那么需要的硬件电路太多，另外每组硬件电路误差精度不同，这样造成均衡参数对比标准不一致而影响均衡状态，违背了均衡的初衷。精度越高，SOC估算计算量越大。如果对电池组内每块电池进行高精度SOC估算，那么要求均衡系统具有足够的运算能力，难以实现应用。

2）电压作为电池均衡变量

经分析，磷酸铁锂离子电池开路电压与SOC具有很好的一致性，可由静置40min电池的开路电压对应表示电池的SOC值，这使电压间接作为均衡变量成为可能。电压会在充放电中逐渐递增或递减，是一条单调非线性曲线，电池每个状态下只对应一个电压值，因此当电压值相同时意味着电池状态相同。电池过充过放变量是以电池电压为参照，以磷酸铁锂离子电池为例，放电截止电压为2.6V，充电时电压逐渐增大，直至达到充电截止电压3.4V。锂离子电池电压可以直接通过电压巡检系统测得，一块电路板可以测量多达16块电池的电压，工作电压作为变量极易获取，电路板测量电压的精度很高。

电压作为电池均衡变量的缺点是：由于电池存在内阻，电压受回路电流影响波动特别大，相同SOC的电池，流经不同电流时的电池电压不同，造成了每次均衡的电压参考标准不同，无法达到统一标准下的均衡。车载工况下，汽车存在复杂的运行状态，需要不同的输出电流，使电池组工作电流波动很大。但是，电池组在电流变化小时（静置或恒流充电）以电压为变量，可以很好地反映电池的均衡状态。

3）剩余电量作为电池均衡变量

剩余电量为均衡变量时，忽略电池的最大容量变化。这种方法在充放电时拥有较好的一致性，如果均衡下的电池拥有相同的电量，那么串联时电池输入输出的电流相等，因此放出的电量相等。一旦电池达到保持量和消耗量都相等的这种均衡，那么无论电池的充放电情况如何，电池都会在很长时间下保持这种均衡状态。

这种方法的缺点是电池组总容量利用率不高，整个电池组的容量取决于容量最小者。充电时，为了保持各电池电量相等，当容量最小的那块电池充满后就会停止充电，即如果串联电池组内的某一单块电池的容量很小，那么电池组必须忽略其他容量较大的电池，均衡使电池组的容量受限于容量最小的那块电池。电池组电量一般比较大，单块电池电量高达 40A·h，若要保证电量精度为 1mA·h，那么计算过程中存储数据需要高达 26 位的寄存器，这种做法显然不可取。

4. 主动均衡策略制定

1) 均衡变量：选取电压为均衡变量

根据前面给出的几种均衡变量的优缺点，结合实验室的现有资源，选择在电流变化小时，以电池电压为均衡变量是比较合理的做法。电池电压是比较容易获取的参数，实时检测各电池工作电压，用一定的策略使电池间电压趋于一致，达到电压均衡的状态。电池工作电压的均衡的目的是尽量使各电池之间的工作输出电压保持一致，根据 Thevenin 等效电池模型，考虑到电池自身存在内阻，维持各单块电池电压 $V_{OUT}=V_{OCV}-V_P-I\cdot R_\Omega$ 相等。

串联的 N 块电池，某一时刻测得第 i 块工作电压为 V_i，引入统计概念中的均值 $\bar{V}$、极差 r 和方差 δ^2，其计算公式为

$$\begin{cases}\bar{V}=\dfrac{1}{N}\sum\limits_{i=1}^{N}V_i\\ r=\max(V_i)-\min(V_j)\\ \delta^2=\dfrac{1}{N}\sum\limits_{i=1}^{n}(V_i-\bar{V})\end{cases}\tag{5.1}$$

式中，$i,j=1,2,\cdots,N$。

均值表示这一组电池电压的平均水平，反映了整个电池样本的总体水平，均值以上的电池认为是高能量电池，均值以下的电池认为是低能量电池，需要将能量由高能量电池转移到低能量电池，直至达到设定的极差水平。极差是描述电池间电压的最大离散程度，表示电池组中最高电压与最低电压的差值，电池组工作过程以每个时刻最高电压和最低电压为均衡截止条件，忽略其余中间状态，可以最大效率地达到均衡状态。方差是描述电池电压的离散和波动程度，表示电池组内所有单块电池与均值的偏离状态，偏差越小，电池组越均匀。

本书在监测电池实时电压基础上，利用均值反映电池组整体性能，利用极差反映电池均衡状态，利用方差检验电池组的均衡优劣。以电压为均衡变量的流程示意图如图 5.13所示。

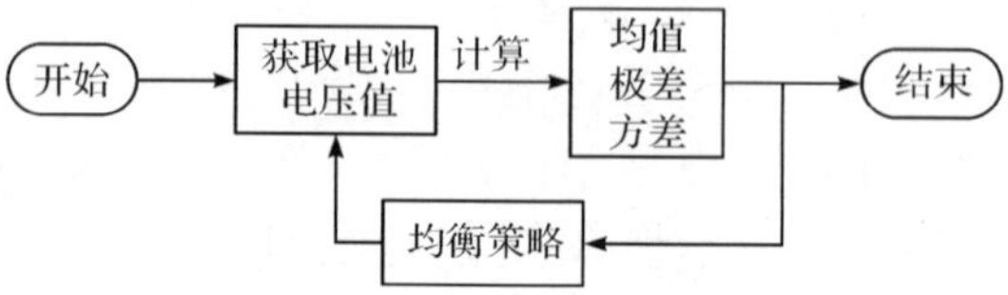

图 5.13　以电压为均衡变量的流程示意图

2）均衡策略：选择能量转移型的主动均衡

电池均衡分为被动均衡和主动均衡。被动均衡也称能量耗散性均衡，通过电阻等耗能设备消耗高能量电池以达到能量均衡。如图 5.14 所示，每块电池都单独并联一个耗能电阻，控制开关打开相应的电阻即可降低其能量，最终以能量最低的那块电池为基准达到均衡。被动均衡方法结构简单、可靠性高、容易控制、均衡速度快，但通过电阻耗散了电池组上的电能，降低了电能的使用效率，而且电阻耗能会产生严重发热的问题，带来安全隐患。因此，这种方法不理想。

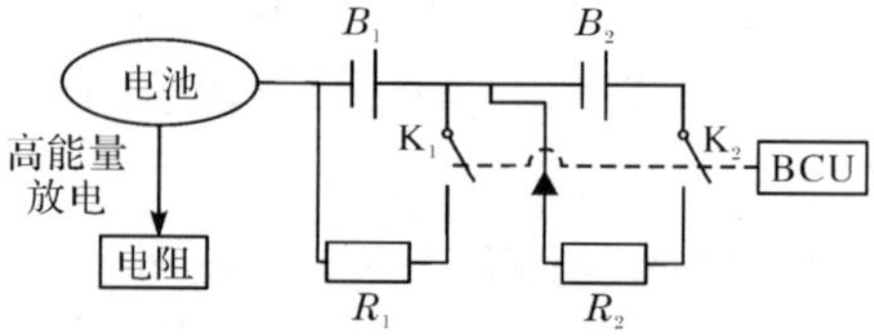

图 5.14　被动均衡示意图

主动均衡又称非能耗均衡，是将电能从能量高的电池转移到能量低的电池，尽量减少电池组能量的损失。能量转移过程中需要中间储能设备，一般为储能电感或电容。如图 5.15 所示，主动均衡是先将电量从能量较高的电池转移到储能设备缓存，再将缓存的能量转移到能量较低的电池中，实现电池的均衡控制。这种方法突出的优点是不浪费能量，实现能量利用率最大化，但结构比较复杂，电能在转移过程中的能量流动控制问题和安全高效问题，也将是本书的研究重点。

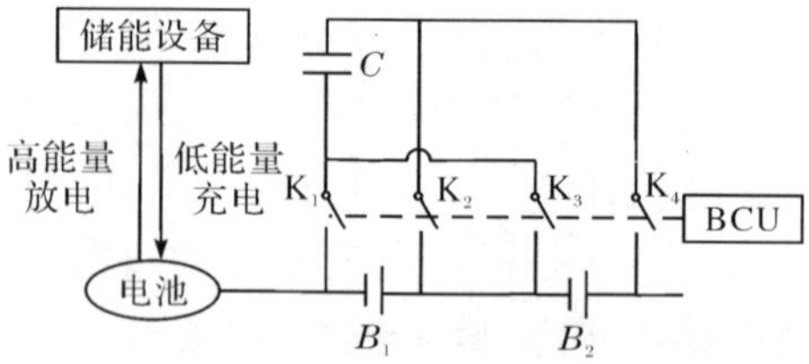

图 5.15　主动均衡示意图

5.1.5　均衡系统软硬件设计

1. 均衡系统总体设计

基于意法半导体 STM32F103 控制器设计的均衡系统总体结构如图 5.16 所示。STM32F103 芯片以 ARM Cortex-M3 为内核，具有一流的外设和低功耗特性，在低成本的前提下实现先进且复杂的应用功能。

STM32F103 控制器通过 PWM 输出接口和通用输入输出（general-purpose input/output，GPIO）接口与均衡电路对接，其中 PWM 输出信号用于驱动均衡主电路中的 NMOS 开关，GPIO 信号用于驱动均衡主电路中的 PMOS 开关。

获取电池组电压量可以有多种方式，由于 STM32F103 内部自带多达 32 路 A/D 转换通道，因此可直接利用其对电池电压进行 A/D 采样。但是，STM32F103 内部 A/D 参考电压 V_{ref} 最高为 2.5V，因此电池组电压信号不能直接输入 A/D 接口。最简单的方法是采用分压原理，对高电压信号降压后接入 A/D 通道，如图 5.16 所示。

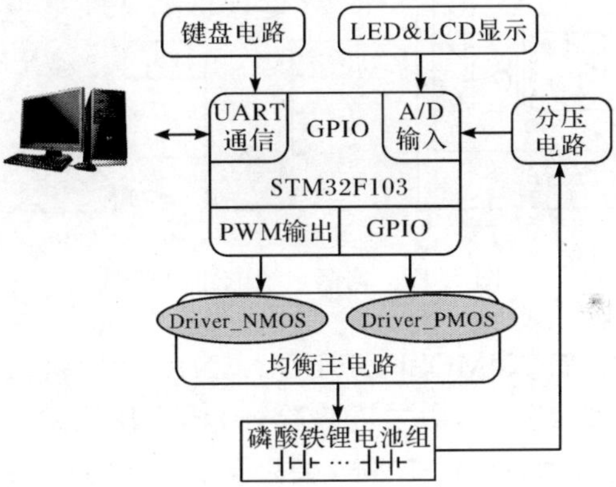

图 5.16　均衡系统总体结构图

STM32F103 控制器与计算机通信采用 UART 通信方式，发光二极管（light emitting diode，LED）和液晶显示器（liquid crystal display，LCD）用于显示系统运行状态及参数信息，按键输入用于控制 STM32F103 工作模式，如故障时紧急制动、特殊变量请求等。

2. 均衡系统硬件设计

1）均衡系统电路设计

在图 5.16 基础上进一步细化后的均衡系统电路原理图如图 5.17 所示，左边部分是均衡主电路，右边部分是控制电路。各单体电池正极 $B_1 \sim B_4$ 通过分压电路接入控制器 STM32F103 的 A/D 接口，单体电池、电池包及整组电池两侧都并入滤波电容（$C_1 \sim C_7$），以使 A/D 转换器采集到的电压量稳定有效，不至于因为毛刺而产生误动作。反激式变压器 $T_1 \sim T_3$ 输入与输出端都并接辅助电路，其中输入端的输入缓冲器 snubber 用于消除由漏感产生对 MOSFET 漏源极的高压脉冲，输出端的低通滤波器 filter 用于滤除输出信号中高频谐波分量。

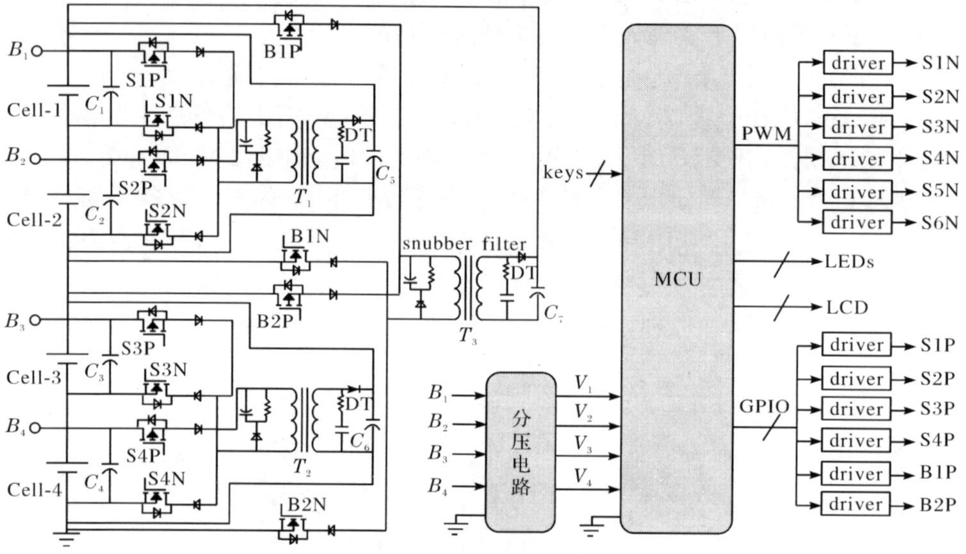

图 5.17　均衡系统电路原理图

所有开关都采用高速 NMOSFET-FQD13N10L，其驱动芯片采用 FOD3181。图 5.17 中所示二极管（缓冲器中二极管除外）均为快恢复二极管 FFD20UP20S，STM32F103 输出 4 路 30kHz 的 PWM 信号和 2 路 60kHz 的 PWM 信号，分别用于驱动内环 DC/DC 转换器和外环 DC/DC 转换器。

2）电压电流检测电路设计分析

图 5.17 中的分压电路如图 5.18(a)所示，图中省去了 B_1 和 B_2 端分压电路，但具体形式和 B_3 与 B_4 的分压电路类似，可得如下公式：

$$B_4 = 2V_1 \tag{5.2}$$

$$B_3 = 4V_2 \tag{5.3}$$

因此有

$$V_{\text{Cell-4}} = 2V_1 \tag{5.4}$$

$$V_{\text{Cell-3}} = 4V_2 - 2V_1 \tag{5.5}$$

同理可得

$$V_{\text{Cell-2}} = 6V_3 - 4V_2 \tag{5.6}$$

$$V_{\text{Cell-1}}=8V_4-6V_3 \tag{5.7}$$

STM32F103 自带的 A/D 转换器对采集到的信号量 $V_1 \sim V_4$ 按式(5.4)～式(5.7)进行运算，进而求得电池组中各单体电池电压值。分压电路中电阻 R 值越大，电路功耗越低，A/D 转换器采样稳定性也降低，因为 A/D 转换器需要微弱的驱动电流，综合考虑精度与功耗两个因素，取 $R=1\text{k}\Omega$ 较合理。

由于电流量无法直接测得，因此必须转换为电压量后才可以检测。电流检测电路如图 5.18(b)所示，其关系式为

$$i=\frac{V}{R} \tag{5.8}$$

已知高精度电阻 R 的值，由式(5.8)分析示波器记录的电阻 R 两端的电压波形可以明确其电流波形。

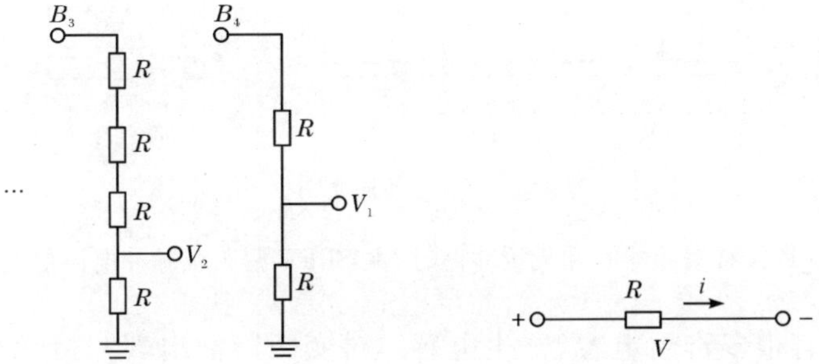

(a) 分压电路原理图　　(b) 电流检测电路原理图

图 5.18　分压电路与电流检测电路原理图

3) 缓冲及滤波电路设计分析

实际设计的反激式变压器无论制造工艺如何精良，都不可避免存在漏感。漏感不仅降低变压器的转换效率，同时会造成对 MOSFET 器件的击穿损坏。对电感量 L_m 为 33μH、漏感量为 1μH 的反激式变压器在有/无缓冲器情况下进行仿真分析，结果如图 5.19 所示。由该图可知，有缓冲器时，MOSFET 的漏源极脉冲电压不高于工作电源电压值；在没有缓冲器时，MOSFET 的漏源极脉冲电压高达近 600V，因此实际设计的反激式变压器必须含有输入端缓冲器。此处选用 FQD13N10L 的 MOS 管漏源级脉冲电压为 35V。

理论条件下，变压器的输出信号没有高频噪声成分，但是通过测量与变压器相连的二极管 DT 的阴阳极电压波形发现，无滤波器时实测波形和理论波形存在较大差别，如图 5.20(a)所示；而通过简单无源滤波后的实测波形则接近理论波形，如图 5.20(b)所示。产生这一现象的主要原因是：输出信号中含有较多高频谐波成分，从而出现正弦扰动波形。产生这一现象的本质是：除变压器漏感的作用

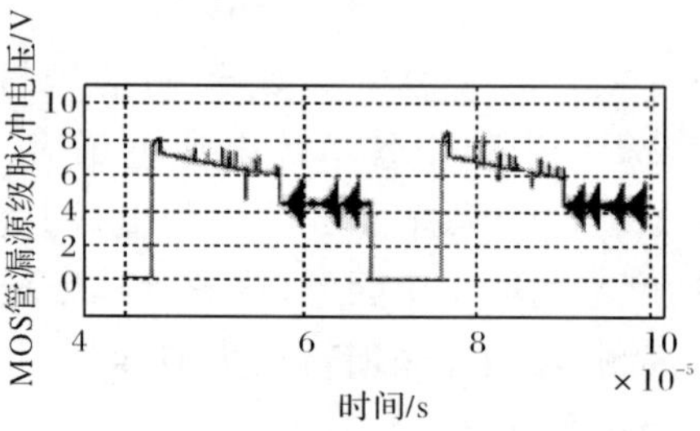

(a) 有缓冲器

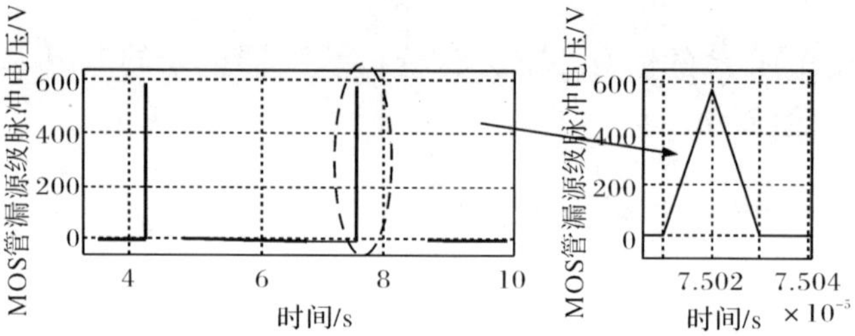

(b) 无缓冲器

图 5.19 有缓冲器时和无缓冲器时 MOSFET 漏源级脉冲电压仿真波形

外,电路中含有很多寄生电容、寄生电感。对变压器输出端并接无源滤波器后就可以明显消除这一噪声成分。

(1) MOSFET 驱动电路设计分析。

MOSFET 驱动能力的好坏决定实际均衡电路能否按理论情况工作,并且是均衡电路能否正常工作的决定因素。影响 MOSFET 开关速度的关键参数是结电容 C_j,高频 MOSFET 这一参数通常为 10pF 量级。虽然 MOSFET 为电压驱动型开关器件,但在开启瞬间需要较大的驱动电流,如果驱动电路无法提供这一驱动电流或驱动能力不足,将会产生严重的开关滞后效应。

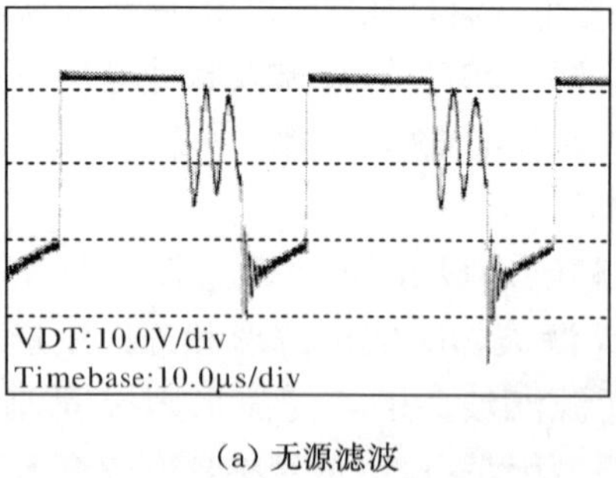

(a) 无源滤波

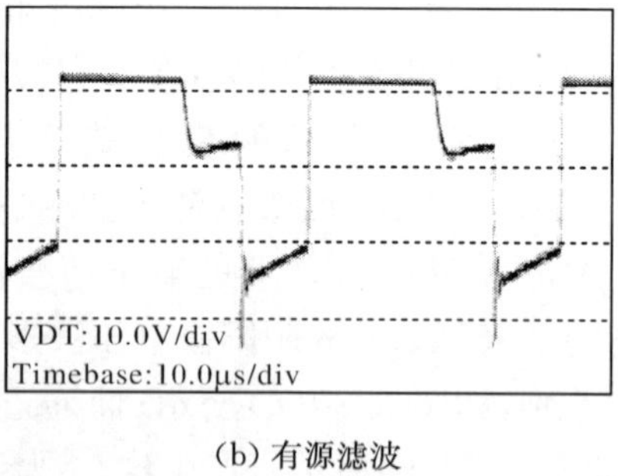

(b) 有源滤波

图 5.20 有/无滤波器时 V_{DT} 电压的实测波形

MOSFET 驱动电路原理图如图 5.21 所示。MOSFET 驱动芯片采用 FOD3181，驱动电流高达 2.5A，可以驱动绝大部分高频 MOSFET。图中输入端 IN 的驱动电流 I_F 一般为 8～25mA，栅极的高电平与 V_{CC} 一致。经测试，其最大开关频率为 250kHz，完全满足本书的设计需求。

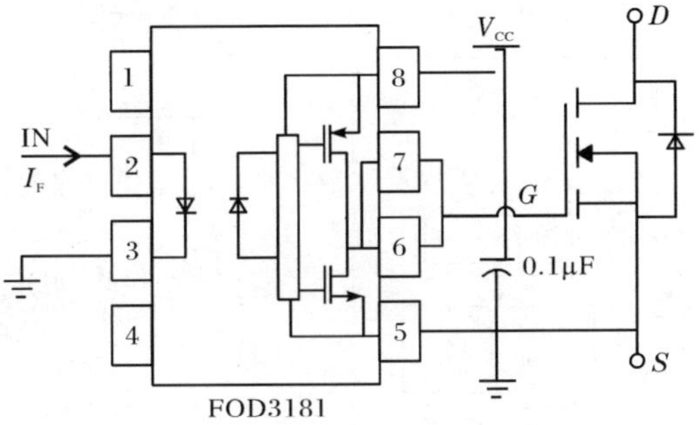

图 5.21　MOSFET 驱动电路原理图

(2) 均衡系统软件设计。

均衡系统中合理的按键请求是保证其正常工作的必要组成部分。本均衡系统使用 4 个独立的操作按键，采用中断请求方式。各按键其功能描述如下。上键(UP)：封锁控制器所有输出，关掉均衡回路，用于需要紧急制动的环境；下键(DN)：将采集到的所有电压量一次性通过 UART 接口传输给计算机；左键(LF)：暂停/启动均衡系统，并通过 LED 闪烁指示；右键(RT)：任意时刻启动一次电压采集，并判断是否需要均衡。均衡系统运行的主程序和均衡处理子程序流程图如图 5.22 所示。

主程序的工作流程具体如下。

① 系统初始化：包括 GPIO 初始化、定时器 Timer 初始化、A/D 初始化、DMA 初始化、UART 初始化等。

② 打开总中断：包括按键中断、定时器中断、DMA 中断。

③ 判断是否产生中断：若没有则指示程序正常运行，并继续判断是否产生中断；若有则调用相应的中断处理子程序。

④ 判断是否产生按键中断：判断哪个按键产生中断，并按照按键功能做出相应处理。

⑤ 定时器中断：定时器每隔 10s 触发一次中断，用于采集电池组电压信息，并判断是否需要做相应的均衡处理；如果不需要均衡，那么关掉定时器，并指示均衡过程已完成。

均衡处理子程序的工作流程具体如下。

① 定时器 10s 计时完成后，启动一次 A/D 电压采样。

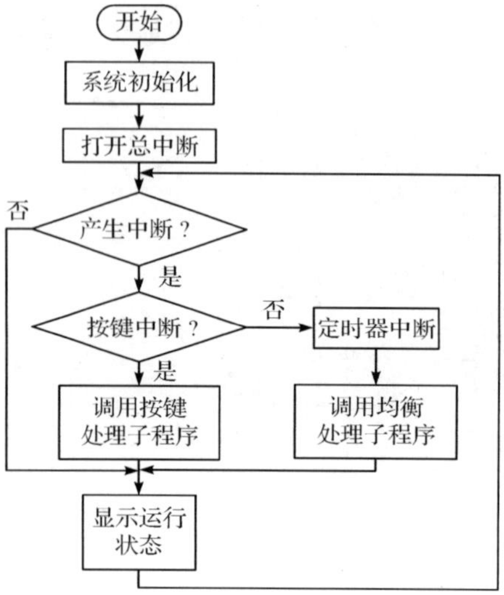

(a) 主程序

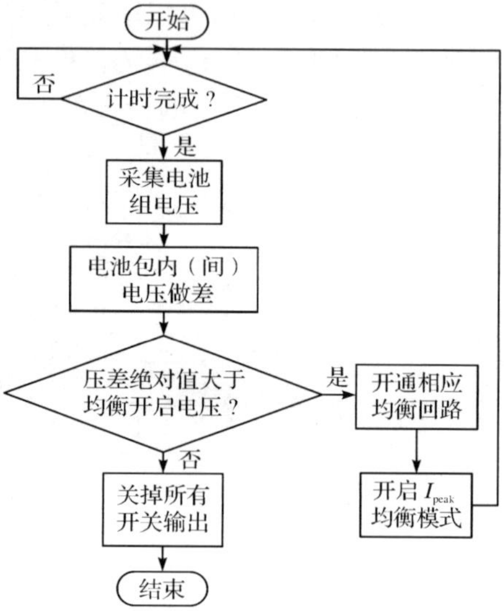

(b) 均衡处理子程序

图 5.22　主程序与均衡处理子程序流程图

② 根据式(5.4)～式(5.7)求得各单体电池电压,并计算电池包内(间)单体电压的差值。

③ 判断压差绝对值是否大于均衡开启电压(0.1V)。

④ 若压差大于均衡开启电压,则开通相应环层能量高的电池(包)均衡回路并采用 I_{peak} 均衡模式,然后开启定时器计时,进入下一轮循环。

⑤ 若压差小于等于均衡开启电压,则关掉控制器的所有开关输出,结束均衡处理并显示均衡过程完成。

5.2　均衡系统的设计

5.2.1　均衡系统总体结构设计

1. 两种均衡电路结构分析

电池主动均衡控制就是利用电力电子技术将电能从能量高的电池转移到能量低的电池,转移过程中需要中间储能设备缓存电能,由于电能转移的速度很快,转移的次数也很多,因此储能设备需要无损耗,电感和电容是比较理想的储能元件。电感和电容物理特性不同,在使用时也有较大区别,下面分两种方案进行特性分析。

1) 电感式相邻电池能量转移方案

该方案采用相邻电池能量转移的方法，其电路拓扑结构如图 5.23 所示，电路由 n(n 为均衡中串联单电池节数)个储能电感、n 个开关管、n 个续流二极管组成。为每块电池配置一个储能电感，用 PWM 信号控制与电池相对应的开关管，每个电感并联一个续流二极管。首先计算出整个电池组的平均能量，分析能量高于平均值需要释放的电池 B_i($i=1,2,\cdots,n$)，控制其对应的开关管 Q_i 导通，则此单块电池 B_i 放电，放电能量储存在相并联的电感 L_i 中。当电感中电流达到一定值时，开关管 Q_i 断开，此时电感 L_i 中的能量会由续流二极管充入电池 $B_{i+1}, B_{i+2}, \cdots, B_n$ 中。

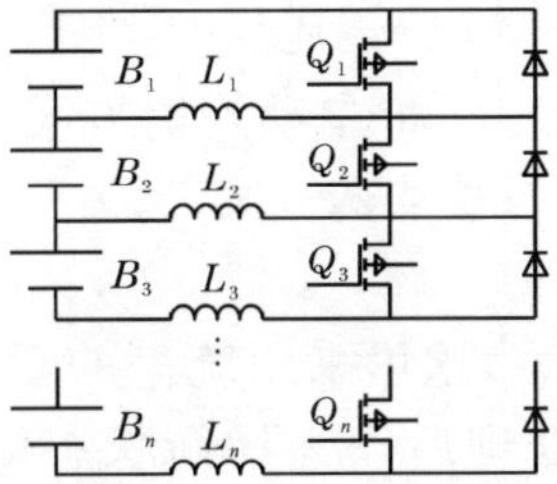

图 5.23　电感式相邻电池能量转移方案

此方案结构相对简单，电子器件较少，但这种均衡只能将电能由能量较高的电池转移到相邻的电池中去，且当电池 B_i 和电池 B_{i+2} 同时向电池 B_{i+1} 转移电能时，会在电池 B_{i+1} 上出现电流叠加，有可能出现过电流。控制开关管的相关 PWM 参数设计较为复杂，很难保证系统稳定。因此，本书不选用此方案。

2) 电容式开关阵列投切均衡方案

该方案采用电容作为中间储能设备，通过控制相对应的开关可实现电池能量在任意两电池间转移，其电路拓扑结构如图 5.24 所示，电路由 $2n$(n 为均衡中串联单块电池数)个电子开关与一个储能电容组成。电容 C 作为中间储能设备，把电能由高能量电池转移到低能量电池中，从而达到均衡的目的。首先检测各块电池的能量，找出能量最高的单块电池 B_i($i=1,2,\cdots,n$)和能量最低的单块电池 B_j($j=1,2,\cdots,n$)，只导通电子开关 K_{2i-1} 和 K_{2i} 将电池 B_i 中的能量转移到电容 C 中，然后只导通电子开关 K_{2j-1} 和 K_{2j} 将电容 C 中的能量转移到电池 B_j 中，如此循环直至达到均衡状态。

此方案能够实现任意两个电池间的能量转移，电子开关控制合理时均衡速度较快、可靠性较高。这种均衡方案比较合理，但在电容与电池能量转移时存在电压等级匹配的问题，这也是本书需要解决的问题。

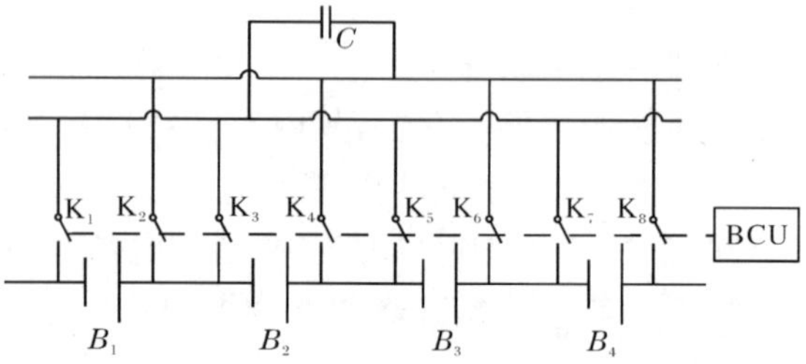

图 5.24 电容式开关阵列投切均衡方案

2. 均衡系统结构设计

综合以上分析,本书制定出一种主动均衡方案:以锂离子电池实时电压为均衡变量、采用电容式开关阵列投切均衡方案,通过双向 DC/DC 调节能量转移的方向并控制均衡回路电流。

为了与电池管理系统兼容,这里采用统一的 CAN 协议通信,通过电压巡检系统获取实时的电压数据,处理后作为均衡状态依据。将电压作为均衡变量,需要电池组在电流变化很小时进行均衡,均衡电流设为 2A(电池容量安时数的 5%)。

均衡系统主要包括均衡主控制器、开关阵列、双向 DC/DC 变换器、超级电容、电流检测电量计算装置、16 位译码器和驱动电路等。图 5.25 为均衡系统总体结构示意图。

由开关阵列选通均衡电池,每块单电池单独引线,分别由开关管控制,所有与电池负极引线相连的开关由一个译码器选通,所有与电池正极引线相连的开关由另一个译码器选通。每次只同时导通一正一负,可以选择电池组内任意单块或相邻多块电池进行均衡。这样不仅节省主控芯片输出 I/O 端口,还可以实现硬件和软件互锁保护。

双向 DC/DC 变换器的主要作用是让电能在高能量电池、储能电容,以及低能量电池间流动。对电池组来讲,电池的电能有流入和流出,因此在电池组与电容之间,能量是双向流动,需要双向的 DC/DC 变换器控制能量方向。双向 DC/DC 变换器采用正向 BUCK,反向 BOOST 方式(默认电池组能量流出方向为正向,能量流入方向为反向)。控制电池组恒流均衡,就是控制 DC/DC 变换器前后两级电流恒定。方法是通过霍尔电流传感器实时检测电流作为反馈信号,比例-积分(proportional-integral,PI)调节器调节 DC/DC 变换器中 MOSFET 驱动信号占空比,使均衡电流值为 2A。

均衡过程中能量转移会有电量损失,这部分没有计入电池管理系统,会造成电池组荷电状态误差。考虑到这部分电池组内部电量损失,加入电流检测

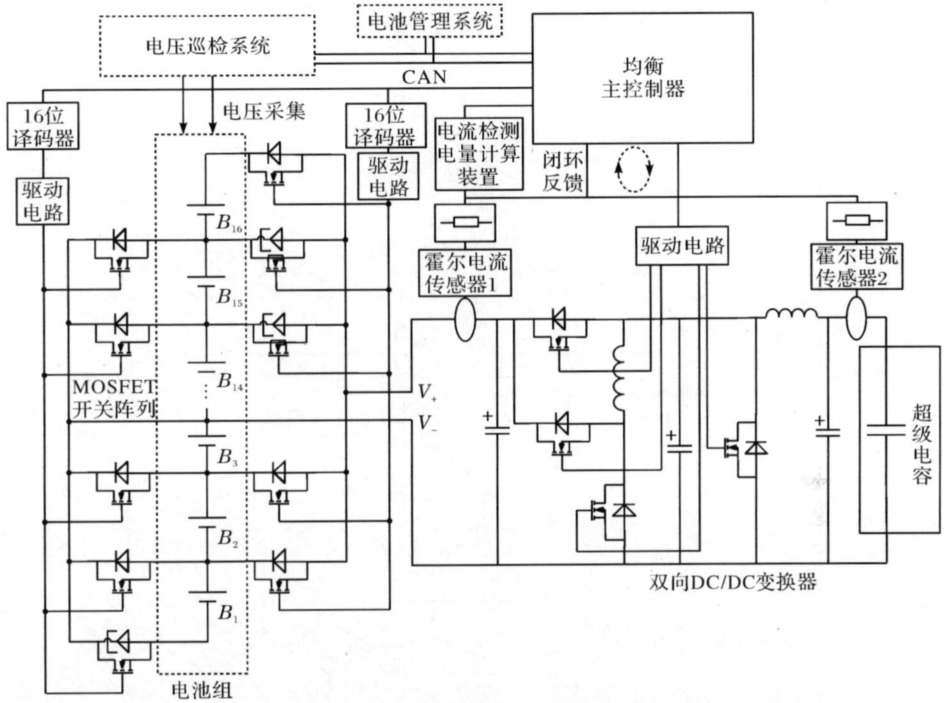

图 5.25　均衡系统总体结构示意图

电量计算装置，在 DC/DC 变换器的前级加入霍尔电流传感器检测模块，根据电量计算算法（一般为安时计量法），均衡电路电流正向为电池组输出状态，反向为电池组输入状态，利用电池组在均衡过程中输出电量与输入电量的差值精确计算电池组均衡损耗电量。通过均衡主控制器与电池管理系统通信，校准电池管理系统电池组 SOC 值，使其更加精确。图 5.26 为均衡系统工作流程图。

此均衡系统的工作流程为：均衡主控制器通过 CAN 接收电池管理系统/电压巡检系统实时电压值，计算当前时刻电池平均值、极差、方差，判断电池组是否为均衡状态，若检测到电压极差不在设定范围内，则开启均衡。此均衡系统具体步骤如下：

(1) 找出高电量电池单元，从 V_{max} 左右两侧依次判断电池电压值大小，在设定的高电量区间，直到左右两侧分别出现断续，停止判断，最终选出被均衡的单块或相邻多块电池。控制开关阵列相对应的开关管将被均衡电池单元输出到电池组均衡总线 V_+、V_- 上。

(2) 控制双向 DC/DC 变换器正向流动为 BUCK 方式，将高能电池电量转移到超级电容，其间通过霍尔电流传感器检测电路电流（图 5.25），通过回路电流参

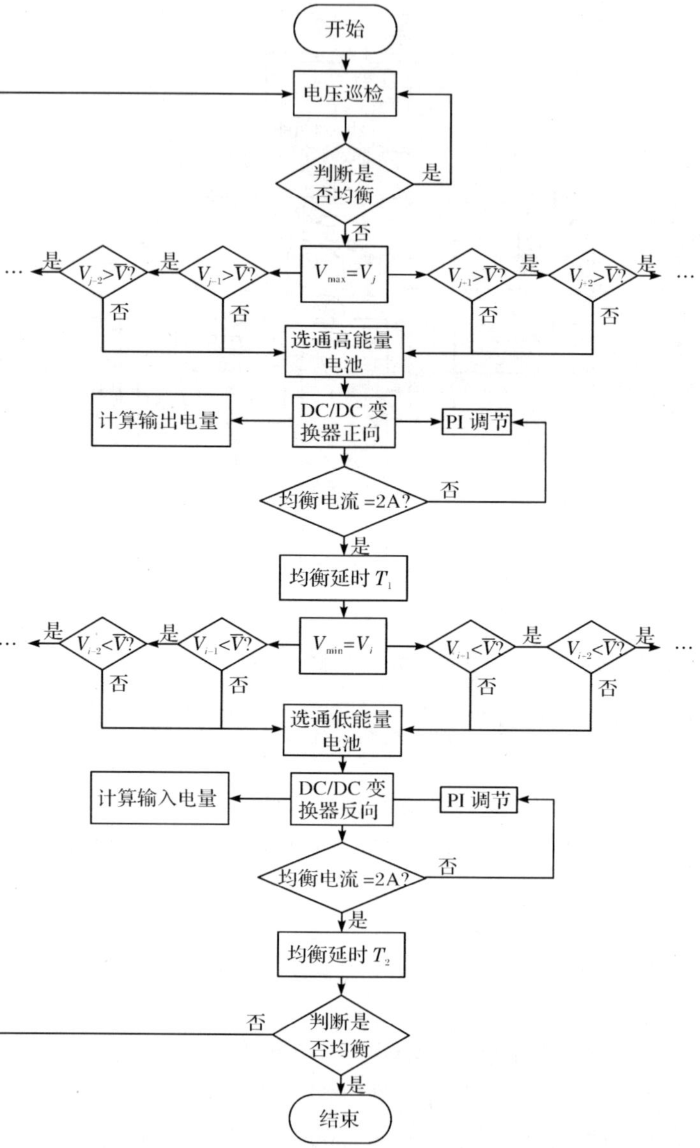

图 5.26　均衡系统工作流程图

数,PI 调节回路电流使其恒定为 2A,并通过电流计算电池组转移出的电量。

(3) 选出低电量单元,控制导通低电量电池单元对应开关管。

(4) 控制双向 DC/DC 变换器反向流动为 BOOST 方式,将超级电容电量转移到低能电池,其间 PI 调节回路电流使其恒流为 2A 并计算电池组转移进来的电量。

(5) 依次循环,直至电池组电压在规定的极差范围内达到均衡状态。

5.2.2　开关阵列策略设计

1. 开关选通结构设计

开关阵列用来选择被均衡电池单元，通过阵列内各开关管的导通来切换不同的选通单元。开关阵列在结构上可以千变万化，设计不同的接线方式，对应的选通效果也不同。

电池组在能量转移时，均衡主控制器需要控制电子开关选择电池，导通某一路进行均衡操作时，其余电池依然正常工作，在任意切换过程中，保持均衡总线电压极性不变。电池正向放电和反向充电时，共用同一个开关阵列来选通电池。图 5.27 为开关阵列连接图。

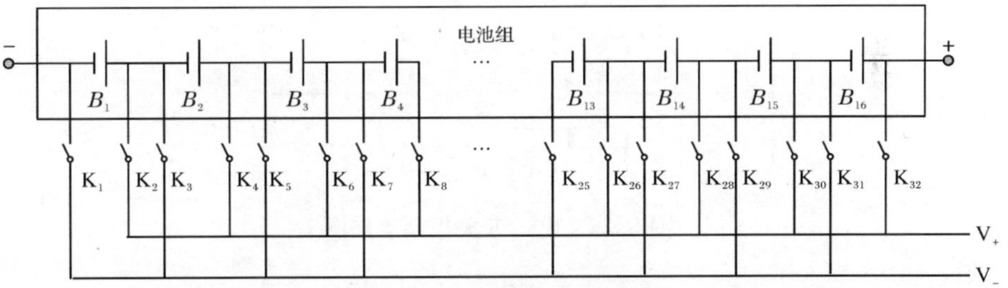

图 5.27　开关阵列连接图

开关阵列由 n 节电池和 $2n$ 个电子开关管组成，每块电池的正负两极分别由电子开关控制通断，所有与各单电池负极相连的开关管（图 5.27 中 K_1，K_3，…，K_{31}）接入均衡电池总线 V_-，所有与各单电池正极相连的开关管（图 5.27 中 K_2，K_4，…，K_{32}）接入均衡电池总线 V_+。

如果每一个电子开关都分别由主控芯片的一个输出 I/O 端口控制，那么会对控制 I/O 端口数量要求较高。分析发现，在选择被均衡电池并保证不发生并联短路时，每个时刻只能有两个电子开关是导通状态，一个（在 K_1，K_3，…，K_{31} 中）与 IN_- 相连，另一个（在 K_2，K_4，…，K_{32} 中）与 IN_+ 相连。在多路通道中选择一路导通，用译码器可以实现。

在被动均衡单元加入 74LS154 译码器，分别控制两组电子开关（图 5.28），这不仅实现了每个时刻分别只导通一路的要求，也避免了因多路导通造成的短路危险，实现硬件互锁。由此可知，选通 V_- 的译码器输出永远比选通 V_+ 的译码器输出小，加入比较程序也可实现软件互锁。

理论上控制 32 个 MOSFET 需要 32 路主控制器 I/O 端口，若加入两个译码器，则减少为 8 路控制器 I/O 端口，这样显著节省了主控制器芯片资源。

开关阵列中的电子开关可由继电器、MOSFET、绝缘栅双极性晶体管（insulated gate bipolar transistor, IGBT)等组成。

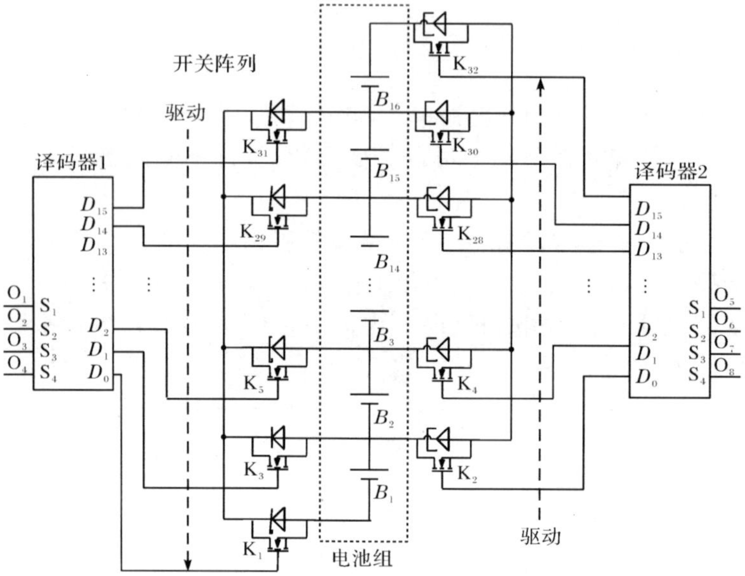

图 5.28　电子开关控制电路图

2. 多电池同时均衡控制

在电池均衡的过程中,电能由单块电池转移到另一单块电池是比较常见的,但是当电池块数较多时,均衡效率很低。为了更快地达到均衡状态,考虑采用多块电池同时均衡的方法。任何时刻只能同时导通两个电子开关,被均衡电池只能为几个相邻部分。

此开关阵列可以选择任意单块电池和任意相邻多块电池,不同选通电池下电子开关导通情况如表 5.2 所示。

表 5.2　不同选通电池下电子开关导通情况

选通电池	导通电子开关	选通电池	导通电子开关
B_1	K_1、K_2	B_9、B_{10}、B_{11}、B_{12}	K_{17}、K_{24}
B_9	K_{17}、K_{18}	B_6～B_{11}(6 节)	K_{11}、K_{22}
B_2、B_3	K_3、K_6	B_6～B_{15}(10 节)	K_{11}、K_{30}
B_9、B_{10}、B_{11}	K_{17}、K_{22}	B_1～B_{16}(16 节)	K_1、K_{32}

综上所述,在 N 块串联电池组中选择被均衡电池为第 i 块到第 j 块时,只导通电子开关 K_{2i-1} 和 K_{2j} ($1 \leqslant i \leqslant j \leqslant N$)。

单块电池的工作电压范围为 2.6～3.4V,当选取被均衡电池为 n($1 \leqslant n \leqslant N$)

块时，电池均衡总线 IN_+ 和 IN_- 之间的电压为 2.6～3.4nV。

假设电池组 16 块单电池串联，电压分别 $V_1, V_2, \cdots, V_{15}, V_{16}$，设定均衡电压极差为 $r=0.128$V。图 5.29 为多电池同时选择模式流程图，多电池同时均衡控制步骤如下。

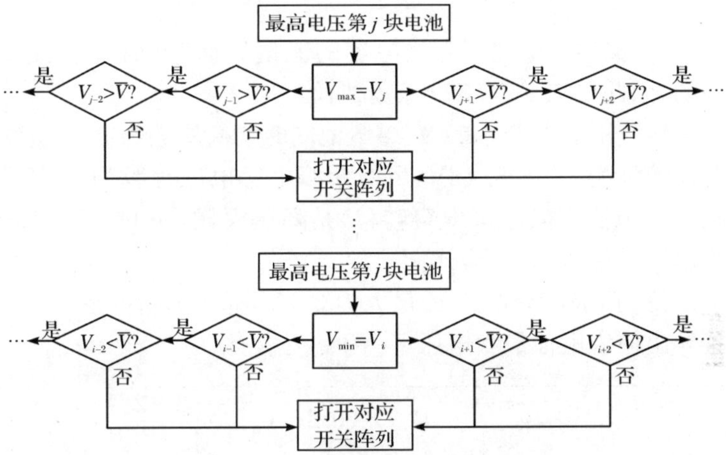

图 5.29　多电池同时选择模式流程图

(1) 求出电池组平均电压 $\overline{V}=\dfrac{1}{16}\sum\limits_{i=1}^{16}V_i$。

(2) 找出电池组内最低电压电池 B_i 和最高电压电池 B_j，$V_{\min}=V_i$，$V_{\max}=V_j$。计算电池组电压极差 $r=V_{\max}-V_{\min}$。

(3) 比较高能量电池，若 $\overline{V}+0.64<V_{\max}$，则在电池 B_j 两侧依次顺序寻找电压值在 $\overline{V}+0.64\sim V_{\max}$ 的电池(两侧依次顺序寻找:左侧，依次比较 $V_{j-1}, V_{j-2}, \cdots, V_{r_1}$，直至 V_{r_1-1} 不在范围内；右侧，依次比较 $V_{j+1}, V_{j+2}, \cdots, V_{r_2}$，直至 V_{r_2+1} 不在范围内)，出现间断则停止寻找，最终选出高能量电池为 B_{r_1} 到 B_{r_2} 一段连续电池，控制导通电子开关 $K_{2(r_1-1)}$ 和 K_{2r_2}，使被选高能量电池放出电能。若 $(\overline{V}+0.64<V_{\max})=0$，则在电池 B_j 两侧依次顺序寻找电压值在 $\overline{V}\sim V_{\max}$ 的电池。

(4) 比较低能量电池，若 $(V_{\min}<\overline{V}-0.64)=1$，则在电池 B_i 两侧依次顺序寻找电压值在 $V_{\min}\sim\overline{V}-0.64$ 的电池(两侧依次顺序寻找:左侧，依次比较 V_{i-1}，$V_{i-2}, \cdots, V_{l_1}$，直至 V_{l_1-1} 不在范围内；右侧，依次比较 $V_{i+1}, V_{i+2}, \cdots, V_{l_2}$，直至 V_{l_2+1} 不在范围内)，出现间断则停止寻找，最终选出高能量电池为 B_{l_1} 到 B_{l_2} 一段连续电池，控制导通电子开关 $K_{2(l_1-1)}$ 和 K_{2l_2}，使被选低能量电池充入电能。若 $(V_{\min}<$

$\overline{V}-0.64)=0$，则在电池 B_i 两侧依次顺序寻找电压值在 $V_{\min}\sim\overline{V}$ 的电池。

5.2.3 双向DC/DC设计

1. 双向DC/DC拓扑设计

DC/DC调节被均衡电池与超级电容的能量流动，电池组(或超级电容)能量是双向流动的，因此要求DC/DC也是双向的。

单电池电压范围为2.6～3.4V，多电池同时均衡块数为 $n(1\leqslant n\leqslant N)$，被均衡电池单元电压等级为2.6～3.4nV，后级超级电容电压等级为0～2.7V。在DC/DC正向(能量由电池组向超级电容转移)是降压模式；在DC/DC反向(能量由超级电容向电池组转移)是升压模式。

由于DC/DC后级电容电压 V_c 最大为2.7V，降压电路占空比 D 通常取0.1～0.9，因此推导出前级电池最大电压 $V_b=V_{\text{BUCK-in}}$，有

$$i=\frac{V}{RV_{\text{BUCK-in}}}=\frac{V_{\text{BUCK-out}}}{D}=\frac{2.7}{0.1\sim0.9}=(3\sim27)(\text{V}) \tag{5.9}$$

$$V_{\text{BOOST-out}}=\frac{V_{\text{BOOST-in}}}{1-D}=\frac{2.7}{0.1\sim0.9}=(3\sim27)(\text{V}) \tag{5.10}$$

因此，被均衡高能量电池的最大块数 $n=27/3.4$，取 $n=7$。

本书设计双向DC/DC参数指标为：前级均衡电池总线电压最大为27V，超级电容电压为2.7V，设定电池电流纹波小于2%、电压纹波小于2%，均衡电池电流为2A。

设计出正向降压、反向升压的双向DC/DC电路图，如图5.30所示，图中电感 L 实现两种功能，在降压电路中作为输出滤波器，在升压电路中实现储能升压。电感被复用，计算参数时要综合考虑。开关管 Q_1、电容 C_1 只作用于降压电路，开关管 Q_2、C_2 只作用于升压电路。Q_3、Q_4、L_0 在功能上实现软启动，与计算参数无关。

分解正向降压电路，电路原理图如图5.31所示。

设定正向降压电路开关频率为10kHz，锂离子电池放电时电流谐波尽可能小，可得

$$\begin{cases}\Delta I_L=\dfrac{V_o(1-D)}{Lf_s}=\dfrac{V_iD(1-D)}{L}\leqslant 2\%\times I_L\\[2ex]\Delta V_C=\dfrac{V_C(1-D)}{8LCf_s^{\ 2}}\leqslant 2\%\times V_C\end{cases} \tag{5.11}$$

进而可得电感 L 和电容 C 为

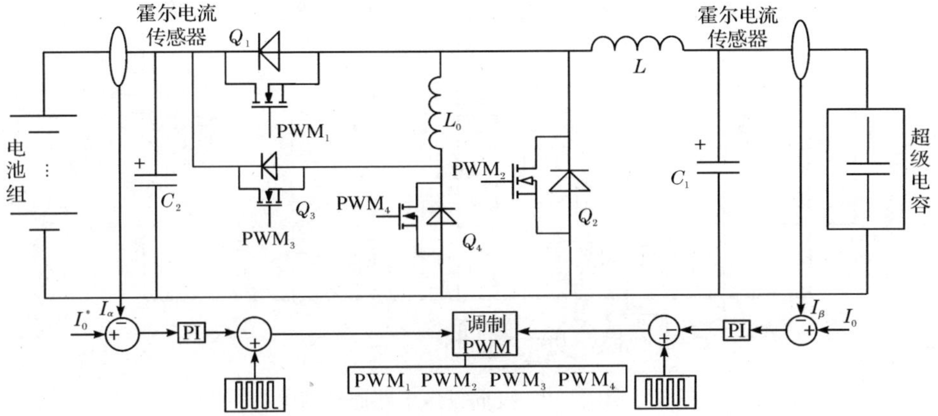

图 5.30　双向 DC/DC 电路图

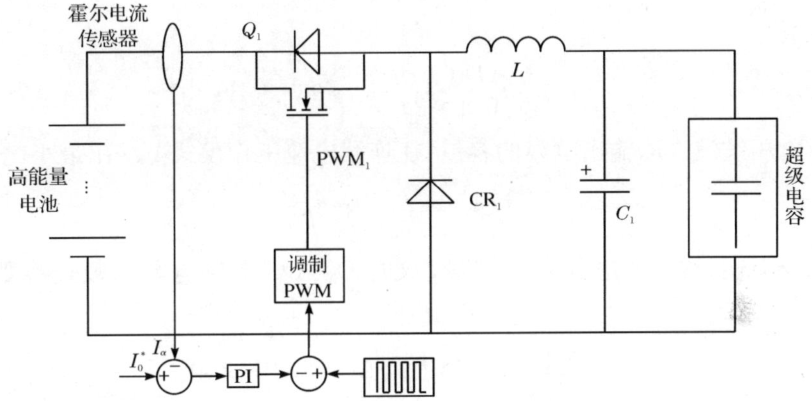

图 5.31　正向降压电路原理图

$$\begin{cases} L \geqslant \dfrac{V_i D(1-D)}{\Delta I_L f_s} = 607.5\mu\text{H} \\ C \geqslant \dfrac{1-D}{2\% \times 8 L f_s^{\ 2}} = 9.29\mu\text{F} \end{cases} \tag{5.12}$$

需要注意的是，此时电感 L 还工作在升压模式下，电感值的确定，要考虑反向升压电路的工作模式。

分解反向升压模式，其结构拓扑如图 5.32 所示。

在升压模式下电感电流连续，最小负载电流大于临界最小电流，设定最小负载电流为 0.1A。

由式(5.13)计算临界模式下的最小电感 $L_{\min}$：

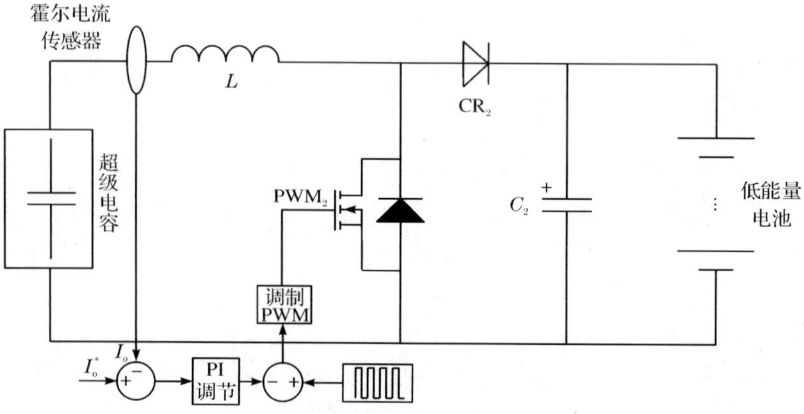

图 5.32 反向升压电路原理图

$$I_{\min}=\frac{V_{\mathrm{out}}D\,(1-D)^2}{2Lf_s}<0.1 \tag{5.13}$$

求出 L 值：

$$L\geqslant\frac{V_{\mathrm{out}}D\,(1-D)^2}{0.1\times 2f_s}=337.5\mu\mathrm{H} \tag{5.14}$$

由电压纹波选取输出电容的容量，在连续电流工作模式下求出最小电容 C：

$$C\geqslant\frac{I_o D}{f_s\Delta V_o}=333\mu\mathrm{F} \tag{5.15}$$

综合上述分析，考虑到安全裕量，双向 DC/DC 电感电容参数选型如表 5.3 所示。

表 5.3 双向 DC/DC 电感电容参数选型

电感 L	降压电路电容 C_1	升压电路电容 C_2
1mH/20A	33μF/100V	470μF/200V

2. 双向 DC/DC 建模与仿真

通过 MATLAB/Simulink 对计算出的双向 DC/DC 参数进行建模与仿真，并验证其合理性。设计的双向 DC/DC 最多可同时均衡 7 块电池，储能设备是额定电压为 2.7V 的超级电容，取均衡电池块数为 1、3、5、7 时的四种情况进行仿真。

1）正向降压模式

四种情况输入的被均衡电池电压分别为 3.2V、9.6V、16V、22.4V，输出给超级电容电压约为 2.7V。正向降压电路工作于四种情况下的输出电压曲线如图 5.33 所示。

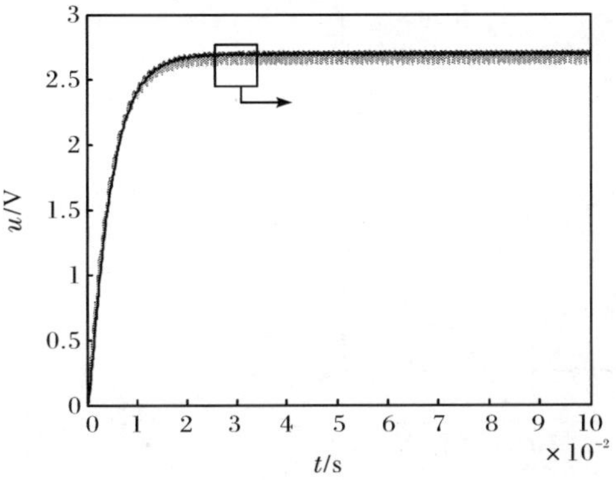

(a) 输出电压曲线

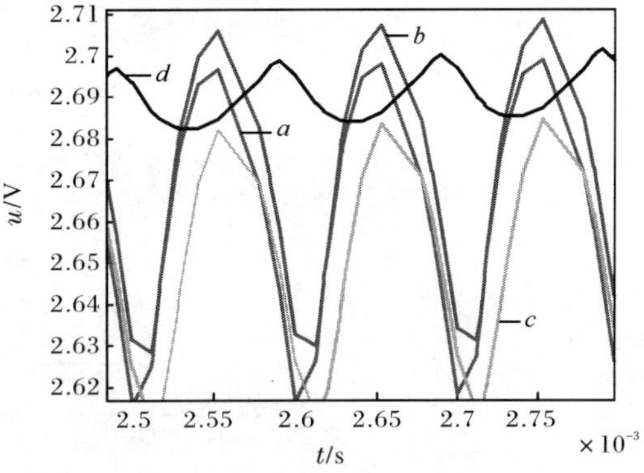

(b) 放大图

图 5.33　正向降压电路工作于四种情况下的输出电压曲线和放大图

正向降压模式下，四种不同情况的纹波电压如表 5.4 所示，由该表可知参数设计合理，满足要求。

表 5.4　正向降压模式输出结果表

输入电压/V	输出电压/V	纹波电压/V	是否符合要求
3.2	2.69	0.012	是
9.6	2.64	0.031	是
16	2.66	0.035	是
22.4	2.65	0.025	是

2) 反向升压模式

四种情况下输入给超级电容的电压为 2.7V，输出给均衡电池的电压分别为 3.21V、9.45V、15.46V 和 19.84V。反向升压电路工作于四种情况下的输出电压曲线如图 5.34(a)所示，图 5.34(a)中的曲线 a、b、c、d 放大后分别如图 5.34(b)～(e)所示。

反向 BOOST 模式下，均衡电池块数为 1、3、5、7 时的四种情况下纹波电压分别为 0.011V、0.024V、0.025V、0.053V，如表 5.5 所示，由表可知参数设计合理，满足要求。

表 5.5　反向 BOOST 模式输出结果表

输入电压/V	输出电压/V	纹波电压/V	是否符合要求
2.7	3.21	0.011	是
2.7	9.45	0.024	是
2.7	15.46	0.025	是
2.7	19.84	0.053	是

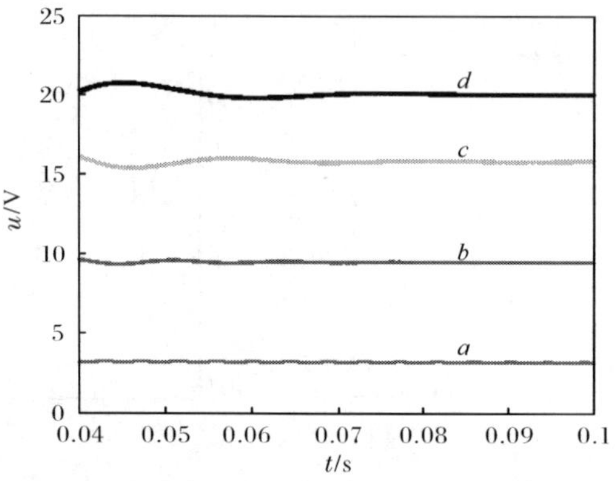

(a) 反向升压电路工作于四种情况下的输出电压曲线

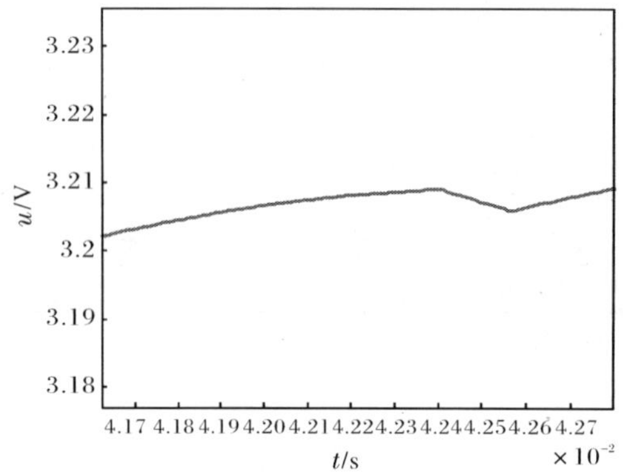

(b) 曲线 a 的放大图

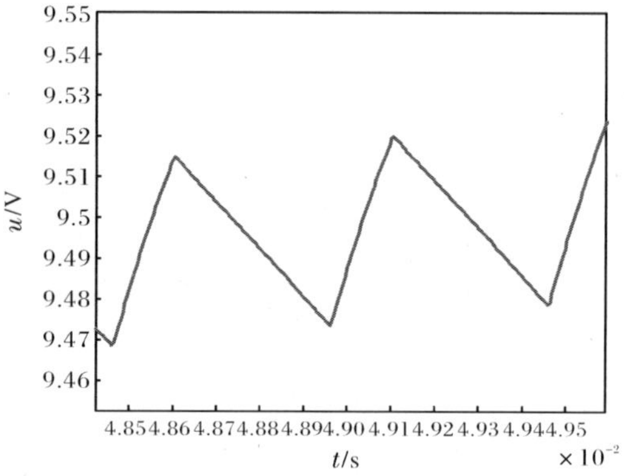

(c) 曲线 b 的放大图

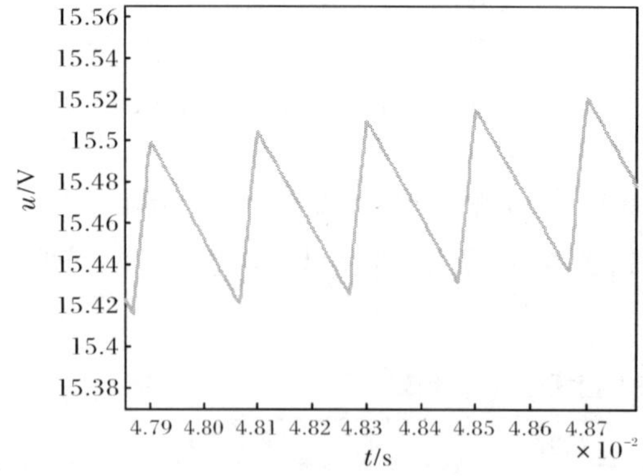

(d) 曲线 c 的放大图

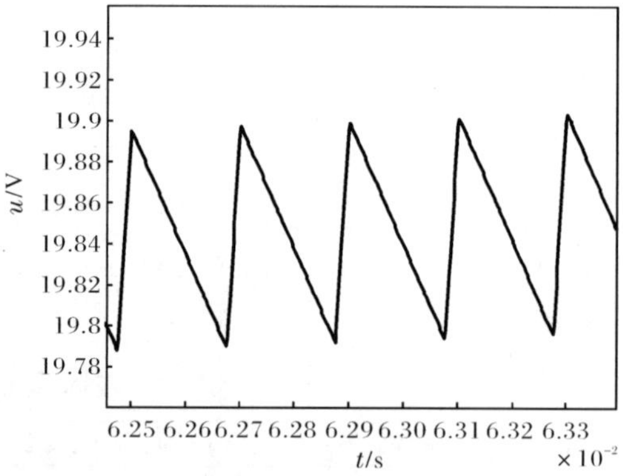

(e) 曲线 d 的放大图

图 5.34　反向升压电路工作于四种情况下的输出电压曲线和放大图

5.2.4　荷电状态矫正设计

1. 均衡能量效率

均衡系统采用能量转移的形式，电能由高能量电池先转移到超级电容，再由超级电容转移到低能量电池，电池转移流进的能量与转移流出能量的比值即为均衡能量效率。

均衡系统能量转移损失一般为电池输出输入损失、DC/DC 转换效率损失、超级电容损失、回路热损失。均衡能量效率是判断主动均衡方式优劣的重要参数，均衡系统的目的就是最大限度提高电池能量的利用率。均衡系统能量损失会降低电池组实际剩余电量。

能量效率不等价于电荷效率，均衡前后电池组状态示意图如图 5.35 所示，在均衡过程中，电池 B_1 增加电荷 Q_5，电池 B_2 减少电荷 Q_0-Q_6，电池 B_3 增加电荷 Q_7，电池 B_4 增加电荷 Q_9-Q_8。电池均衡前电压分别为 V_{B_1}、V_{B_2}、V_{B_3}、V_{B_4}，均衡后电压分别为 $V^*_{B_1}$、$V^*_{B_2}$、$V^*_{B_3}$、$V^*_{B_4}$。

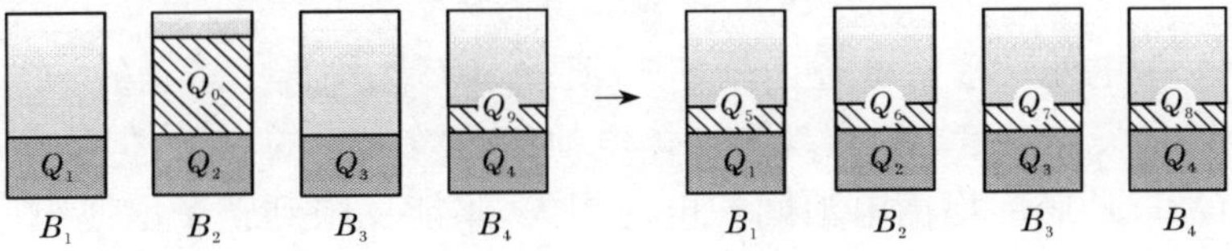

(a) 均衡前电池组状态示意图　　(b) 均衡后电池组状态示意图

图 5.35 均衡前后电池组状态示意图

在整个均衡电路硬件设计中，将所有参与转移的电量进行统计，在均衡电池总线 V_+、V_- 上检测所有正向流出的电流 i_{out} 和反向流入电流 i_{in}，检测流出时电压 v_{out} 和流入时电压 v_{in}，则有

$$W = QU = \int ui\,dt \tag{5.16}$$

$$Q = \int i\,dt \tag{5.17}$$

均衡能量效率 η_W 为

$$\eta_W = \frac{W_{out}}{W_{in}} = \frac{Q_0U_{B_2} - Q_6U^*_{B_2} + Q_9U_{B_4} - Q_8U^*_{B_4}}{Q_5U^*_{B_1} + Q_7U^*_{B_3}} \tag{5.18}$$

$$W_{out} = Q_0U_{B_2} - Q_6U^*_{B_2} + Q_9U_{B_4} - Q_8U^*_{B_4} \tag{5.19}$$

$$W_{in} = Q_5U^*_{B_1} + Q_7U^*_{B_3} \tag{5.20}$$

均衡电荷效率 η_Q 为

$$\eta_Q=\frac{Q_{in}}{Q_{out}}=\frac{Q_5+Q_7}{Q_0-Q_6+Q_9-Q_8} \tag{5.21}$$

$$Q_{in}=Q_5+Q_7 \tag{5.22}$$

$$Q_{out}=Q_0-Q_6+Q_9-Q_8 \tag{5.23}$$

2. 荷电状态矫正

均衡中电池组损失的整体电量 ΔQ 会造成电池 SOC 估计值的误差，电池管理系统计算电池组的 SOC 是根据电池组总的对外输入输出电流而估计的，不计电池组内部状态。本书的均衡系统是让能量在电池组内部闭环流动，根据基尔霍夫电流定律，内部环路均衡电流的电池对外电流独立，因此均衡回路电流引起的电荷损失不能在对外电流上表现出来。本节通过计算均衡系统能量损失来矫正电池组 SOC。

此均衡系统中 SOC 矫正部分的功能是：通过均衡系统，计算出均衡中电池组损失能量，折算为占电池组总能量比，由均衡主控制器通过 CAN 将 ΔSOC 数值发送至电池管理系统，矫正出最终输出的 SOC 值：

$$\mathrm{SOC}=\mathrm{SOC}_0-\Delta\mathrm{SOC} \tag{5.24}$$

式中，SOC_0 为电池管理系统矫正前 SOC 值；ΔSOC 为均衡中矫正的 SOC 值。

电池组损失的电量 ΔQ 表现为整体电池组等效损失的电量，但均衡转移的电荷 $Q_{out}-Q_{in}$ 只是局部均衡电池间的电荷损失，不能反映到整个电池组。然而，不管是哪里损失的能量，都会表现为电池组等量能量的损失。因此，矫正电池组 SOC 可以通过均衡能量的损失计算出 SOC 减少量，损失能量 ΔW 的表达式为

$$\Delta W=\sum_{i=1}^{n}\int \eta u_i i_i \mathrm{d}t \tag{5.25}$$

式中，u_i、i_i 分别为第 i 次均衡系统时被均衡电池的电压和流出电流；n 为一个矫正周期内均衡的次数。

该电池总能量为 W_N，估算一个矫正周期 SOC 损失百分比 ΔSOC 等于能量损失百分比，估算公式为

$$\Delta\mathrm{SOC}=\frac{\Delta W}{W_N}=\frac{\sum_{i=1}^{n}\int \eta u_i i_i \mathrm{d}t}{W_N} \tag{5.26}$$

电池组一个很重要的参数就是 SOC 值，电池管理系统加入均衡系统后，提高了电池使用效率，但降低了 SOC 值的准确性。目前的均衡系统大多忽略了均衡中电量的损失。为了使电池组状态更加准确，应考虑到这一点。本节通过设置矫正模块，更精确地反映了电池 SOC。

5.3 均衡系统的技术与分析

5.3.1 均衡系统电路设计

1. 均衡主控板

均衡主控板决定着整个均衡系统的运行情况,并对各部分数据进行收发和处理。主控板的功能是实时接收电池组电压数据、分析和判断电池组状态、控制开关阵列板、输出双向 DC/DC 板 PWM 控制信号、计算和存储电量、显示通信等。综合考虑,本书采用 Microchip 公司的 PIC18F458 微处理器作为主控芯片[1,2]。

在电路设计中,由 PIC18F458 构成的最小系统电路如图 5.36 所示[1,2]。主芯片供电电压为 5V,采用外部 4MHz 无源晶振,芯片下载调试端口采用 ICSP 方式,下载器/仿真器为 MATLAB ICD3。数据接收与发送采用 CAN 通信接口,并预留了 I^2C、SPI 接口。芯片可以直接输出两路 PWM 控制信号,经过功率放大后驱动 MOSFET,开关阵列控制信号由 I/O 端口控制译码器选通。

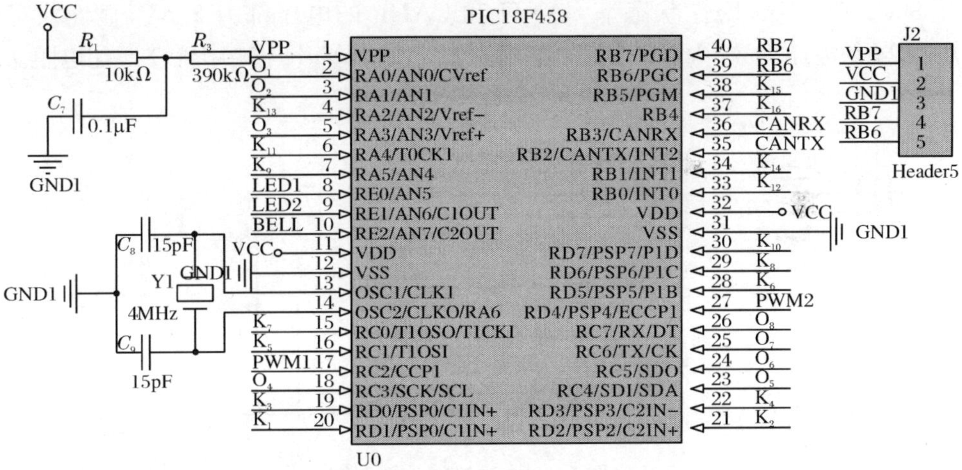

图 5.36 PIC18F458 最小系统电路

设计看门狗与复位电路用来检测主控制器的运行,防止死机。主控制器处于异常时自动对其复位使其重新工作。看门狗分为硬件看门狗和软件看门狗两种。本设计采用的硬件看门狗与复位电路如图 5.37 所示。为了提高看门狗的稳定性,通常将看门狗芯片与逻辑器件配合使用。软件看门狗作用于主控制器的内部时钟,稳定性不如硬件看门狗。

CAN 抗干扰能力强且性价比高,在车载控制系统中传输信息,组成了汽车电

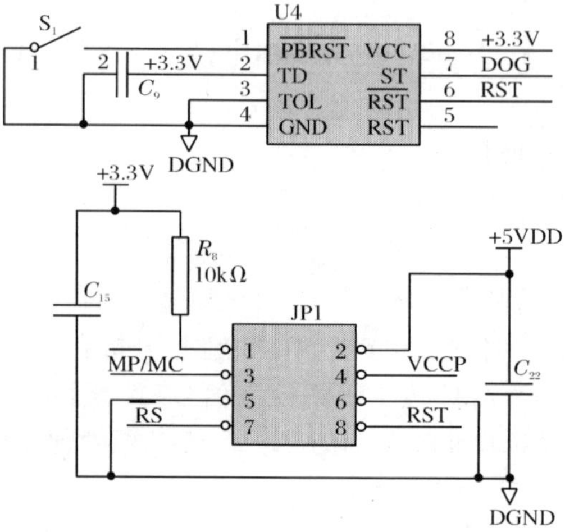

图 5.37 硬件看门狗与复位电路

子通信网络。如图 5.38 所示,CANTX、CANRX 分别接芯片 CAN 的两端,CANH、CANL 产生差动信号分别用 TLP113 光耦隔离,单片机的总线收发器选用 82C250 芯片。隐性状态下 CANH 和 CANL 的电压都为 2.5V,显性状态下 CANH 的电压为 3.5V,CANL 的电压为 1.5V。CANH 需接 120Ω 匹配电阻。

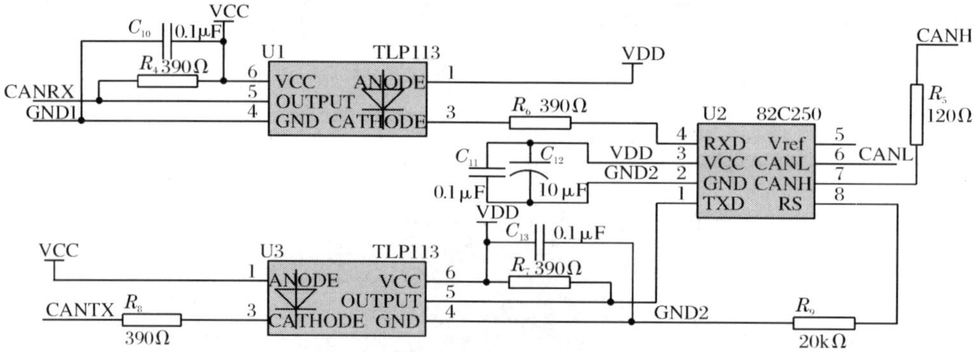

图 5.38 CAN 通信电路图

报警电路在系统均衡过程出现异常时起报警作用。报警电路利用三极管放大电流驱动蜂鸣器,如图 5.39 所示。

基于上述电路设计,本节制作出主控印刷电路板,实物如图 5.40 所示。

2. 开关阵列板

根据 5.2.2 节的分析,开关阵列可以选用继电器作为电子开关,继电器是通

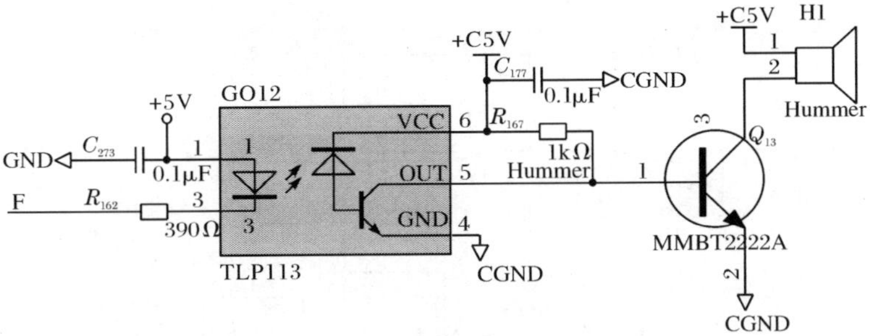

图 5.39　报警电路

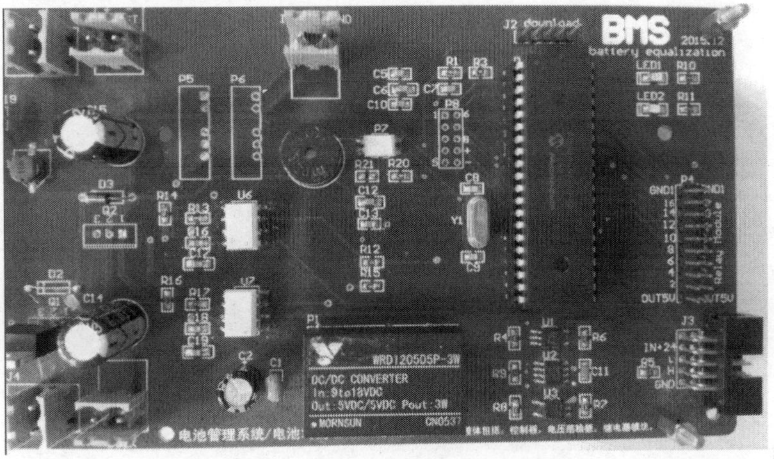

图 5.40　主控印刷电路板实物图

过控制信号驱动线圈产生磁力，使触点吸合。驱动信号端与触点端独立，是一种隔离的电子开关。

选用 SRD-05VDC 型继电器，其线圈驱动电压为＋5V，触点电流电压限值为 10A/250V，满足使用需求。由于继电器线圈驱动电流较大，直接使用主控制芯片 I/O 端口驱动，会对其造成较大的拉电流而影响正常工作。合理的做法是使用光耦配合相应电压的电源，控制输出较大的驱动电流，如图 5.41 所示。

一块印刷电路板提供 16 路单刀双掷继电器，每个继电器分别有 3 个接线端和 1 个控制端。此开关阵列板硬件布局上不考虑排列情况，不同开关布局可以只由接线情况改变。

基于上述设计，制作印刷电路板，其实物如图 5.42 所示。

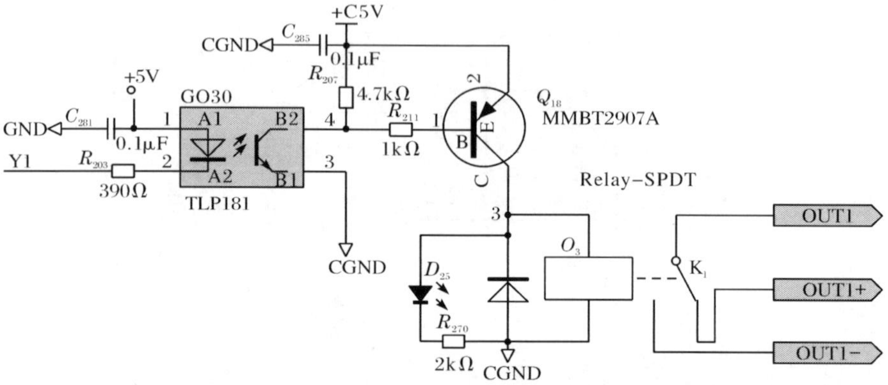

图 5.41 开关阵列其中一路电路图

图 5.42 印刷电路板实物图

3. 双向 DC/DC 板

双向 DC/DC 板是正向(从左向右)降压电路:3~27V 降压为 2.7V;反向(从右向左)升压电路:2.7V 升压为 3~27V。如图 5.43 所示,双向 DC/DC 控制能量正向流动时,Q_1 工作,Q_2 停止;控制能量反向流动时,Q_2 工作,Q_1 停止。

MOSFET 选用 IRFZ48N 型,N 沟道,V_{DS}为 55V,I_D 为 64A,R_{DS}为 16mΩ。霍尔电流传感器采用 HBC-20LSP,变压比为 1000。图 5.43 中引出的接线端子,将导线绕进传感器线圈,Q_3、Q_4 作为降压/升压电路软开关,减小 MOSFET 启动的损耗。

电路中需要 4 个 MOSFET,要求栅极与源极电压差为 15V。MOSFET 没有隔离,因此需要驱动信号彼此隔离,这里选用专门的驱动芯片 IR2110,如图 5.44 所示。该驱动电路将 PWM 控制信号转换为彼此不共地的 15V 的驱动信号。

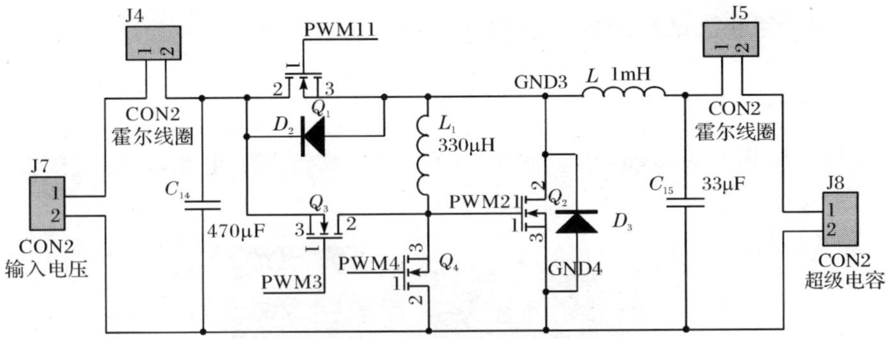

图5.43 双向DC/DC电路图

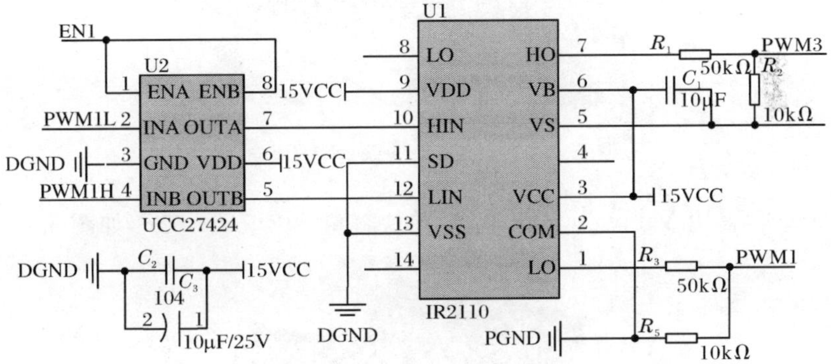

图5.44 PWM驱动电路图

基于上述设计，本节制作出双向DC/DC电路印刷电路板，其实物如图5.45所示。

图5.45 双向DC/DC电路印刷电路板实物图

5.3.2 均衡系统测试与分析

1. 均衡系统测试

测试对象为8块某公司生产的40A·h磷酸铁锂离子电池，电池组如图5.46所示。

图5.46 实验用磷酸铁锂离子电池组

超级电容采用Maxwell超级电容，单块容量为2.7V/360F，如图5.47所示。

图5.47 实验用超级电容

1) 采用自主研发的电池管理系统

首先设定均衡系统的均衡参数如表5.6所示，均衡参数为系统的均衡目标效果及到达均衡的状态参考量。

表5.6 设定均衡参数表

极差电压阈值	均值电压阈值	PWM频率	均衡电流	单次均衡时间
0.01V	5mV	10kHz	2A	120s

(1) 分别制作并调试5.3.1节均衡系统电路设计中的印刷电路板，并进行软件设计与测试。

首先检查均衡主控板电源是否正常，检查+24V输入电压，测量主控芯片+5V供电是否正常，确保主控芯片正常工作。

然后给主控芯片下载程序，启动运行，检查开关阵列板开通情况，此时应保证开关全部为关断状态，避免启动瞬间造成电池短路（此时暂不连接电池组）。依次修改开关板控制指令，随机模拟选通电池测试，测试开关阵列是否开断正确。

(2) 检查 DC/DC 变换器中 MOSFET 驱动信号，先设定一个固定的占空比，用示波器检测幅值周期是否正确。再在双向 DC/DC 变换器两端分别连接单块电池与超级电容，验证闭环 PI 调节参数。

(3) 完成主控芯片整体控制程序，包括控制开关阵列、PWM 驱动信号、看门狗、系统报警等。

(4) 分析电压巡检板 CAN 协议，编写对应的接收程序，并验证通信是否正常，确保电池电压数据收发正确。分析电池管理系统主控板 CAN 协议，编写对应的发送程序，并验证通信是否正常。

(5) 搭建实验测试台架，如图 5.48 所示。

图 5.48　均衡系统实验台(见彩图)

此均衡系统以电池电压作为均衡变量，仅适合在电池组输入输出电流变化较小时进行，即在电池组静置或恒流充电时。

2) 验证主动均衡策略

为了验证主动均衡策略，需要通过实验进行测试。实验可分两部分进行，实验 1 为电池组静置时均衡，实验 2 为电池组恒流充电时均衡。

(1) 实验 1：电池组静置时均衡。

调节实验中电池初始电压，分别随机对电池进行不同程度的充放电处理，可得到 8 块电池初始电压，如表 5.7 所示。启动电池均衡系统，每隔 4min 通过电池管理系统读取电压值并记录。均衡进行 60 次后，可得到 60 组实验数据，将实验中记录的 60 组电池电压数据绘制成曲线，得到电池组均衡电压曲线，如图 5.49 所示。

表 5.7　实验 1 电池组均衡前后电压值

电池序号	1	2	3	4	5	6	7	8
均衡前电压/V	3.135	3.167	3.183	3.043	2.979	2.954	3.086	3.012
均衡后电压/V	3.026	3.027	3.027	3.025	3.022	3.023	3.027	3.021

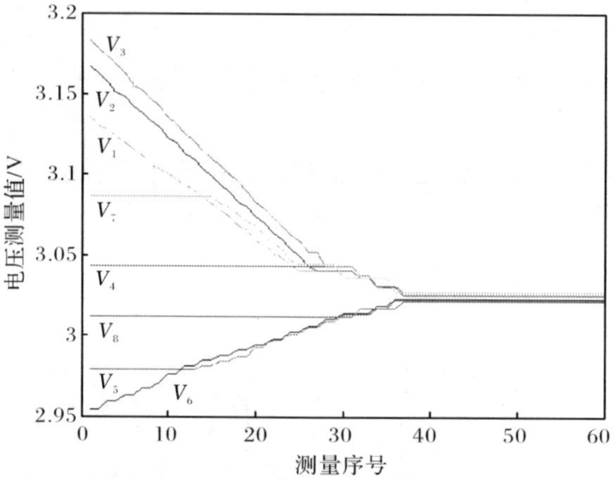

图 5.49　实验 1 电池组均衡电压曲线

通过电池管理系统读取实验 1 电池组均衡前后总电压、总电流（静置时为 0A）、SOC 等参数，具体数值如图 5.50 所示。

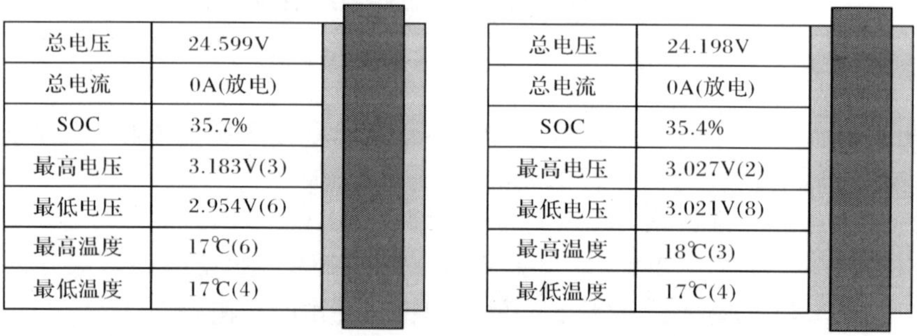

(a) 均衡实验前　　(b) 均衡实验后

图 5.50　实验 1 均衡前后电池管理系统显示屏

(2) 实验 2：电池组恒流充电时均衡。

调节实验中电池初始电压，分别对电池进行充放电，使电池初始电压与实验 1 中的初始电压相近，如表 5.8 所示。启动电池均衡系统，每隔 4min 通过电池管理系统读取电压值并记录。均衡进行 60 次后，得到 60 组实验数据，将实验中记录的

60 组电池电压数据绘制成曲线，得到电池组均衡电压曲线，如图 5.51 所示。

表 5.8　实验 2 电池组均衡前后电压

电池序号	1	2	3	4	5	6	7	8
均衡前电压/V	3.133	3.169	3.180	3.041	2.979	2.953	3.086	3.010
均衡后电压/V	3.268	3.264	3.269	3.256	3.249	3.247	3.272	3.249

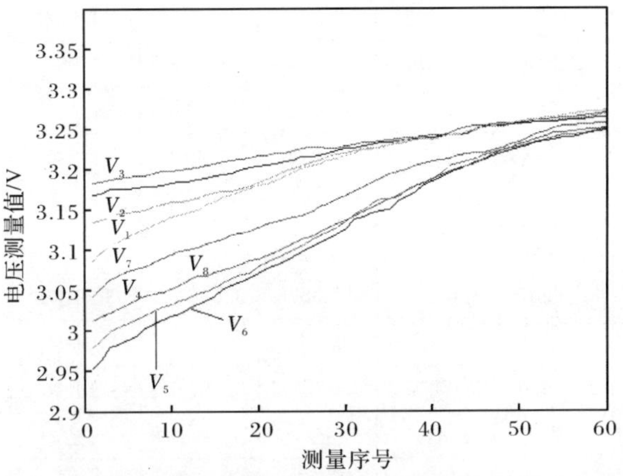

图 5.51　实验 2 电池组均衡电压曲线

通过电池管理系统读取实验 2 电池组均衡前后总电压、总电流（充电时为 5A）、SOC 等参数，具体数值如图 5.52 所示。

总电压	24.551V
总电流	5.032A(充电)
SOC	35.5%
最高电压	3.180V(3)
最低电压	2.953V(6)
最高温度	18℃(5)
最低温度	18℃(1)

(a) 均衡实验前

总电压	26.072V
总电流	4.999A(充电)
SOC	85.0%
最高电压	3.272V(7)
最低电压	3.249V(5)
最高温度	20℃(5)
最低温度	20℃(3)

(b) 均衡实验后

图 5.52　实验 2 均衡前后电池管理系统显示屏

2. 均衡系统分析

1) 实验 1 电池静置时均衡系统分析

如 5.3.1 节所述，实验 1 为电池静置时均衡，部分测试数据如表 5.9 所示。

表 5.9　实验 1 部分测试数据及其参数计算

读取次数	0	10	20	30	40	50	60
B_1 电池电压/V	3.135	3.097	3.056	3.04	3.026	3.026	3.026
B_2 电池电压/V	3.167	3.119	3.07	3.043	3.027	3.027	3.027
B_3 电池电压/V	3.183	3.131	3.079	3.043	3.027	3.027	3.027
B_4 电池电压/V	3.043	3.043	3.043	3.040	3.025	3.025	3.025
B_5 电池电压/V	2.979	2.979	2.993	3.013	3.022	3.022	3.022
B_6 电池电压/V	2.954	2.976	2.994	3.014	3.023	3.023	3.023
B_7 电池电压/V	3.086	3.086	3.063	3.036	3.027	3.027	3.027
B_8 电池电压/V	3.012	3.012	3.012	3.012	3.021	3.021	3.021
最高电压/V	3.183	3.131	3.079	3.043	3.027	3.027	3.027
最低电压/V	2.954	2.976	2.993	3.012	3.021	3.021	3.021
平均电压/V	3.069875	3.055375	3.03875	3.030125	3.02475	3.02475	3.02475
极差/V	0.229	0.155	0.086	0.031	0.006	0.006	0.006
方差/V	0.006561	0.003326	0.001039	0.000180	5.190000	5.190000	5.190000
是否已均衡	否	否	否	否	是	是	是
高电量电池单元	B_1～B_3	B_1～B_3	B_1～B_3	B_1～B_4	无	无	无
高电量输出导通开关	K_1,K_6	K_1,K_6	K_1,K_6	K_1,K_8	无导通	无导通	无导通
低电量电池单元	B_6	B_5,B_6	B_5,B_6	B_8	无	无	无
低电量输入导通开关	K_{11},K_{12}	K_9,K_{12}	K_9,K_{12}	K_{15},K_{16}	无导通	无导通	无导通

实验 1 电池组静置时进行均衡,均衡前电压极差为 0.229V,均衡后电压极差为 0.006V。第 38 次读取实验数据时,电池组已经达到均衡状态,均衡时间为 152min。

图 5.49 为实验 1 电池组均衡电压曲线,从中可看出电池组电压变化趋势。表 5.9 中列举了部分实验数据:均衡开始时,电池序号为 1、2、3 的 3 块电池电压同时下降,这是由于 3 号电池电压最高;根据多电池同时均衡的策略,在最高电压电池两侧依次比较,选出上述序号为 1、2、3 的相邻电池为高能量电池,能量转出,电压降低。6 号电池电压最低,但相邻没有电压等级相近的电池,因此开始时只有 6 号电压上升,直到 6 号电池电压与 5 号电池电压相近,都被选为低能量电池,两者电压便同时上升。4、7、8 号电池电压值在电池组内为中等,且与相邻电池不相近,没有被选择进行能量转移,因此其前期电压一直不变。电压高的电池电压下降或电压低的电池电压上升,直到电池电压值高低发生变化,此时进行电量转移的电池也发生变化。

通过分析开关阵列开通情况,可知道符合同时导通单块或相邻多块电池的策略。

对实验 1 中电荷和能量效率进行计算，并验证 SOC 矫正结果(表 5.10)。由表 5.10 可知，实验 1 电池静置时均衡系统中电荷和能量发生转移，总体电荷效率为 82.45%，总体能量效率为 84.79%。

表 5.10　实验 1 转移能量效率计算及 SOC 矫正

读取次数	0	10	20	30	40	50	60
转出电荷/(mA·h)	0	861.678	1723.355	2585.033	3274.375	3274.375	3274.375
转入电荷/(mA·h)	0	710.539	1420.906	2131.618	2699.722	2699.722	2699.722
转出能量/(W·h)	0	5.692	11.383	17.075	21.628	21.628	21.628
转入能量/(W·h)	0	4.826	9.651	14.476	18.338	18.338	18.338
能量损失/(W·h)	0	0.866	1.732	2.599	3.290	3.290	3.290
电荷效率/%	0	82.46	82.45	82.46	82.45	82.45	82.45
能量效率/%	0	84.79	84.78	84.78	84.79	84.79	84.79
ΔSOC/%	0	0.08	0.17	0.25	0.32	0.32	0.32
SOC/%	35.7	35.6	35.5	35.5	35.4	35.4	35.4

在电池静置时，电池组没有外部电量交换，电池组总电量改变只包括均衡损失电量。

实验中电池组由 8 块 40A·h/3.2V 的电池串联，总功率 W_N 为

$$W_N = Q_N U_N = 40\text{A}\cdot\text{h} \times 3.2\text{V} \times 8 = 1024\text{W}\cdot\text{h} \tag{5.27}$$

以均衡最终状态为例计算，第 60 次读取参数时，电池组能量损失 ΔW 为

$$\Delta W = W_{out} - W_{in} = 21.628\text{W}\cdot\text{h} - 18.338\text{W}\cdot\text{h} = 3.290\text{W}\cdot\text{h} \tag{5.28}$$

默认电池组荷电状态损失 ΔSOC 等于能量损失所占比例，其计算公式为

$$\Delta\text{SOC} = \frac{\Delta W}{W_N} \times 100\% = \frac{3.290}{1024} = 0.32\% \tag{5.29}$$

矫正前 SOC 值为 35.7%，矫正后 SOC 值为

$$\text{SOC} = \text{SOC}_0 - \Delta\text{SOC} = 35.7\% - 0.32\% = 35.38\% \approx 35.4\% \tag{5.30}$$

理论计算结果与如图 5.50 所示的实验输出结果基本相符。

2) 实验 2 电池充电时均衡系统分析

如 5.3.1 节所述，实验 2 为电池充电时均衡，部分测试数据见表 5.11。

表 5.11　实验 2 部分测试数据及其参数计算

读取次数	0	10	20	30	40	50	60
B_1 电池电压/V	3.135	3.159	3.183	3.220	3.237	3.255	3.268
B_2 电池电压/V	3.169	3.183	3.203	3.226	3.238	3.256	3.264

续表

读取次数	0	10	20	30	40	50	60
B_3 电池电压/V	3.183	3.198	3.216	3.228	3.242	3.257	3.269
B_4 电池电压/V	3.043	3.093	3.127	3.167	3.209	3.233	3.256
B_5 电池电压/V	2.979	3.033	3.079	3.134	3.188	3.227	3.249
B_6 电池电压/V	2.954	3.018	3.070	3.126	3.185	3.225	3.247
B_7 电池电压/V	3.086	3.140	3.180	3.216	3.236	3.258	3.272
B_8 电池电压/V	3.012	3.052	3.088	3.136	3.187	3.229	3.249
最高电压/V	3.183	3.198	3.216	3.228	3.242	3.258	3.272
最低电压/V	2.954	3.018	3.070	3.126	3.185	3.225	3.247
平均电压/V	3.070125	3.1095	3.14325	3.181625	3.21525	3.2425	3.25925
极差/V	0.229	0.180	0.146	0.102	0.057	0.033	0.025
方差/V	0.00661	0.004302	0.003075	0.001804	0.000579	0.000201	9.09000
是否已均衡	否	否	否	否	否	否	否
高电量电池单元	$B_1 \sim B_3$	$B_1 \sim B_3$	$B_1 \sim B_4$	$B_1 \sim B_3$	$B_1 \sim B_3$	B_7	B_7
高电量输出导通开关	K_1,K_6	K_1,K_6	K_1,K_8	K_1,K_6	K_1,K_6	K_{13},K_{14}	K_{13},K_{14}
低电量电池单元	B_6	B_5,B_6	B_5,B_6	B_4,B_6	B_5,B_6	B_4,B_6	B_4,B_6
低电量输入导通开关	K_{11},K_{12}	K_9,K_{12}	K_9,K_{12}	K_7,K_{12}	K_9,K_{12}	K_7,K_{12}	K_7,K_{12}

实验 2 电池组恒流充电时进行均衡,均衡前电池组电压极差为 0.229V,均衡后电压极差为 0.025V,在第 60 次采集数据时,均衡时间 240min。

图 5.51 为实验 2 电池组均衡电压曲线,从中可看出电池组电压变化趋势,表 5.11 列举了部分实验数据。电池组中,3 号电池电压最高,选取 2、3 号电池为高能量电池。这两块电池对外转移均衡电量,但整个电池有充电输入电流。充电电量抵消均衡电量,使电池整体电量仍然处于上升趋势。5、6 号是被选定均衡能量转入的电池,既有均衡电流输入,也有充电电流输入,两者叠加,电量增加最快,电压上升也较快。其他电池仅有充电电流,电压上升斜率居中。整个电池组各电池电压值越来越相近,保持上升且相互靠拢。电池组一直处于充电中,电压波动不太明显。

通过分析开关阵列开通情况,可知道符合同时导通单块或相邻多块电池的策略。

对实验 2 中电荷和能量效率进行计算,并验证 SOC 矫正结果(表 5.12)。由表 5.12 可看出,总体电荷效率为 81.56%,总体能量效率为 83.87%。

表 5.12　实验 2 转移能量效率计算及 SOC 矫正

读取次数	0	10	20	30	40	50	60
转出电荷/(mA · h)	0	854.424	1708.847	2563.271	3417.695	4272.118	5126.542
转入电荷/(mA · h)	0	696.868	1393.906	2090.860	2787.472	3484.767	4181.208
转出能量/(W · h)	0	5.643	11.285	16.931	22.574	28.221	33.861
转入能量/(W · h)	0	4.733	9.466	14.200	18.933	23.666	28.399
能量损失/(W · h)	0	0.910	1.819	2.731	3.641	4.555	5.462
电荷效率/%	0	81.56	81.57	81.57	81.56	81.57	81.56
能量效率/%	0	83.87	83.88	83.87	83.87	83.86	83.87
ΔSOC/%	0	0.09	0.18	0.27	0.36	0.44	0.53
SOC/%	35.7	43.9	52.1	60.3	68.6	76.8	85.0

在恒流充电时，充电电流为 5A，充电转化效率 η 设为 99%，因此电池组 SOC 依次递增。实验中电池组由 8 块 40A · h/3.2V 的电池串联，总功率 W_N 为

$$W_N = Q_N \cdot U_N = 40\text{A} \cdot \text{h} \times 3.2\text{V} \times 8 = 1024\text{W} \cdot \text{h}$$

以均衡最终状态为例进行计算，第 60 次读取参数时，电池组能量损失 ΔW 为

$$\Delta W = W_{out} - W_{in} = 33.861\text{W} \cdot \text{h} - 28.399\text{W} \cdot \text{h} = 5.462\text{W} \cdot \text{h} \tag{5.31}$$

默认电池组 ΔSOC 等于能量损失所占比例，其计算公式为

$$\Delta \text{SOC} = \Delta W / W_N = 5.462/1024 \times 100\% = 0.53\% \tag{5.32}$$

充电 SOC 增加量 SOC_{charge} 的计算公式为

$$\text{SOC}_{charge} = \frac{\Delta Q}{Q_N} = \frac{\sum_{i=1}^{60} \int_0^{4/60} \eta i \, dt}{Q_N} = \frac{0.334 + \cdots + 0.333}{40} \times 100\% = 49.96\% \tag{5.33}$$

矫正前 SOC 为 35.7%，矫正后 SOC 值为

$$\text{SOC} = \text{SOC}_0 + \text{SOC}_{charge} - \Delta \text{SOC} = 35.7\% + 49.96\% - 0.53\% = 85.13\% \tag{5.34}$$

理论计算结果与如图 5.52 所示的实验输出结果基本相符。

3) 实验 1 和实验 2 的对比分析

实验 1 与实验 2 都解决了电池电压的不一致问题。

两组实验中电池初始电压情况比较相近，但实验 1 中电池组在第 38 次采集时便达到均衡状态。实验 2 中电池在第 60 次采集完成时仍存在 0.025V 的极差。

实验 1 没有充放电电流，整体电池组是高电量电池下降、低电量电池上升。实验 2 中有充电电流，整体电池组电压都上升，但高电量电池上升幅度比低电量电池小。

实验2的电池电压波动没有实验1明显，由于充电电流数值大于均衡电流，所以充电电流是影响电池的主要因素。

在相同的起始状态下，电池组在静置时比在充电状态时更快达到均衡。在充电状态下，电池均衡电荷效率比静置状态时高。

实验中，均衡能量效率略大于电荷效率，区别是能量效率需要计算电池电压，若电压与SOC是线性关系，则两者相等。电压曲线为凸型，电压变化率降低，对应的能量变化率也降低，使计算结果中能量效率略高。从而可知，实验2中能量效率略低于实验1。

经过两组实验测试，对比均衡前后电池组的电压极差、电压方差等指标，分析均衡过程中的能量损失、能量效率等参数，证明本书提出的均衡方案可以较好且快速地改善电池组电压不一致的情况。

参考文献

[1] 刘和平. dsPIC通用数字信号控制器原理及应用[M]. 北京：北京航空航天大学出版社，2007.

[2] 刘和平. PIC18Fxxx单片机程序设计及应用[M]. 北京：北京航空航天大学出版社，2005.

第6章　动力电池在线SOC估计算法

6.1　电池SOC的定义

电池SOC是指电池在放置一段时间后或者使用一段时间后的剩余电量与其额定电量的比值。电池SOC是研究电池特性的重要参数之一。对于电动汽车，在保证电池正常使用的前提下，准确而有效地估算电池的SOC可以有效把控电池的续航时间，对防止电池的过充过放起到非常重要的作用，能有效提高电池的循环使用寿命，从而减少电池的使用成本。

通常情况下，电池SOC的定义式为

$$\mathrm{SOC}=\frac{\text{剩余电量}}{\text{额定电量}}=1-\frac{\text{所用电量}}{\text{额定电量}} \tag{6.1}$$

SOC的计算公式为

$$\mathrm{SOC}=\mathrm{SOC}_0-\int \eta \frac{i\,\mathrm{d}t}{Q_\mathrm{N}} \tag{6.2}$$

式中，SOC_0表征电池初始SOC值；Q_N表征其额定容量；η表征其充放电效率；i表征其充放电电流，当i的符号为负时表示此时对电池进行充电，当i的符号为正时表示此时对电池进行放电。

在一定环境温度条件下，通常把电池充电到不能再吸收能量的状态称作SOC为100%，而将电池不能再释放出能量的状态称作SOC为0%。电池的剩余电量随着充放电的变化而变化，在数值上与电池电流曲线及时间轴所围成的面积相等。

电池本身是一个非常复杂的系统，其SOC值受到电池充放电电流、环境温度、循环使用寿命、自放电等各种因素的影响，因此电池SOC很难直接测量得到，一般采用某些算法间接计算。目前常用的SOC估计算法有放电法、电流时间法、开路电压法、内阻法、智能估计方法及卡尔曼滤波算法。

6.2　基于传统方法的SOC估计

1. 放电法

放电法是公认的较为可靠的电池SOC估计方法，很多电池厂商都使用该方法对电池进行测试。放电法采用恒定电流对电池进行连续放电，直至放电截止，然后利用时间与放电电流的乘积获得放电电量。该方法的缺点是需要花费大量的时间，此外电池无法在线测量，即只能在电池断电的情况下，才能采用放电法对其进行测量。

2. 电流时间法

电流时间法不需要具体分析电池内部烦琐的化学反应过程及其内部各参数之间的联系，而需要比较深入地研究系统的外部性质[1]。在检测中，只需关心出入整个电池系统的电量。该方法可实时计算由电池系统放出以及充入电池系统的电量，从而得到其在任何时刻的剩余电量。与其他方法相比，该方法简单易行，受电池自身因素的影响较小，能够实时监测电池的状态。但是，由于电池存在自放电现象及电池容量的衰减等，电池 SOC 的初始值往往不能精确采集，且这些因素会不断加大电池的累积误差[2]。文献[3]和文献[4]估计温度及放电电流等对电池 SOC 估计的影响，并且有效地增强了估计的精度。此外，有学者[4]研究并分析了放电倍率、充放电效率之间的关系。为了减小累积误差，电流时间法可以和其他算法一起使用。可结合开路电压法与电流时间法[5—7]，使用仿真分析方法对电流时间法相关参数进行修正和优化，采用开路电压法修正 SOC 初始值，采用电流时间法估算其 SOC 值，能有效降低单独使用电流时间法的估算误差。

3. 开路电压法

电池长期断电放置时，内部的反应基本稳定，此时，电池的开路电压与其电动势的数值基本相同。从理论上分析，电池 SOC 与其电动势有一定的对应关系，相应地，长期断电放置电池的 SOC 与其开路电压也有相应关系。开路电压法正是基于该对应函数关系，通过检测开路电压值从而得到 SOC 值，该方法原理简单，容易操作。有学者[8]提出采用 EMF-SOC 模型[EMF 为电磁场(electro-magnetic field)]来估算 SOC 值，该方法存在自恢复效应。但是，该方法要求对电池做长久静置处理，且在非工作状态下完成，不适合用于电池的实时在线预测，不过可以配合其他算法使用。也可通过对电池停止放电后的曲线做多次试验[9]，分析这些曲线并找出其规律，在较短时间内获得其开路电压值。但是，这种方法并没有解决开路电压估算电池 SOC 的根本问题，即要求静置电池，只是缩短了静置时间。对于磷酸铁锂离子电池，其放电电压平台比较平坦，较小的电压测量误差很有可能造成相当大的 SOC 估计误差，因此该方法不适合这类电池系统[10]。

4. 内阻法

内阻法是利用电池内阻与其 SOC 值之间的关系，通过检测内阻值从而得到其

SOC 值[11]。研究表明，电池充满电和完全放空电时，其内阻值差距较大。电池在充电过程中，内阻缓慢减小，充满电时内阻最小；电池在放电过程中，内阻逐渐变大，放完电时内阻最大。电池使用时间越长，电池的老化程度越高，内阻受到电池老化程度的影响就越大。此外，内阻的测量需要额外的设备，既增加了成本，又不利于携带，因此很少采用内阻法。

5. 智能估计方法

智能估计方法是通过模糊控制算法、神经网络法及粒子滤波算法等智能算法来估计电池 SOC 值。该方法不需要精确的数学模型，可以避免因电池建模而产生的问题。

1) 模糊控制算法

模糊控制算法的鲁棒性高，参数及其规则的制定依赖于工作经验。通过构建 T-S 模型[12]，考虑各因素对库伦效率的影响，利用模糊聚类预测算法对效率进行计算，并通过实验验证此方法是否有效。

2) 神经网络法

神经网络法通过对现有的数据进行训练和学习，从而获得用数据表达的知识，它除了可以记忆现成的信息外，还可以通过概括总结及联想获得新的知识[13,14]。利用神经网络估算锂离子电池 SOC 的基本原理是：首先采用神经网络法对电池进行建模，以其端电压、充放电电流及温度等外特性作为输入量，然后采集大量的样本数据用于训练神经网络系统，当 SOC 值的训练误差达到设定阈值时，接着利用这套系统针对新输入的数据来预测 SOC 值。该算法的优点是不需要精确的数学模型，缺点是结构复杂，要求训练大量的样本数据，对控制芯片要求高。BP(back propagation)神经网络算法是把网络误差平方和作为其性能指标函数，按照梯度算法求取该性能函数达到最小值[15]。因其理论根基扎实、通用性能好，截至目前，BP 神经网络算法仍是前向网络学习的基本算法，但在实际应用过程中，BP 神经网络算法具有较慢的收敛速度，容易陷入局部极小。为解决这个问题，可使用粒子群算法对 BP 神经网络的阈值和权值做优化处理[16]，使用结合粒子群的 BP 神经网络算法对电池 SOC 值进行估算。

图 6.1 为采用三层 BP 神经网络对锂离子电池 SOC 进行预测的模型。

3) 粒子滤波算法

鉴于模糊逻辑和神经网络方法均需要提前训练系统且需要大量的训练数据，Gao 等[17]提出了粒子滤波算法，该方法可用于非高斯分布的非线性系统且对系统维度不敏感[18]。粒子滤波算法利用由蒙特卡罗取样的一系列加权粒子来近似系统的后验分布，不需要任何对分布形式的特殊要求。粒子滤波算法适用于对非线性复杂模型的状态估计，因此该算法可以应用在非线性伴有非高斯分布噪声的复

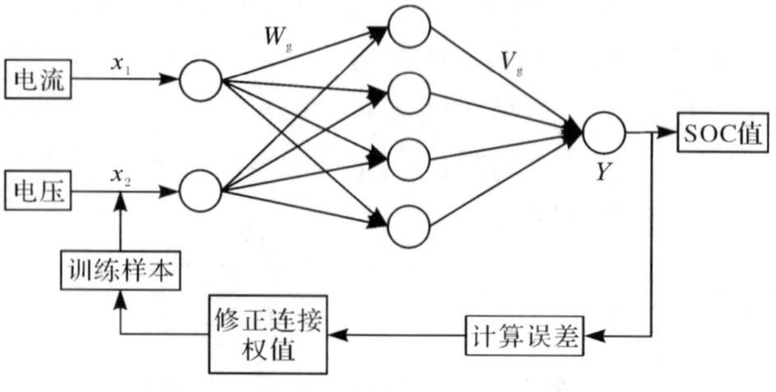

图 6.1 基于 BP 神经网络的 SOC 预测模型

杂锂离子电池模型的 SOC 估计中。Zhong 等[19]认为,标准的粒子滤波算法没有包含观测信息,而无迹粒子滤波算法可以解决这个问题,粒子滤波算法要求分布近似于后验分布,然而这不易做到,而无迹粒子滤波算法是一种特别的算法,无迹粒子滤波能够有效地降低算法的复杂性。

6. 卡尔曼滤波算法

卡尔曼滤波(Kalman filtering,KF)算法脱胎于经典维纳滤波算法。维纳滤波算法产生于第二次世界大战期间,其在方法论上采用频域法,所得滤波器在物理上不可实现。卡尔曼滤波算法产生于 20 世纪 60 年代初,空间技术与电子技术的高速发展及电子计算机的出现,要求处理复杂的多变量系统,实时快速计算最优滤波器,在此背景下,卡尔曼突破了经典维纳滤波理论和方法的局限性,提出了在时域上的状态空间方法。状态空间方法的基本特征是利用状态方程描述动态系统,利用观测方程描述状态的观测信息。卡尔曼滤波器给出了一种递推算法,由实时获得的受噪声污染的离散观测数据,对系统状态进行线性、无偏及最小误差方差的最优估计。应用在电池系统中,卡尔曼滤波算法必须对电池系统进行建模,得到状态空间模型,再使用相应算法估算电池 SOC 值。该算法估算精度高、抗噪声干扰能力强,但是依赖于精确的数学模型,对处理器性能要求较高,计算复杂度较大。传统的卡尔曼滤波算法只适用于线性系统[20,21],但现实中大部分系统都是非线性的,为了应用在非线性系统中,人们提出了扩展卡尔曼滤波算法。该算法是把非线性系统进行线性化处理,在非线性程度很强时,容易使估算严重偏离实际值[22,23]。近些年来,很多研究人员利用不同的模型及衍生出的不同卡尔曼滤波算法对估算电池 SOC 进行研究[24,25],取得了较好的效果。

基于无迹变换的卡尔曼滤波(unscented Kalman filter,UKF)算法是当前研究的热点算法,该算法结合概率统计的知识,采用概率分布的思路处理非线性问题,解决了扩展卡尔曼滤波算法需要将非线性方程线性化的问题[26—29]。就非线性处理而言，扩展卡尔曼滤波算法只能得到泰勒一阶精度，而基于无迹变换的卡尔曼滤波算法使用无迹变换来替代线性化处理，绕过了泰勒展开式，可以得到模型的二阶，甚至三阶精度，是目前极具发展前景的非线性估计算法。在电池 SOC 估计中，存在非线性噪声，使用传统卡尔曼滤波算法的前提是假设该非线性随机噪声是高斯白噪声，需要事先知道其统计特征。但是，实际电池管理系统在数据采集过程中的噪声统计特性往往是未知的，这使得卡尔曼滤波算法的滤波性能降低，甚至有时会引起滤波发散，严重偏离真实值。为解决此问题，本章提出自适应无迹卡尔曼滤波(adaptive unscented Kalman filter，AUKF)算法来估计锂离子电池的 SOC，这种算法能够在线估计过程噪声和测量噪声的协方差矩阵，从而提高滤波效果。

6.3　改进型安时积分法计算

估计电池组 SOC，需要计算出电池组剩余电量，电量表现为电流对时间的积分。安时积分法通过对电池的输入输出电量的累计，计算电池组充放电过程中电量的变化值 Δq、剩余电量 Q_C，已知电池组初始电量，进而得到 SOC 值[30]，计算公式如下：

$$\Delta q = \int_0^t \eta i \, \mathrm{d}\tau \tag{6.3}$$

$$Q_C = C_0 - \Delta q \tag{6.4}$$

$$\mathrm{SOC} = \frac{Q_C}{C_N} = \mathrm{SOC}_0 - \frac{1}{C_N}\int_0^t \eta i \, \mathrm{d}\tau \tag{6.5}$$

式中，i 为电池充放电电流，充电时为正值，放电时为负值；η 为充放电效率；C_N 为电池的额定电量；SOC_0 为电池充放电初始 SOC 值。

由于结构简单且易于实现，安时积分法在电池管理系统中应用最为广泛。安时积分法不考虑电池内部等效模型，可用于各种电池，在短时间内可以保证 SOC 估计的准确性，是一种简单可靠的方法。但是，安时积分法是一种开环预测，随着电动汽车运行时间的增加，会产生估计误差并使误差逐渐累积，最终误差越来越大，估算精确度不高，无法满足如今电动汽车的使用需求。

本节提出一种改进型安时积分法，通过开路电压校正初始 SOC、加入修正参数两个方法，提高估算精度。具体做法是利用锂离子电池静置 40min 后的开路电压可准确反映当前 SOC 值的特性，校正有误差的 SOC 值，并利用实际测试数据对安时积分公式中相关参数进行修正与优化，具体表达式如下：

$$\mathrm{SOC} = \alpha \cdot \mathrm{SOC}_0 - \frac{1}{\delta C_N}\int_0^t \eta i \, \mathrm{d}\tau \tag{6.6}$$

式中，α 为自放电及老化因素的修正因子；δ 为电池总容量 C_N 的修正因子。

开路电压校正初始 SOC，需要已知电池开路电压与 SOC 的对应关系表达式，由第 2 章对磷酸铁锂离子电池的测试，计算充放电测试的平均值，得到剩余电量与电压的对应关系。可采用分段线性的方法获取对应关系表达式，在每小段内，用线段能较准确地代替曲线。图 6.2 为 SOC 每隔 10％的测量数据，在每 10％的小段内，用线性关系计算出电压与 SOC 的关系，可以减小计算量。

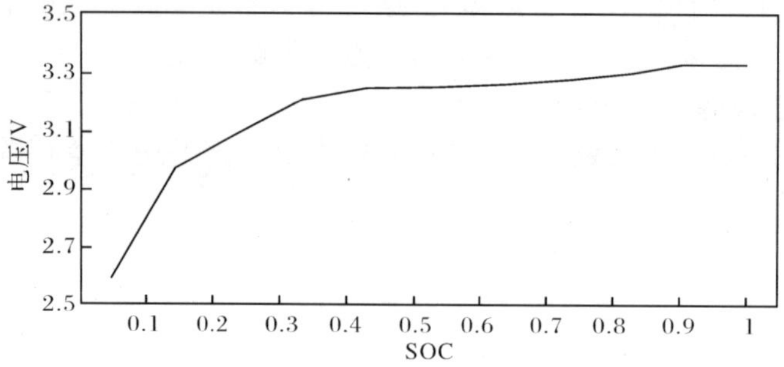

图 6.2　电池电压与 SOC 的关系

加入修正参数主要是为了消除电池自放电和电池劣化造成的容量衰减现象，提高 SOC 精度。在使用过程中或静置时锂离子电池内部都存在漏电情况，虽然这部分损失的电量很小，但会对 SOC 精度造成影响。电池经过多次充放电后造成劣化，电池的总容量会减小，加入修正参数，可抵消总容量的误差。

采用改进型安时积分法计算 SOC 的具体步骤为：启动系统，读取上次停止时刻 t_0 的值，读取当前时刻 t_1 的值；判断 t_1 到 t_0 是否超过 40min，若超过则采用开路电压校正 SOC 寄存器的值，若没超过则保留当前值；用安时积分法计算电池充放电中的 SOC 值；每次检测到电量充满后，计算最大电量，并修正总容量参数。改进型安时积分法计算 SOC 流程图如图 6.3 所示。

采用安时积分法计算过程中，电量为电流与时间轴围成的面积，电流是一条不规则的曲线，利用积分方式求得该面积。硬件电路中不易实现积分直接运算，因此需要将连续电流信号转为离散信号，如图 6.4 所示。

利用离散采样方式进行安时积分法计算，根据香农采样定理，大于 2 倍信号频率的离散采样仍能较准确反映连续信号。利用离散信号的面积和代替原电流曲线与时间轴面积，采样频率越高，反映出来的相似度越高，但会增加计算量。这里选取采样周期为 0.1s，每个采样值乘以时间，得到 0.1s 内电量的变化量，依次累加得到测量期间电池电量的变化量。剩余电量除以总容量即得到 SOC 值。

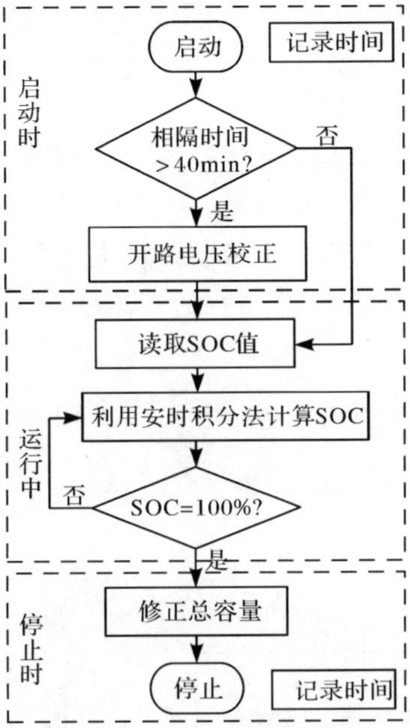

图6.3　改进型安时积分法计算 SOC 流程图

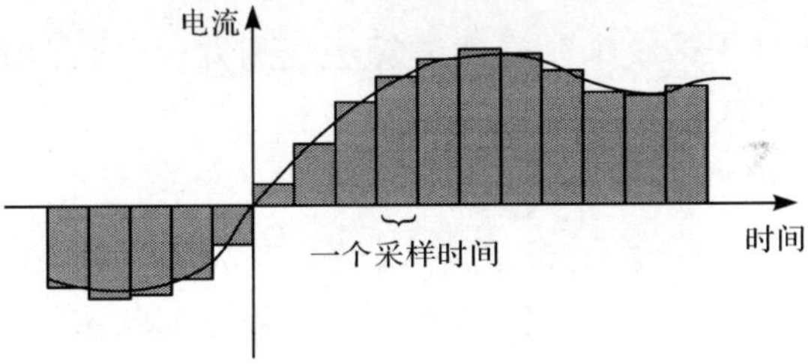

图 6.4　离散采样计算电量示意图

6.4　基于扩展卡尔曼滤波算法的锂离子电池 SOC 估计

传统卡尔曼滤波算法只能处理线性系统空间模型，而大多数实际应用系统都是非线性很强的系统，为了能将卡尔曼滤波算法应用到非线性系统中，人们提出了扩展卡尔曼滤波算法。扩展卡尔曼滤波算法是在传统卡尔曼滤波算法的基础上，在最佳估计点附近使用泰勒级数展开非线性状态方程，舍去高阶项，留下一次项，将非线性函数进行线性化处理[31,32]。在非线性系统中，扩展卡尔曼滤波算法得以广泛使用，在弱非线性系统中，扩展卡尔曼滤波算法能够取得较好的估算效果。

假设系统的状态空间方程为

$$系统方程：x_k = f(x_{k-1}, u_k) + w_{1k} \tag{6.7}$$

$$观测方程：y_k = g(x_k, u_k) + v_{1k} \tag{6.8}$$

式中，x_k 为 k 时刻的系统状态变量；y_k 为 k 时刻的系统观测量；u_k 为 k 时刻的输入量；w_{1k}、v_{1k} 分别为 k 时刻的过程激励噪声及测量噪声，它们是彼此独立的高斯白噪声；f、g 为非线性函数。

对于每一预测点，对 f、g 分别采用泰勒级数进行展开处理，并舍去高阶项，可得

$$f(x_{k-1}, u_k) \approx f(\hat{x}_{k-1}, u_k) + \frac{\delta f(x_{k-1}, u_k)}{\delta x_{k-1}}\bigg|_{x_{k-1}=\hat{x}_{k-1}}(x_{k-1} - \hat{x}_{k-1}) \tag{6.9}$$

$$g(x_k, u_k) \approx g(\hat{x}_k, u_k) + \frac{\delta g(x_k, u_k)}{\delta x_k}\bigg|_{x_k=\hat{x}_k}(x_k - \hat{x}_k) \tag{6.10}$$

式(6.9)和式(6.10)成立的前提条件是 $f(x_{k-1}, u_k)$ 和 $g(x_k, u_k)$ 在各个预测点是可导的。

记 $A_{k-1} = \frac{\delta f(x_{k-1}, u_k)}{\delta x_{k-1}}\Big|_{x_{k-1}=\hat{x}_{k-1}}$，$C_k = \frac{\delta g(x_k, u_k)}{\delta x_k}\Big|_{x_k=\hat{x}_k}$，则式（6.9）和式(6.10)变为

$$f(x_{k-1}, u_k) \approx A_{k-1}x_{k-1} + [f(\hat{x}_{k-1}, u_k) - A_{k-1}\hat{x}_{k-1}] \tag{6.11}$$

$$g(x_k, u_k) \approx C_k x_k + [g(\hat{x}_k, u_k) - C_k\hat{x}_k] \tag{6.12}$$

式中，$f(\hat{x}_{k-1}, u_k) - A_{k-1}\hat{x}_{k-1}$ 相当于传统卡尔曼滤波算法系统方程中的 $B_k u_k$；$g(\hat{x}_k, u_k) - C_k\hat{x}_k$ 相当于传统卡尔曼滤波算法观测方程中的 $D_k u_k$。

扩展卡尔曼滤波算法流程如下。

(1) 初始化，令 $k=0$，$\hat{x}_0^+ = E[x_0]$，即

$$\hat{P}_0^+ = E[(x_0 - \hat{x}_0^+)(x_0 - \hat{x}_0^+)^{\mathrm{T}}] \tag{6.13}$$

(2) 时间更新方程。由式(6.7)所示系统方程计算状态的先验估计：

$$\hat{x}_k^- = f(\hat{x}_{k-1}^+, u_k) \tag{6.14}$$

计算协方差的先验估计：

$$\hat{P}_k^- = A_{k-1}\hat{P}_{k-1}^+ A_{k-1}^{\mathrm{T}} + Q_{k-1} \tag{6.15}$$

(3) 状态更新方程。计算卡尔曼增益矩阵：

$$\mathrm{Kg} = \hat{P}_k^- C_k^{\mathrm{T}}(C_k\hat{P}_k^- C_k^{\mathrm{T}} + R_k)^{-1} \tag{6.16}$$

由式(6.8)所示观测方程计算状态的后验估计：

$$\hat{x}_k^+ = \hat{x}_k^- + \mathrm{Kg} \cdot [y_k - g(\hat{x}_k^-, u_k)] \tag{6.17}$$

计算协方差矩阵的后验估计：

$$\hat{P}_k^+ = (I - \mathrm{Kg} \cdot C_k)\hat{P}_k^- \tag{6.18}$$

在各种非线性估计算法中，扩展卡尔曼滤波算法因为简单易行而广泛应用于非线性估计领域中。但是，该算法也存在不足，在非线性处理上，忽略了泰勒级数

的高阶项对非线性系统的影响，这对状态估计产生较大的负面作用，从而对算法的性能产生不良的影响，甚至影响整个系统。基于扩展卡尔曼滤波算法的锂离子电池 SOC 估计框架图如图 6.5 所示。

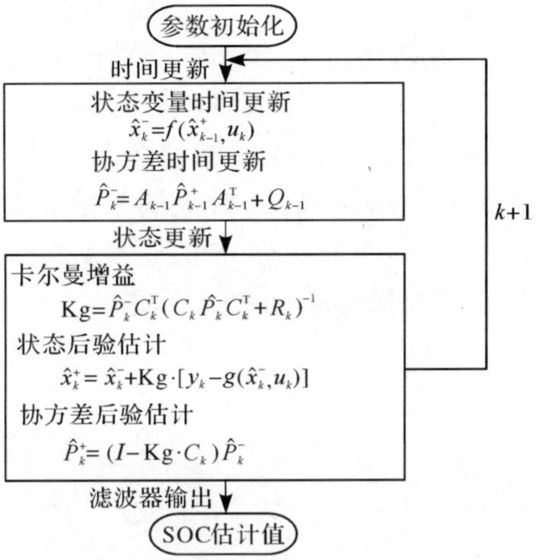

图 6.5　基于扩展卡尔曼滤波算法的锂离子电池 SOC 估计

6.5　基于无迹卡尔曼滤波算法的锂离子电池 SOC 估计

扩展卡尔曼滤波算法在滤波过程中的误差影响不容忽视，而且扩展卡尔曼滤波算法需要计算雅可比矩阵，计算量大，因此需寻找更好的方法来解决强非线性状态估计中遇到的问题。无迹卡尔曼滤波算法结合概率统计的知识，采用概率分布的思路处理非线性问题，不需要对非线性系统做任何处理，且算法的精度可以达到泰勒级数的三阶，扩展卡尔曼滤波算法只能达到泰勒级数的一阶。无迹卡尔曼滤波算法是当前最有发展前景的非线性估计算法。

1. 无迹变换

无迹卡尔曼滤波算法[33]是在扩展卡尔曼滤波算法基础之上经改进而来的。对于时间更新和测量更新过程，它采用无迹变换来处理均值与协方差的非线性传递，其他过程按照传统卡尔曼滤波算法进行计算。无迹变换是采用确定数量的参数去模拟高斯分布。无迹变换最基本的两个原理是：①能够在单一点进行非线性变换；②能够在状态空间中找到一组独立的样本点，这组样本点的概率密度函数可以用来近似状态变量的真实概率密度函数。其实现原理为：在原状态分布基础之上，选择一组准确且带有权值的粒子集合，称为 Sigma 点集，使这些点的均值及协方差与原状态分布的均值及协方差相等，并把这些点代入非线性变换中，从而获得非线性函数点集，通过这些 Sigma 点集可以求得变换后的均值及协方差。对于任意非线性函数系统，当具有高斯型状态变量通过非线性函数系统进行传递时，使用这组采样点能够获得精度达到 3 阶矩的后验均值及协方差。

对于无迹变换，目前研究较多的是 Sigma 点采样策略，常用的采样策略包括对称采样及单行采样等。对于对称采样策略，采样点的数目是 $m=2n+1$，其中 n 是系统状态变量的维数，Sigma 以采样点中的一个点为中心呈对称分布，使这 $2n$ 个 Sigma 点与中心点之间的距离相等，则对应的权值也相等。针对单行采样策略，Sigma 点的数目是 $m=n+2$，呈非对称分布，这些点的权值各不相同。

本书的无迹变换所选用的采样策略是对称采样，无迹变换示意图如图 6.6 所示。

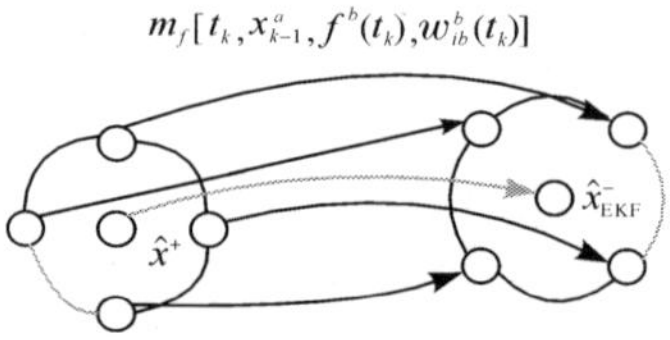

图 6.6 无迹变换示意图

假设有一非线性函数变换 $y=h(x)$，其变量 x 的维数为 n，选取 $2n+1$ 个 Sigma 点 $x^{(i)}$，使其均值及协方差与随机变量 x 的均值及协方差相等，对 Sigma 点使用非线性函数进行非线性变换，获取变换后的矢量，通过计算该矢量的均值及协方差矩阵可以比较准确地估算出因变量 y 的真实均值及协方差。Sigma 点 $x^{(i)}$ 满足如下方程：

$$\begin{cases} x^{(0)}=x_{k-1} \\ x^{(i)}=x_{k-1}+\left(\sqrt{(L+r)P_{k-1}^x}\right)_i, \quad i=1,2,\cdots,L \\ x^{(i)}=x_{k-1}-\left(\sqrt{(L+r)P_{k-1}^x}\right)_{i-L}, \quad i=L+1,L+2,\cdots,2L \end{cases} \tag{6.19}$$

式中，L 为状态维数；$\left(\sqrt{(L+r)P_{k-1}^x}\right)_i$ 代表加权协方差矩阵平方根的第 i 列。

这些采样点对应的权值为

$$\begin{cases} w_0^{\mathrm{m}}=\dfrac{r}{L+r} \\ w_0^{\mathrm{c}}=\dfrac{r}{L+r}+(1-\alpha^2+\beta) \\ w_i^{\mathrm{m}}=w_i^{\mathrm{c}}=\dfrac{1}{2(L+r)}, \quad i=1,2,\cdots,2L \end{cases} \tag{6.20}$$

式中，上标 m 为均值；c 为协方差；下标 i 为第 i 个采样点；参数 $r=a^2(L+\varepsilon)-L$

是一个缩放比例参数，用来降低总的预测误差，a 的选取控制了采样点的分布状态，ε 为待选参数，其具体取值虽然没有界限，但通常应确保矩阵 $(L+r)P$ 为半正定矩阵；待选参数 $\beta \geqslant 0$ 是一个非负的权系数。

2. 算法简介

无迹卡尔曼滤波算法所需模型的一般数学表达式如下：

$$x_{k+1}=f(x_k,u_k)+w_k \tag{6.21}$$

$$y_k=g(x_k,u_k)+v_k \tag{6.22}$$

式中，x_k 为 k 时刻系统的状态变量；f 为函数；g 为电池模型定义下的非线性函数；u_k 为系统 k 时刻的输入；y_k 为电池的输出电压。

系统噪声、量测噪声的统计特性为

$$\begin{cases} E[w_k]=q_k \\ E[w_k w_j']=Q_k\delta_{kj} \\ E[v]_k=r_k \\ E[v_k v_j']=R_k\delta_{kj} \\ E[w_k v_j']=0 \end{cases} \tag{6.23}$$

初始化时，将 $X_0=(\mathrm{SOC}_0,0,0)^{\mathrm{T}}$ 设定为状态变量的初始值，其中 SOC_0 是电池 SOC 的初始值。方差估计初始值设为 P_0，有

$$P_0=\begin{bmatrix} p_{\mathrm{SOC}_0} & 0 & 0 \\ 0 & p_w & 0 \\ 0 & 0 & p_v \end{bmatrix} \tag{6.24}$$

已知状态变量的维数 $L=3$，根据状态变量的均值 x_{k-1} 及协方差 P_{k-1}^x，无迹卡尔曼滤波算法步骤如下。

1) 计算采样点

采用 Sigma 点对称采样策略，获得 x 点的 Sigma 点集，以及其相应的均值加权值 w_i^{m} 及方差加权值 w_i^{c}，计算公式如下：

$$\begin{cases} X_0=x_{k-1} \\ X_i=x_{k-1}+\left(\sqrt{(L+r)P_{k-1}^x}\right)_i, \quad i=1,2,\cdots,L \\ X_i=x_{k-1}-\left(\sqrt{(L+r)P_{k-1}^x}\right)_{i-L}, \quad i=L+1,L+2,\cdots,2L \\ w_0^{\mathrm{m}}=\dfrac{r}{L+r} \\ w_0^{\mathrm{c}}=\dfrac{r}{L+r}+(1-\alpha^2+\beta) \\ w_i^{\mathrm{m}}=w_i^{\mathrm{c}}=\dfrac{1}{2(L+r)}, \quad i=1,2,\cdots,2L \end{cases} \tag{6.25}$$

式中,α、β 为常数;$r=\alpha^2(L+\varepsilon)-L$,一般来说,$0\leqslant\alpha\leqslant 1$,$\alpha$ 用于设置这些点集到均值的距离,通常为一个很小的正数;ε 是副尺度参数,为了保证方差阵半正定,其取值为非负数;$\beta\geqslant 0$,作为状态分布参数,在高斯先验分布中,其最优值 $\beta=2$;$(\sqrt{(L+r)P_{k-1}^{x}})_i$ 代表加权协方差矩阵的平方根的第 i 列;通过标量 ε 可以控制均值点的距离,ε 通常设置为 0 或 $3-L$。

2) 时间更新

根据系统方程式(6.7)计算状态更新:

$$X_{k|k-1}=f(X_{k-1},i_k)+q_k \tag{6.26}$$

计算状态估计:

$$x_k^- = \sum_{i=0}^{2L} w_i^{\mathrm{m}} X_{i,k|k-1} \tag{6.27}$$

计算状态估计的协方差:

$$P_k^{x-} = \sum_{i=0}^{2L} w_i^{\mathrm{c}}(X_{i,k|k-1}-x_k^-)(X_{i,k|k-1}-x_k^-)^{\mathrm{T}}+Q_K \tag{6.28}$$

根据观测方程式(6.8)测量更新:

$$Y_{k|k-1}=g(X_{k|k-1},i_k)+r_k \tag{6.29}$$

计算测量估计:

$$y_k^- = \sum_{i=0}^{2L} w_i^{\mathrm{m}} Y_{i,k|k-1} \tag{6.30}$$

计算测量估计 y_k^- 的协方差:

$$P_k^{y-} = \sum_{i=0}^{2L} w_i^{\mathrm{c}}(Y_{i,k|k-1}-y_k^-)(Y_{i,k|k-1}-y_k^-)^{\mathrm{T}}+R_k \tag{6.31}$$

计算 $X_{k|k-1}$ 与 $Y_{k|k-1}$ 的协方差:

$$P_k^{xy} = \sum_{i=0}^{2L} w_i^{\mathrm{c}}(X_{i,k|k-1}-x_k^-)(Y_{i,k|k-1}-y_k^-)^{\mathrm{T}} \tag{6.32}$$

3) 测量更新

计算卡尔曼增益矩阵:

$$\mathrm{Kg}=P_k^{xy}(P_k^{y-})^{-1} \tag{6.33}$$

获得状态更新后的矩阵:

$$x_k=x_k^- +\mathrm{Kg}\cdot(y_k-y_k^-) \tag{6.34}$$

求得更新状态的后验协方差估计:

$$P_k^{x}=P_k^{x-}-\mathrm{Kg}\cdot P_k^{y-}\cdot \mathrm{Kg}^{\mathrm{T}} \tag{6.35}$$

无迹卡尔曼滤波算法的优点是:在非线性函数系统的状态滤波中,无迹卡尔曼滤波算法不需要对非线性系统函数做任何处理,以此保留了全部高阶项的重要信息,以使得其估算精度相比于扩展卡尔曼滤波算法的要高;扩展卡尔漫滤波算法要求所用模型是完全可导的，无迹卡尔曼滤波算法在计算均值及方差时，只需进行向量及矩阵的相关运算，因此无迹卡尔曼滤波算法更适用于任何非线性系统中；无迹卡尔曼滤波算法不必要计算复杂的雅可比矩阵，计算量较小；相较于扩展卡尔曼滤波算法，无迹卡尔曼滤波算法更易于硬件实现。

应用无迹卡尔曼滤波算法[34]对锂离子电池 SOC 进行估计时，没有必要对非线性系统做任何形式的处理，可直接将非线性方程式(6.21)和式(6.22)代入基于无迹卡尔曼滤波算法的锂离子电池 SOC 估算步骤式(6.23)～式(6.35)中，实现对锂离子电池 SOC 的估算。其算法流程图如图 6.7 所示。

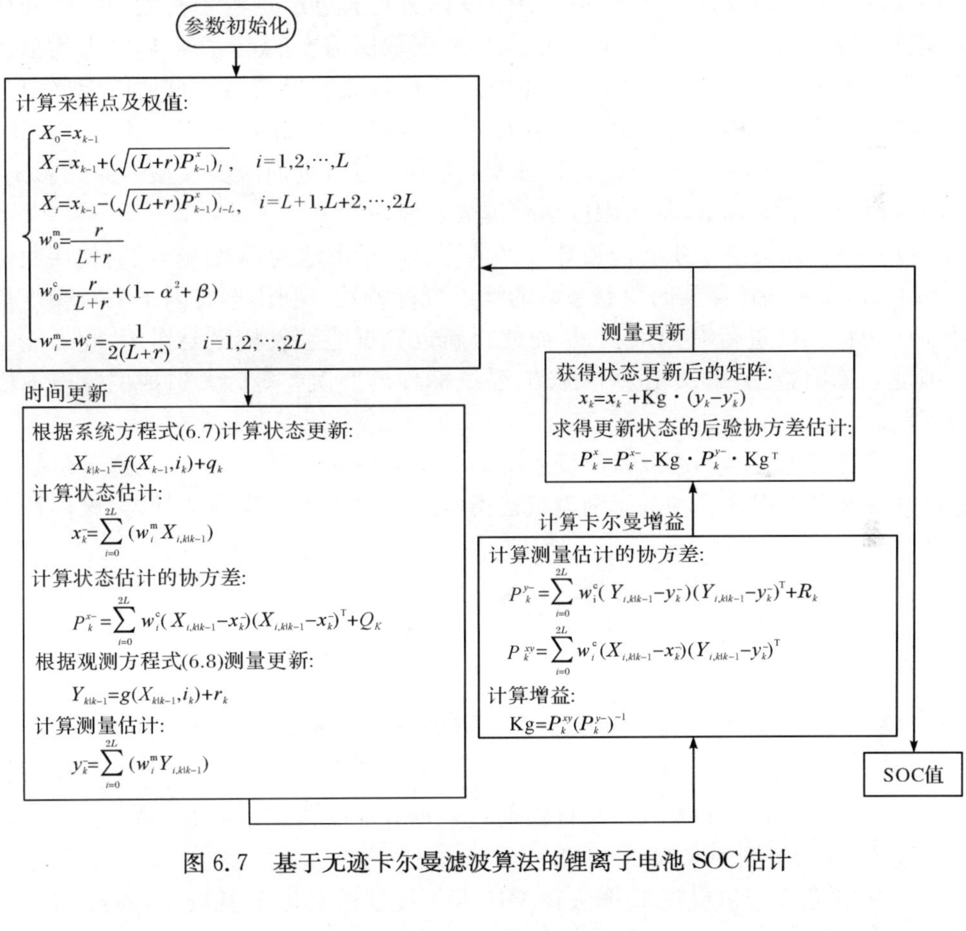

图 6.7　基于无迹卡尔曼滤波算法的锂离子电池 SOC 估计

6.6　基于自适应无迹卡尔曼滤波的 SOC 估计

在锂离子电池 SOC 估计中，存在非线性噪声。使用一般的卡尔曼滤波算法,前提条件都是假设随机噪声是高斯白噪声,并且要求已知其统计特性。在电动汽车的实际运行过程中,电池管理系统在数据采集时,噪声统计特性往往是不清楚的,因此会降低卡尔曼滤波算法的估计性能,甚至有时会引起滤波发散,严重偏离真实值。为了解决这个问题,采用自适应无迹卡尔曼滤波算法对锂离子电池 SOC 值进行估算,该算法在无迹卡尔曼滤波算法的基础上融合自适应算法,能够实时在线估计过程噪声和测量噪声的协方差矩阵,从而可以提高滤波精度。

自适应无迹卡尔曼滤波算法是结合无迹变换、自适应滤波及卡尔曼滤波算法而提出的一种滤波算法。无迹卡尔曼滤波算法是通过给定概率密度的均值和协方差样本点来采样,通过给定的非线性变换获取所需要的点,变换后的点均值及协方差矩阵可以通过变换后的变换点经过某种函数变换获得。自适应无迹卡尔曼滤波算法旨在使用实时观测到的数据,在实施滤波递推的同时,使用 Sage-Husa 噪声估计器对不确定性噪声统计特征实行实时更新,进而减少模型误差的影响,同时可以制约算法发散,最大限度地接近真实值。

该算法使用无迹卡尔曼滤波算法来估算锂离子电池的 SOC 值,同时使用次优 Sage-Husa噪声估计器实时更新系统的噪声统计特性。利用遗忘因子来对噪声估计器的记忆长度进行有效限制,从而使得新近数据能够发挥重要作用,此外能够逐渐遗忘陈旧数据,解决由外界扰动、系统标称模型误差等因素造成的噪声不稳的问题。

为了应对未建模动态或者时变系统的卡尔曼滤波问题,本节在无迹卡尔曼滤波算法的基础上引入一种基于渐消记忆指数加权法改善的噪声估计器,该估计器公式如下:

$$\begin{cases} r_{k+1}=(1-d_k)r_k+d_k[y_k-g(x_k,i_k)-r_k] \\ R_{k+1}=(1-d_k)R_k+d_k[(y_k-y_k^-)(y_k-y_k^-)^{\mathrm{T}}-P_k^{y-}(P_k^{y-})^{\mathrm{T}}] \\ q_{k+1}=(1-d_k)q_k+d_k(x_k-x_k^-) \\ Q_{k+1}=(1-d_k)Q_k+d_k[\mathrm{Kg}\cdot(y_k-y_k^-)(y_k-y_k^-)^{\mathrm{T}}\cdot \mathrm{Kg}^{\mathrm{T}}+P_k^x-P_k^{xy}(P_k^{xy})^{\mathrm{T}}] \end{cases} \tag{6.36}$$

式中,r_k、R_k、q_k、Q_k 由时变噪声估计器通过递推计算获得;$d_k=(1-b)/(1-b^k)$,b 代表遗忘因子,范围为 0.95~0.99。

自适应无迹卡尔曼滤波算法在无迹卡尔曼滤波算法的基础上,在线实时估算,并且不断地校正状态变量 SOC 的值,因此增强了估计 SOC 的精度。图 6.8 为自适应无迹卡尔曼滤波算法流程图。

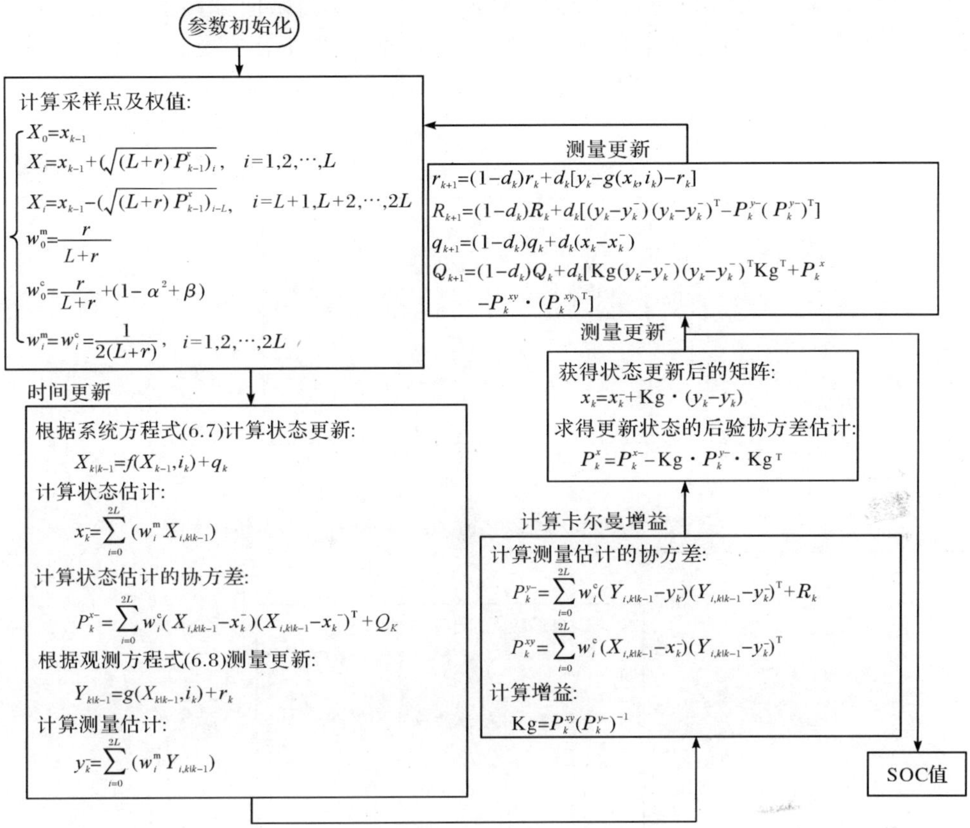

图 6.8　自适应无迹卡尔曼滤波算法流程图

6.7　仿真结果与分析

本节以锂离子电池组为研究对象，以自适应无迹卡尔曼滤波算法为电池 SOC 的估算方法，以恒流放电工况与 UDDS(urban dynamometer driving schedule)动态循环工况为基础，使用 MATLAB 进行仿真实验。

6.7.1　恒流放电工况实验

实验采用电池管理系统硬件，实验环境温度为常温，放电累计时间为 800s。放电实验前，将电池静置 12h，根据开路电压与电池 SOC 的对应关系获取初始 SOC 值。在实验过程中，实时采集电压电流值，采样频率为 1 次/s，对单块电池进行 0.2C 的恒流放电实验。测量得知，电池开路电压初始值为 3.356V，电池的 SOC 值为 88.8%，作为安时积分法的 SOC 初始值。

为验证本书 SOC 估算算法的收敛性,假设 SOC 初始值偏离实际值,设定为 0.7,并同时分别采用无迹卡尔曼滤波算法与自适应无迹卡尔曼滤波算法来估计 SOC 值,并与安时积分法获得的参考值进行比较。实验数据如图 6.9 和图 6.10 所示。

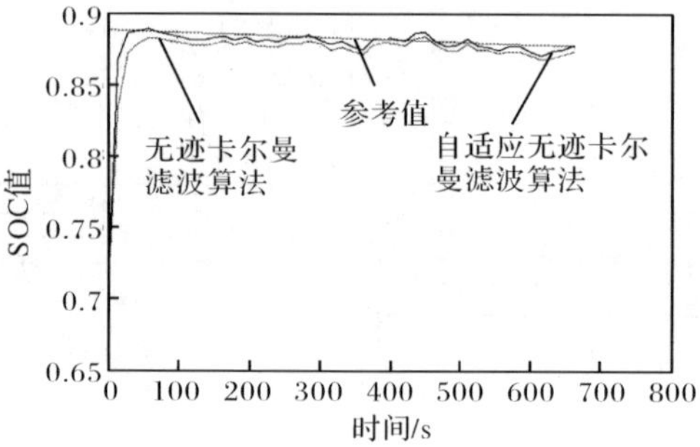

图 6.9　锂离子电池 SOC 估计

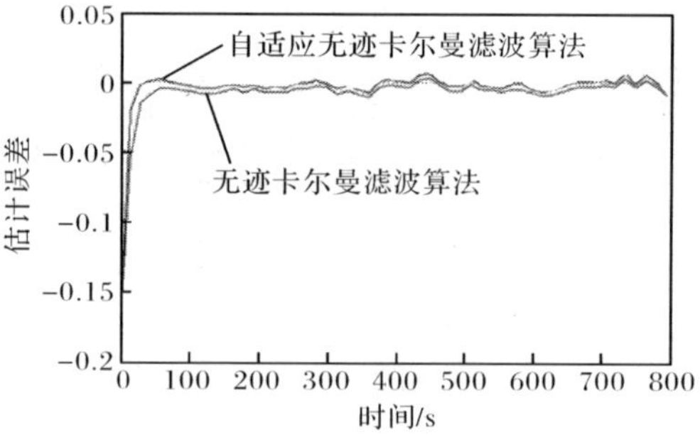

图 6.10　SOC 估计误差

由图 6.9 可知,在 SOC 初始值不相等的条件下,采用本书所提的算法均能快速地收敛到参考值附近,且自适应无迹卡尔曼滤波算法收敛速度较无迹卡尔曼滤波算法快。由图 6.10 可知,总体上,采用自适应无迹卡尔曼滤波算法估算 SOC 值的误差较采用无迹卡尔曼滤波算法的小,两种算法估计 SOC 值的误差均能保持在 −1%~1%。

6.7.2　UDDS 动态循环工况实验

为验证动态工况下算法的跟踪能力,选取 UDDS 美国城市循环工况,实时电压电流值的采样频率为 10 次/s。UDDS 电流工况数据如图 6.11 所示,负数代表放电,正数代表充电。

这里分别采用安时积分法、无迹卡尔曼滤波算法与自适应无迹卡尔曼滤波算

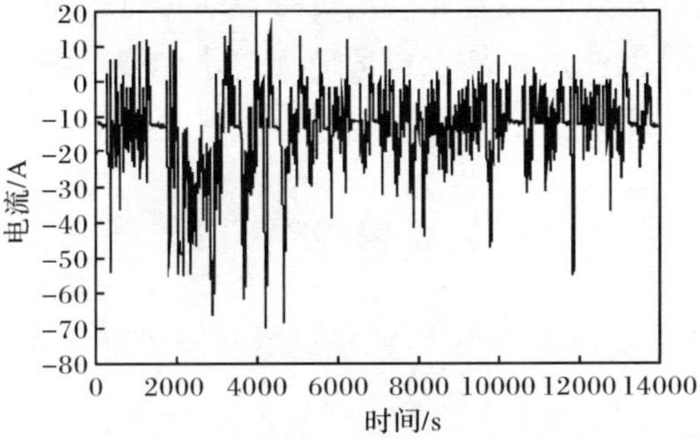

图6.11　UDDS电流工况数据

法估算SOC值，对应曲线如图6.12所示。无迹卡尔曼滤波算法和自适应无迹卡尔曼滤波算法的估算误差曲线如图6.13所示。

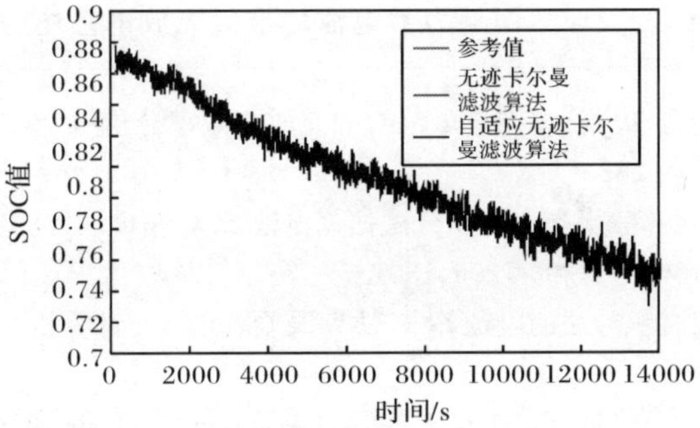

图6.12　UDDS工况下的锂离子电池SOC估计(见彩图)

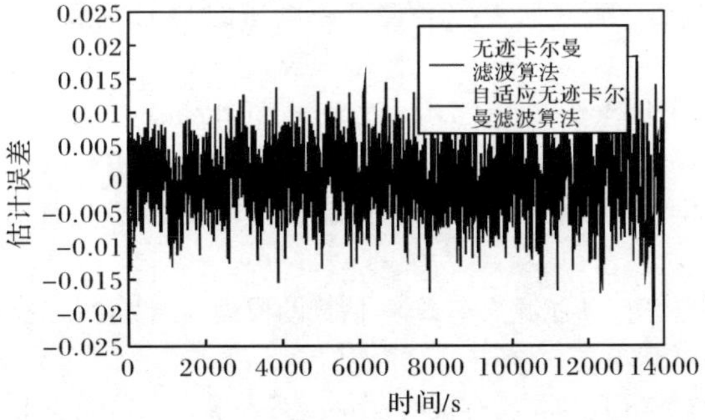

图6.13　UDDS工况下的锂离子电池SOC估计误差(见彩图)

由图6.12可知，这两种算法均能很好地跟踪SOC参考值的变化。由图6.13可知，基于自适应无迹卡尔曼滤波算法估计锂离子电池SOC的误差曲线能够始终保持在−1.2%～1%，而基于无迹卡尔曼滤波算法估计的误差最大达到2%左右，因此，基于自适应无迹卡尔曼滤波算法估算锂离子电池 SOC 的波动性较基于无迹卡尔曼滤波算法的小，也就是说基于自适应无迹卡尔曼滤波算法估算 SOC 的跟踪性能好，自适应能力较强。

参考文献

[1] 林成涛，王军平，陈全世. 电动汽车 SOC 估计方法原理与应用[J]. 电池，2004，34(5)：376-378.

[2] Deng Y，Hu Y L，Cao Y. An improved algorithm of SOC testing based on open-circuit voltage-ampere hour method[J]. Intelligent Computing in Smart Grid and Electrical Vehicles，2014：258-267.

[3] 李哲，仝猛，卢兰光，等. 动力型铅酸及 $LiFePO_4$ 锂离子电池的容量特性[J]. 电池，2009，39(1)：26-28.

[4] 田硕，李哲，卢兰光，等. HEV 用动力蓄电池的最大充放电性能[J]. 电池，2008，38(1)：27-30.

[5] 胡明辉，秦大同. 混合动力汽车镍氢电池组的充放电效率分析[J]. 重庆大学学报(自然科学版)，2009，32(3)：279-282.

[6] 李哲，卢兰光，欧阳明高. 提高安时积分法估算电池 SOC 精度的方法比较[J]. 清华大学学报(自然科学版)，2010，(8)：1293-1296，1301.

[7] 鲍慧，于洋. 基于安时积分法的电池 SOC 估算误差矫正[J]. 计算机仿真，2013，30(11)：148-151，159.

[8] Pop V，Bergveld H J，Notten P H L，et al. Accuracy analysis of the state-of-charge and remaining run time determination for lithium-ion batteries[J]. Measurement，2009，42(8)：1131-1138.

[9] 徐欣歌，杨松，李艳芳，等. 一种基于预测开路电压的 SOC 估算方法[J]. 电子设计工程，2011，19(14)：127-129.

[10] Pop V，Bergveld H J，Notten P H L，et al. State-of-the-art of battery state-of-charge determination[J]. Measurement Science and Technology，2005，16(4)：R93.

[11] 王宇鹏. 基于内阻与开路电压差联合法的铅酸蓄电池 SOC 估计[J]. 科技与企业，2015，(8)：186，188.

[12] 张利，王为，陈泽坚，等. 新能源汽车 SOC 估算的模糊预测算法研究[J]. 电子测量与仪器学报，2011，25(4)：315-319.

[13] Guan K，Wei Z Q，Yin B. SOC prediction method of a new lithium battery based on GA-BP neural network[J]. Springer International，2015，43(8)：141-153.

[14] Liang M D，Wu T Z. An improved prediction method of SOC based on the GA-RBF neural network[J]. Advanced Materials Research，2014，19(1)：800-805.

[15] 刘征宇，杨俊斌，张庆，等. 基于 QPSO-BP 神经网络的锂离子电池 SOC 预测[J]. 电子测量与仪器学报，2013，27(3)：224-228.

[16] 王业琴,刘一星. 粒子群优化神经网络电动汽车SOC估算方法[J]. 电源技术,2013,37(5):800-803.

[17] Gao M Y, Liu Y Y, He Z W. Battery state of charge online estimation based on particle filter[C]//2011 IEEE the 4th International Congress on Image and Signal Processing (ISP), 2011,4:2233-2236.

[18] Liu X, Chen Z, Zhang C, et al. A novel temperature-compensated model for power Li-ion batteries with dual-particle-filter state of charge estimation[J]. Applied Energy, 2014, 123: 263-272.

[19] Zhong L, Zhang C B, He Y, et al. A method for the estimation of the battery pack state of charge based on in-pack cells uniformity analysis[J]. Applied Energy, 2014, 113:558-564.

[20] Baba A, Adachi S. State of charge estimation of lithium-ion battery using Kalman filters [C]//2012 IEEE International Conference on Control Applications (CCA), 2012: 409-414.

[21] Wang H H, Zhang H P. SOC estimation and simulation of electric vehicle lead-acid storage battery with Kalman filtering method[C]//International Conference on Electronic Measurement and Instruments (ICEMI), 2013:305-312.

[22] Zheng M X, Yang Q S. Estimation of SOC based on subspace model of power battery and adaptive Kalman filter method[J]. Applied Mechanics and Materials, 2013, (448-453): 1423-1427.

[23] Wang S L, Carlos F, Shang L P, et al. Online state of charge estimation for the aerial Lithium-ion battery packs based on the improved extended Kalman filter method[J]. Journal of Energy Storage, 2017, 9:69-83.

[24] Zheng H, Liu X, Wei M. Adaptive Kalman filter based state of charge estimation algorithm for lithium-ion battery[J]. Chinese Physics B, 2015, 24(9):098801.

[25] Chiang C J, Yang J L, Cheng W C. Temperature and state-of-charge estimation in ultracapacitors based on extended Kalman filter[J]. Journal of Power Sources, 2013, 17(6): 118-130.

[26] 戴海峰,孙泽昌,魏学哲. 利用双卡尔曼滤波算法估计电动汽车用锂离子动力电池的内部状态[J]. 机械工程学报,2009,45(6):95-101.

[27] Kim J, Lee S, Cho B H. Complementary cooperation algorithm based on DEKF combined with pattern recognition for SOC/capacity estimation and SOH prediction[J]. IEEE Transactions on Power Electronics, 2012, 27(1):436-451.

[28] Sarkka S. On unscented Kalman filtering for state estimation of continuous time nonlinear systems [J]. IEEE Transactions on Automatic Control, 2007, 52(9): 1631-1641.

[29] Zhang F, Liu G J, Fang L J. Battery state estimation using unscented Kalman filter[C]// IEEE International Conference on Robotics and Automation, 2009:1863-1868.

[30] Windarko N A, Choi J, Gyo-bum C. SOC estimation of LiPB batteries using extended Kalman filter based on high accuracy electrical model[C]//2011 IEEE the 8th International Conference on Power Electronics and ECCE Asia, 2011:2015-2022.

[31] Chen G J, Taylor A, Chen D, et al. Extended Kalman filter based battery state of charge (SOC) estimation for electric vehicles[C]//2013 IEEE Transportation Electrification Conference and Expo(TECE), 2013: 1-5.

[32] Zheng H Y, Zong C F. Information fusion for state estimation of power battery in electric vehicle based on unscented Kalman filter[J]. Applied Mechanics and Materials, 2013, 975-978.

[33] Zhang C B, Tian W F, Jin Z H. Application of unscented Kalman filter in state estimation for land vehicle navigation system[J]. Journal of System Simulation, 2005, 17(6): 1456-1458.

[34] Sun F, Hu X, Zou Y, et al. Adaptive unscented Kalman filtering for state of charge estimation of a lithium-ion battery for electric vehicles[J]. Energy, 2011, 36: 3531-3540.

第 7 章　基于动态内阻测试的电池组 SOH 估计

7.1　锂离子电池 SOH 定义及分析

7.1.1　电池 SOH 定义

电池健康状态(state-of-health，SOH)反映了电池目前的健康水平、整体性能及电池的放电性能。电池 SOH 往往与电池的衰减和电池的寿命紧密相连。通常将电池 SOH 以一个百分比的形式表征，定义新生产的或无损耗电池的 SOH 值为 100％，随着循环次数的增加，其性能不断衰减，SOH 值逐渐降低，一般将衰减至 SOH＜80％时的电池视为报废电池[1]。

关于电池 SOH 的概念，尚无统一的定义，通常从容量、内阻、峰值功率和剩余循环次数等方面来理解。

1. 从容量的角度定义 SOH

将当前电池能够放出的最大容量与电池的标称容量的比值定义为 SOH，计算公式如下：

$$\mathrm{SOH}=\frac{C_{\mathrm{aged}}}{C_{\mathrm{rated}}}\times 100\% \tag{7.1}$$

式中，C_{aged}为当前电池能够放出的最大容量；C_{rated}为电池的标称容量。

2. 从内阻的角度定义 SOH

在反映电池 SOH 的研究中，电池内阻往往与其 SOH 有关，因此把内阻作为 SOH 的定义，计算公式为

$$\mathrm{SOH}=\frac{R_{\mathrm{EOL}}-R_{\mathrm{now}}}{R_{\mathrm{EOL}}-R_{\mathrm{new}}}\times 100\% \tag{7.2}$$

式中，R_{now}为待估计电池的当前内阻值；R_{new}为新电池的内阻值；R_{EOL}为当电池容量下降到 80％及寿命终结时的内阻值。

以上定义实现的前提是对电池的内阻进行精确检测。电池内阻值与诸多因素有关，需要设计一套内阻测量系统来精确测量。

3. 从峰值功率的角度定义 SOH

峰值功率是指在一定条件下电池能够输出的最大功率，在电动汽车动力电池领域，有些学者将 SOH 定义如下：

$$\mathrm{SOH}=\frac{P_{\max}-P_{\min}}{P_{\text{new}}-P_{\min}}\times 100\% \tag{7.3}$$

式中，$P_{\max}$为当前条件下电池能够提供的最大功率，即峰值功率；$P_{\min}$为电动汽车启动所需的最小功率；P_{new}表示出厂时 SOC 值为 100%的条件下电池能够放出的功率。

4. 从剩余循环次数的角度定义 SOH

每个电池都有其循环的次数限制，对于电池 SOH 的定义，有些学者认为可以从电池剩余的循环次数与电池的总循环次数的比值来定义，计算公式如下：

$$\mathrm{SOH}=\frac{T}{T_{\text{all}}}\times 100\% \tag{7.4}$$

式中，T 表示待估计电池当前最大的循环次数；T_{all}表示新电池能够循环的总次数。

影响电池寿命的因素很多，这些因素在时刻发生变化，无法预测电池之后的使用环境，更无法预测电池的剩余循环次数。虽然该方法定义的角度很新颖，但是实际操作性不强。

以上几种关于电池 SOH 的定义都是采用量化指标，将电池 SOH 设定为一个数值，这种定义方式称为狭义的电池 SOH 定义[2]。这里提出广义的电池 SOH 定义，即应该用 SOH 的字面意思定义电池的健康状态，包含电池失效和电池劣化两个部分但又不局限于这两个部分，如图 7.1 所示。

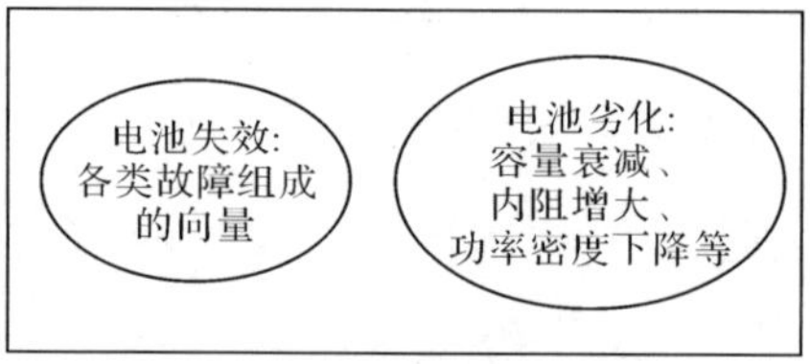

图 7.1　广义的电池 SOH 定义

7.1.2　影响电池 SOH 的因素分析

锂离子电池在使用过程中，会受到外部条件变化和人为操作失误的影响，因此在电池内部产生副反应和活性物质的损耗。随着循环次数的增加，损耗逐渐累积最终达到一定限度后会影响锂离子电池的 SOH。研究锂离子电池的 SOH，需先研究影响锂离子电池 SOH 的内外因素和作用机理，下面进行简要分析。

1. 影响锂离子电池 SOH 的外部因素

由于应用场合和操作习惯等不同，锂离子电池受到环境温度、循环次数、充放电电流倍率、截止电压、放电深度、搁置时间等因素的影响，各因素引起的副反应机制和影响程度是不同的。

(1) 环境温度。锂离子电池的高温和低温特性不好，温度对锂离子电池具有相当大的影响，甚至常被认为是导致电池衰退的主要因素。原因在于，温度的变化会影响电池内部的化学反应，温度降低则反应速度减慢，温度升高则反应速度加快。实验测试表明，低温环境下(−20～25℃)磷酸铁锂离子电池的放电容量较常温状态下小，其随着温度的增加有所上升，但并不是一直上升，当温度超过 50℃ 后容量反而开始下降。因此，过高的温度会影响电池材料的活性，使得电池的容量受到影响。通常，磷酸铁锂离子电池的工作电压范围为 2.0～3.65V，工作温度范围较大，为−20～55℃，但是过高或过低的温度势必对电池产生影响，缩短电池的寿命[3,4]。同时，电池在使用中自身也会产生热量，内阻产生焦耳热，极化作用和化学反应则会产生极化热和反应热，只有很好地控制电池温度才能保证电池在正常工作状态下运行。

(2) 循环次数。电池是有寿命的，电池的寿命表现在充放电的循环次数上。锂离子电池充放电循环次数可达 1000 次以上，但循环次数并不是一个固定值，其会因使用条件的不同而不同，不适宜的环境温度、过充过放等都会缩短电池的循环使用寿命[5]。每次充放电循环都伴随着电池健康的衰减，会导致内部界面阻抗的增加而影响放电性能。

(3) 充放电电流倍率。大功率动力电池的充放电电流较大，能够满足充电时间和驱动负载的要求。但是，过大的电流必然会对电池本身产生损害。由前面的分析可知，温度对电池健康的影响很大。在电池内部不可避免地存在内阻，大电流充放电过程中会产生大量的热，从而加速电池的劣化，影响电池的 SOH。Zimmerman[6]在研究中发现充放电电流会影响界面膜的生长速率，甚至使得界面膜的结构和组分发生改变，进而影响电池容量衰退速度。

(4) 截止电压。截止电压包括放电截止电压和充电截止电压，不恰当的截止电压会对电池造成损害，影响其寿命。过低的放电截止电压容易造成电池的“过放”，并可能导致负极石墨层中的锂离子大量流失甚至趋于 0，造成石墨层塌陷等不可挽回的损失，降低电池的容量。过高的充电截止电压则会造成电池的“过充”，导致锂离子电池负极石墨层没有足够的空间容纳锂原子，而引起“析锂”现象。

2. 影响锂离子电池 SOH 的内部因素

理想的锂离子电池，其充放电过程仅存在锂离子的循环嵌入和脱出，而不存在其他副反应。在实际应用中，除了锂离子的氧化还原反应外，内部还存在各种副反应，这些副反应的逐渐累加使得正常的氧化还原反应受到影响从而使电池 SOH 下降。下面就其中两个具有代表性的因素做简要分析。

（1）界面膜。固体电解质界面（solid electrolyte interface，SEI）膜，简称界面膜，它的形成部位在电池电极与电解质接触面上，由这两种物质的反应形成。界面膜的产生会影响电池的性能，例如，形成界面膜需要消耗一部分锂离子，这就降低了锂离子浓度，进而影响电池的充放电效率。

（2）自放电。在日常生活中，电池放置一段时间后电量会减少，这是由电池的自放电造成的[7]。自放电的主要原因是：在放置过程中，电池内部发生了不可逆反应，从而造成了电池容量损失。造成自放电的原因主要有：①电极与电解液发生副反应；②电解液中杂质引起副反应；③电池内部出现微短路现象[8,9]。

7.1.3 电池 SOH 评价指标选择

电池 SOH 是一个不断变化的、影响因素复杂的概念。由 7.1.1 节给出的广义 SOH 定义可知，电池的劣化能够反映电池的 SOH。因此，往往可以通过一些量化的指标来反映电池的劣化情况，而这些量化指标应该具备一定的条件：①具有典型性，能够通过指标的直接对比来区分电池的 SOC；②具有可操作性，能够通过实际测量或预测得到，利用电池的剩余循环次数来定义电池 SOH 就不具备可操作性[10]。

1）适用于描述电池 SOH 的指标

基于前面列出的两个条件，可以通过以下指标来评价电池 SOH。

（1）容量。式(7.1)通过电池的容量来定义电池 SOH 的方法得到了许多研究人员的认可，并且 IEEE 1188—2005 标准和美国先进电池联合会（United States Advanced Battery Consortium，USABC）也建议用电池容量作为衡量电池 SOH 的参数。当电池处于不同劣化程度时，能够放出的容量是不同的，这也为通过容量指标来评价电池 SOH 提供了可能。当前电池能够放出的容量 C_{aged} 可以通过设计测试仪器得到，而电池的标称容量 C_{rated} 可以直接读取，因此通过公式的计算即可判断当前电池 SOH。

（2）直流内阻。由于电池内阻的原因，电池在带负载和不带负载两种情况下的端电压是不同的。电池内阻是个动态值，会受到诸多因素的影响，如环境温度、电池的 SOC 和当前电池的健康程度等[11]。由于电池 SOH 发生变化时内阻也会产生变化，因此将内阻作为评价电池 SOH 的指标。

结合图 7.2 所示的电池等效电路图进行如下分析：实际测试中，规定放电电流方向为正向，内阻值可计算如下：

$$r(\mathrm{SOC})=\frac{\Delta U}{I}=\frac{E_B(\mathrm{SOC})-U_L}{I} \tag{7.5}$$

式中，I 为电池的工作电流；E_B为电池的平均电动势(因电池 SOC 的不同而不同)；U_L为带负载时电池的端电压。

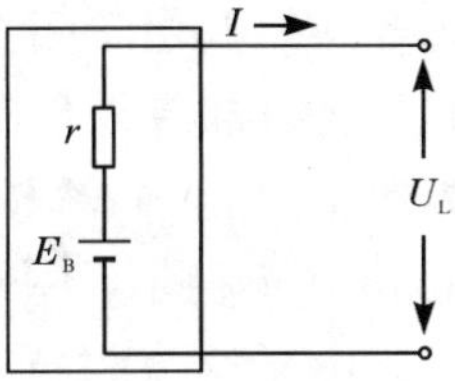

图 7.2　电池等效电路图

由式(7.5)可以看出，电池的内阻与 SOC 存在一定的关系，图 7.3 为某型号电池在特定温度和特定 SOH 下，电池的放电内阻与充电内阻随 SOC 变化的曲线。通过测量在不同 SOC 下的内阻值 r 而绘制电池内阻谱是通过内阻指标研究电池 SOH 的基本方法。

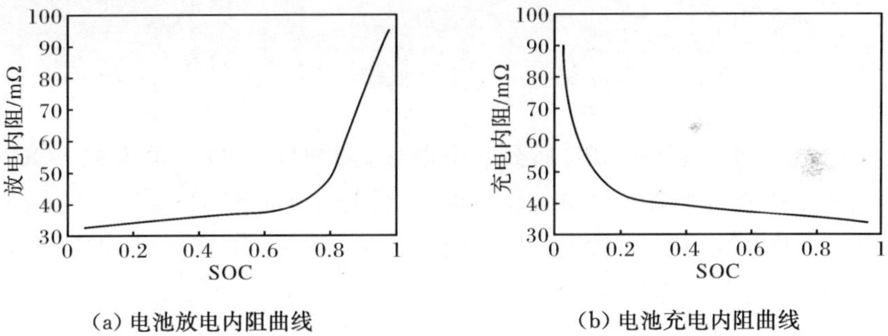

图 7.3　某型号电池的充放电内阻特性曲线

2) 不适用于描述电池 SOH 的指标

在电池 SOH 评价指标的多样性方面，许多学者曾尝试采用其他评价指标，如电动势、交流阻抗谱、峰值功率等。但是，在经过实践和研究后发现这些指标并不适合用来评价电池 SOH，下面就这些指标做简要说明。

(1) 电动势。在早期的 SOC 测试中，常利用开路电压来估计 SOC，这是因为在蓄电池性能稳定时，其开路电压与 SOC 存在以下关系：

$$\mathrm{SOC}=\frac{V_{BO}-b}{a-b} \tag{7.6}$$

式中，V_{BO}表示电池的当前开路电压；a 表示电池 SOC 值为 100%时的开路电压；b

为充分放电后的开路电压。

通过测量不同状态下的电动势发现，随着电池 SOH 的降低，电动势也会发生变化，因此人们怀疑电动势与 SOH 存在某种关系。随着电池制备工艺的提升和新材料的应用，目前磷酸铁锂离子电池的电动势只与材料、温度、制备工艺等有关，而与放电电流和深度无关，仅仅通过测试这类锂离子电池的电压很难判断出电池 SOH[12]。

(2) 交流阻抗谱。交流阻抗谱也称电化学阻抗谱(electrochemical impedance spectroscopy，EIS)，在很多研究文献中都有介绍[13—16]。通过交流阻抗谱能够反映出电池的欧姆内阻和极化内阻等信息，人们希望通过解读其中的信息来寻找其与 SOH 的关系。但是，交流阻抗谱并不稳定，不同温度、不同 SOC 甚至同一型号的不同电池得到的谱线差异较大。测量交流阻抗谱需要用到对应设备，而设备操作比较复杂，运算时间较长，不能应用在实时监测中。目前交流阻抗谱还未有效地应用在电动汽车上，仅仅适用于实验室研究。

(3) 峰值功率。现用图 7.2 所示的电池等效电路做推算，可知电池峰值功率计算公式为

$$P_{\max}=(E_{\mathrm{B}}-I_{\max}r)I_{\max} \tag{7.7}$$

式中，E_{B} 为电池的电动势；$I_{\max}$ 为当电池放电时端电压达到下限值 $U_{\mathrm{L}}^{\min}$ 时的电流，即

$$I_{\max}=\frac{E_{\mathrm{B}}-U_{\mathrm{L}}^{\min}}{r} \tag{7.8}$$

如果电池的容量衰减已知，那么就可以求得此时的 SOC，再根据 SOC 得到电池的电动势 E_{B}，查询内阻谱可得到电池的内阻 r，从而计算出电池的峰值功率。综上所述，利用电池内阻和电池容量这两个指标，就可以得到电池的峰值功率，因此，没必要将峰值功率单独作为评价电池 SOH 的指标。

7.2 锂离子电池 SOH 模型分析

7.1.3 节对比选择了锂离子电池 SOH 的评价指标，本节基于上述指标建立锂离子电池 SOH 模型，用以描述锂离子电池的衰退机理和内部特性。锂离子电池特性的表征参数有很多，但并非每个参数都适用于电池的状态估计，建立模型需要选择合适的模型参数。

在以往的研究中，有三类典型的电池模型[17]：第一类是等效电路模型，这类模型考虑电池的外部特征，从充放电的过程分析电池状态与电阻电容的串并联组合模型的相似情况，利用简单的电阻电容和反电动势等元件模拟电池的外部特性；第二类是神经网络模型，这类模型需要基于大量的实验数据，结合神经网络理论

建立人工神经网络模型；第三类是电化学模型，这类模型从电池的电化学性能角度建立模型关系式用以模拟电池的电化学特性。为便于后续分析，下面对这三种典型的锂离子电池模型进行介绍，以便读者了解对应的电池特性。

1) 等效电路模型

(1) 理想模型。理想的电池内阻为零，不考虑其内部的欧姆内阻和极化内阻，它是一个输出电压为电动势的理想电压源 V_E，如图 7.4 所示。锂离子电池的理想模型只适合应用在精度要求不高的情况下，在分析锂离子电池 SOH 时显得不足。

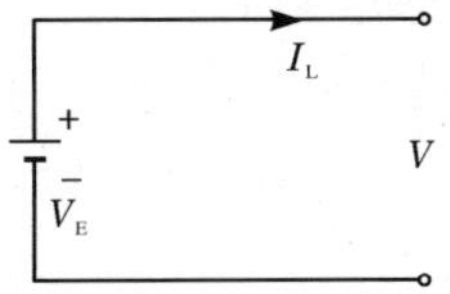

图 7.4　锂离子电池的理想模型

(2) Rint 模型。Rint 模型又称为理想等效模型，是在电池理想模型的基础上考虑电池内阻的影响，于是添加一个纯电阻 R_0 与理想电压源 U_{OC} 串联，如图 7.5 所示。

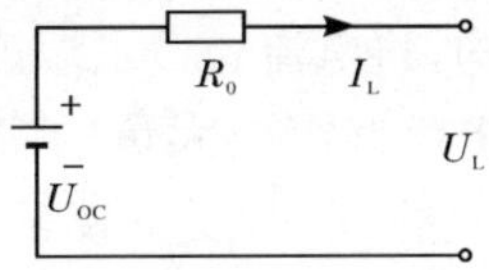

图 7.5　Rint 模型

该模型满足基本的欧姆定律，包含的电动势和内阻是时不变参数，类型单一，不能够完全表现锂离子电池内部实时变化的物理现象和化学现象。

(3) Thevenin 模型。该模型能够描述电池的动静态特性，考虑的电池特性包括欧姆内阻和极化现象，如图 7.6 所示。图中，U_{OC} 为电池的开路电压，与 SOC 存在一定关系；R_0 为电池的欧姆内阻；R_p 为电池的极化内阻，在这里将不同的极化内阻进行了简化；C_p 为极化电容，与 R_p 并联构成阻容回路，反映电池的动态特性。

(4) PNGV 模型[18]。《PNGV 电池实验手册》中提出了 PNGV 模型，该模型所包含的参考量较 Thevenin 模型增加了负载电流时间累积产生的开路电压变化，对应的计算也相对复杂，电路结构如图 7.7 所示。

2) 神经网络模型

神经网络是一个多输入多输出的非线性系统，比较适合用来描述类似电池的

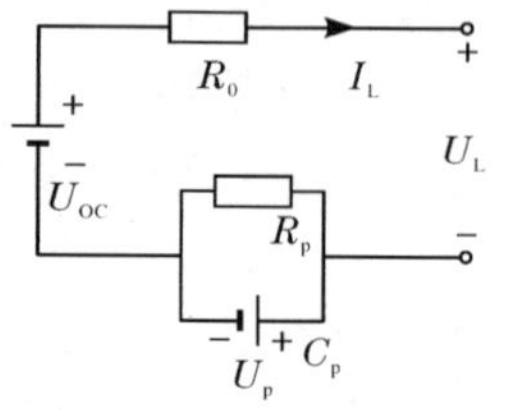

图 7.6　Thevenin 模型

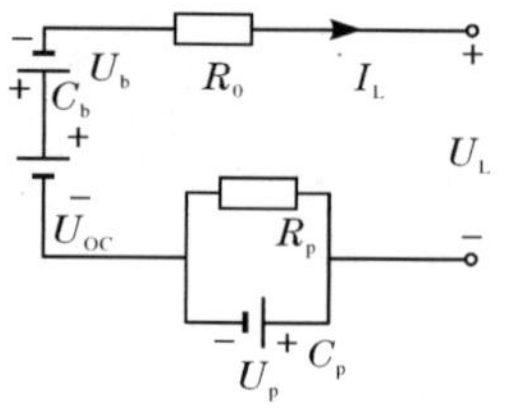

图 7.7　PNGV 模型

高非线性系统。神经网络模型是一个非线性的动态学习系统，具有很强的自学习与处理能力，能够根据不同的环境和使用条件，自动调整模型参数。在神经网络模型中，输入外部变量和内部变量，通过模型内部自动识别而准确输出。图 7.8 为采用 BP 神经网络的模型结构，将电流、SOC、温度作为输入量，模型输出电压与内阻参数。但是，建立神经网络模型需要大量的实验数据，为了提高模型精度则更是需要大量数据作为支持和进行训练，变量较多也会增加模型的计算量。一款电池的神经网络模型只能适用于该型号电池，电池型号改变则需要重新测试，模型的通用性较差，因此这类神经网络模型不适用于电池管理系统。

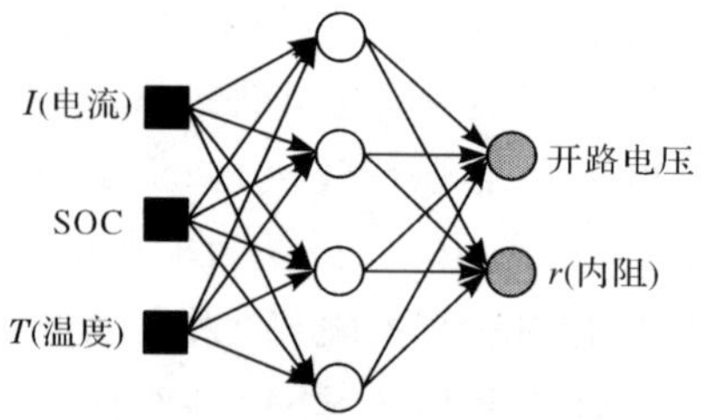

图 7.8　电池神经网络模型结构

3）电化学模型

电化学模型的基础是电池内部的电化学反应，利用数学表达式的方法描述电池的内部反应，从而间接表达电池的工作状态。电池的电化学特性十分复杂，影响因素很多，因此常用简化后的电化学模型描述电池特性。下面介绍几个典型模型的表达式。

Shepherd 模型的表达式为

$$y_k = E_0 - Ri_k - \frac{k_1}{z_k} \tag{7.9}$$

Unnewehr Universal 模型的表达式为

$$y_k = E_0 - Ri_k - k_1 z_k \tag{7.10}$$

Nernst 模型的表达式为

$$y_k = E_0 - Ri_k + k_2 \ln z_k + k_3 \ln(1 - z_k) \tag{7.11}$$

综合上述模型后得到的复合模型表达式为

$$y_k = E_0 - Ri_k - \frac{k_1}{z_k} - k_2 z_k + k_3 \ln z_k + k_4 \ln(1 - z_k) \tag{7.12}$$

式中，反馈得到的参数 y_k 表示端电压；R 表示电池内阻；z_k 表示电池 SOC 值；E_0 表示电池的电动势；$k_i(i=1,2,3,4)$ 表示模型系数，需要由大量经验数据总结得到，有时也将这些模型称为经验模型，模型中的参数都由实验数据得到。

通过对比可以发现，电化学模型中参数较多，显然这种模型最精确，同时也十分复杂。因此，建立锂离子电池的电化学模型需要大量实验来识别模型参数，并且需要了解相关电化学的反应方式和反应过程，受到时间和工作条件等因素的限制，本书未采用这种模型。

7.3　锂离子电池 SOH 的估计

动力电池 SOH 的估计方法可以归结为模型估计、模糊估计和数据驱动估计三方面。①模型估计方法主要包括等效电路模型法、电化学模型法、卡尔曼滤波算法等。此类方法具有精确的模型，模型内部包含众多的参数，物理意义明确，便于理解，但是也由于模型的参数众多，内部结构复杂，其计算量加大。此外，各种不同型号和不同厂商生产的动力电池内部化学成分不一致，因此不具有普遍的适用性。②模糊估计方法中具有代表性的方法是模糊逻辑法和人工神经网络法。这类方法不需要建立非常精确的数学模型，结构简单，通过模拟人类的思维方法可实现智能优化。但是此类方法也存在局限性，模糊逻辑法由于量化等级不能细分而缺乏精确性，人工神经网络法则需要大量的训练样本，而且难以找到通用的学习算法。③数学驱动方面的估计方法较多，主要包括支持向量机、相关向量机、样本法、高斯过程回归等。这类方法需要建立具有若干参数的抽象模型，该模型就像一个黑盒子，确定输入、输出及黑盒子中的参数即可。此类方法也是目前动力电池 SOH 估计采用最多的方法。

7.3.1 传统方法

1）完全放电法

根据 SOH 的定义，可以通过完全放电法来估算 SOH。完全放电法可以测量电池当前所有的最大容量，而特定电池的容量初始值是已知的，由此便可准确地计算出电池 SOH。该方法也是目前工业界和学术界公认的最可靠的电池 SOH 估算方法。具体实施时，通过采用规定的恒定电流对待测电池进行完全放电（放电至电池的截止电压），并通过安时计量法计算当前电池的最大容量，进而得出电池 SOH。电池的最大容量可由下式计算得到：

$$\text{Capacity}=iT \tag{7.13}$$

式中，i 为放电电流；T 为将电池从 SOC 值为 100%放电至 SOC 值为 0%所需要的时间。

该方法准确可靠，但是也具有很明显的缺点。首先，以恒定电流对电池进行放电并计算电池容量需要专业设备，如可用上位机实时控制和计算的电子负载等；其次，测试时间长，需要花费大量的人力。将一块崭新的电池以标准的 1C 电流完全放电约需要 1h，再加上将电池充电至 SOC 值为 100%的时间和充放电间的静置时间，整个测试周期需要 4～5h。

综上所述，完全放电法对电池进行离线测试，需要花费大量的人力和物力，一般只在实验室中使用。本书所进行的电池老化实验中，将使用这种方法确定电池 SOH。

2）交流小信号测试法

电池的老化过程往往伴随着电池内阻的变化，因此可以通过电池内阻来估算电池 SOH，以电池内阻来表示电池 SOH，即

$$\text{SOH}=\frac{R_{\text{now}}-R_{\text{new}}}{R_{\text{old}}-R_{\text{new}}}\times 100\% \tag{7.14}$$

式中，R_{new}为崭新的电池内阻；R_{old}为完全老化的电池内阻；R_{now}为待测电池内阻。

电池内阻通过交流小信号测试法测量得到。由于电池的内部化学成分复杂，测量电池内阻之前需要先对电池进行等效建模，一种广泛使用的电池模型如图 7.9 所示。

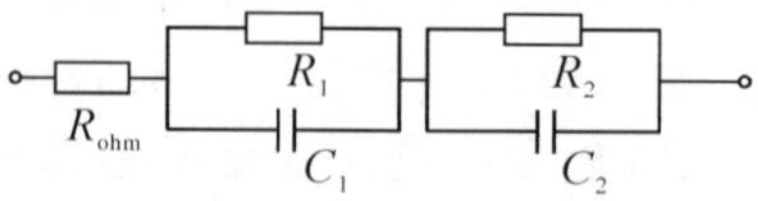

图 7.9 电池等效模型

图 7.9 中，R_{ohm}是电池的欧姆内阻；R_1 和 R_2 代表电池的极化电阻。实验表明，在电池中 R_{ohm}起主导作用，可以通过对 R_{ohm}的准确测量来估算电池 SOH。

交流小信号测试框架图如图 7.10 所示，测量时正弦波发生器产生 1kHz 的交流小信号，经过恒流放大器后可对待测电池施加交流电流信号，该电流信号经过待测电池后被采样，假设信号经过电池后位移为 θ，则电池的欧姆电阻可计算为

$$R=|R_Z|\cos\theta \tag{7.15}$$

式中，R_Z 是根据欧姆定律由电压采样信号 $U_s=C\sin(\omega t)$ 和电流采样信号 $U_f=B\sin(\omega t+\theta)$ 计算得到的复阻抗。结合式(7.15)和式(7.14)便可完成对电池 SOH 的估算。

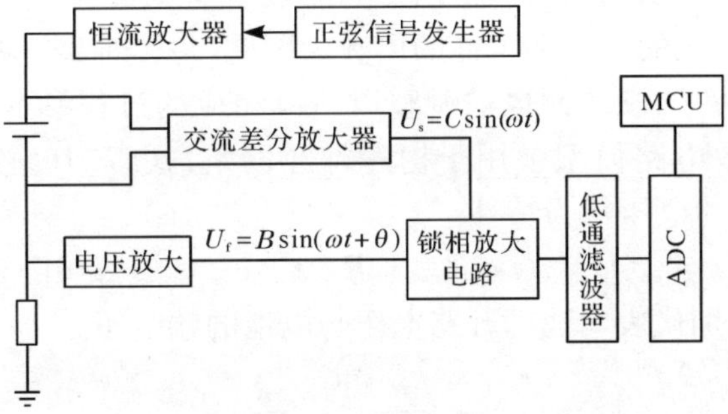

图 7.10　交流小信号测试框架图

3) 基于神经网络的预测方法

由于存在复杂的电化学反应过程，电池被认为是一个高度的非线性系统。在不同的温度、SOC、SOH 条件下，电池电压与电流之间的相关性未知，因此估算电池 SOH 具有难度。受人类神经的生物特征启发，人们发明了人工神经网络来近似非线性系统的输入输出行为特性。人工神经网络由一层或多层神经元的基本组成块构成，神经元之间彼此加权地联系在一起。多层网络往往包含了一个输入层、一个或多个隐层和一个输出层。神经网络的一个特性是具有在未知关于系统的先验知识的情况下的学习能力。图 7.11 显示了一个有监督的训练过程，从图中可以看出加权系数在学习算法的控制下不断调整，使得在一定的输入下可以得到想要的输出结果。在这个学习过程中，神经网络尝试建立输入与输出之间的关系。

由图 7.11 可知，神经网络的输入是测得的 SOC 值、温度值和电流值，输出是电池电压。通用的用于内部参数估计的多层网络的隐层中神经元缺少具体的物理意义，因此这些神经元不包含容易理解的信息，并且只能得到输出信号电压。因此，为了反映电池的物理特性，本书使用了一个特殊结构的神经网络

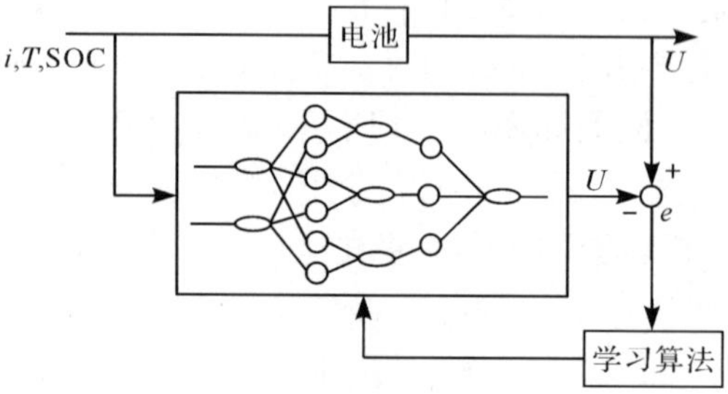

图 7.11 神经网络的监督学习过程

(structured neural network,SNN)[19,20]。了解一个系统的物理特性可以帮助人们设计神经网络。一个系统的输入输出行为的数学描述表达了一个模型,这个模型决定了所需的神经元的数目和可能的层数。因此,每个神经元都有具体的物理意义,而这些神经元的加权系数也被调整以适应相应的过程参数。图 7.12 所示的锂离子电池的等效电路模型被用于构建神经网络,式(7.16)由等效模型推导而来,用于描述电池的电压行为特性。

$$u_{\text{cell}}(t)-u_{\text{ocv}}(t)=i(t)\left[R_{\text{ohm}}+R_1(1-\mathrm{e}^{-t/r_1})+R_2(1-\mathrm{e}^{-t/r_2})\right] \tag{7.16}$$

式中,u_{ocv}和u_{cell}分别代表电池的开路电压与电池的端电压。

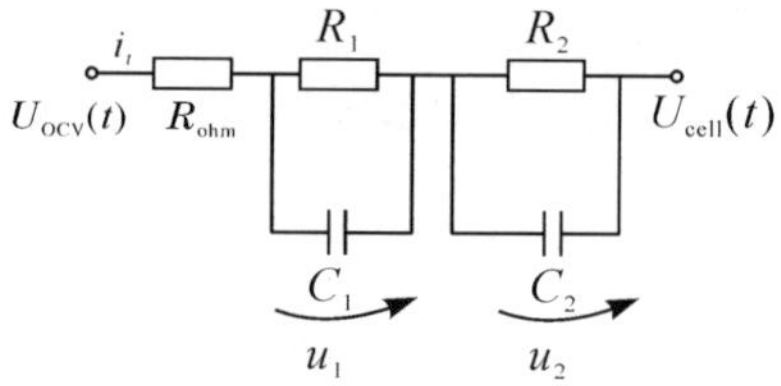

图 7.12 锂离子电池的等效电路模型

由图 7.12 可知,电池电压可认为是系统的输出,电流作为系统的输入。将电阻和电容合并,其两端的电压分别为 u_1 和 u_2,这样便只需确定 R_{ohm}、u_1 和 u_2 这三个参数。

最终可以建立一个神经网络,并将温度、SOC 作为进一步的输入信号,以估算欧姆电阻 R_{ohm},假设温度和 SOC 之间是相互独立的,可以得到以下公式:

$$R_{\text{ohm}}(T,\text{SOC})=f(T)f(\text{SOC}) \tag{7.17}$$

$$f(T)=kT+n \tag{7.18}$$

$$f(\text{SOC})=p_4\cdot\text{SOC}^4+p_3\cdot\text{SOC}^3+p_2\cdot\text{SOC}^2+p_1\cdot\text{SOC}+p_0 \tag{7.19}$$

由式(7.16)~式(7.18)可以看出,一层的网络表可以用来代表 R_{ohm} 的模型。图 7.13 代表了整个电池模型的神经网络。另外,也可以建立神经网络SNN_2 和 SNN_3 来建模电池的内部参数 U_1 和 U_2。

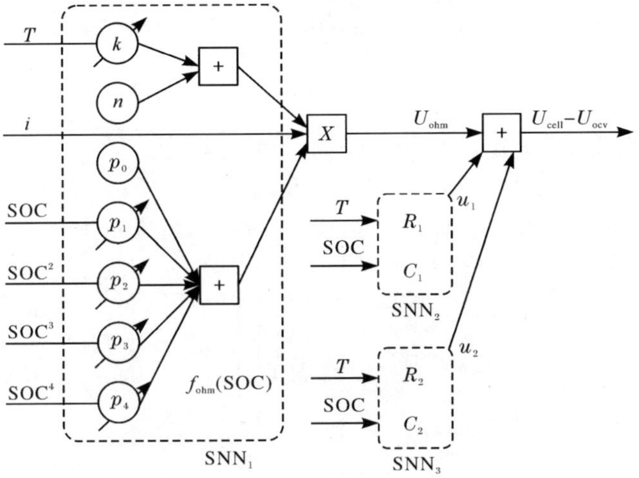

图 7.13　整个电池建模的神经网络

4）基于卡尔曼滤波器的方法

卡尔曼滤波器是由匈牙利数学家卡尔曼提出的用于时变线性系统的递归滤波器。这种滤波器是将过去的测量误差合并到新的测量误差中来估计将来的误差。卡尔曼滤波器是一种最优化自回归处理算法，它是解决大部分问题最优、效率最高和最有用的算法。卡尔曼滤波器的广泛应用已有 30 多年的历史，可应用于机器人导航、传感器数据融合、雷达系统及导弹追踪等方面。近年来，卡尔曼滤波器已经被广泛应用于电池参数鉴定中。

对卡尔曼滤波器的详细理论介绍超出本书的讨论范围，下面将对卡尔曼滤波器做简单的小结。首先，将给定的系统表示为类似于式(7.20)和式(7.21)的状态空间方程的形式：

$$x(t)=Ax(t)+Bu(t) \tag{7.20}$$

$$y(t)=Cx(t)+Du(t) \tag{7.21}$$

整个卡尔曼滤波算法可以大致分为两个步骤：预测和纠正。通过卡尔曼增益系数 K，测量值和预测值之间的误差$(y-\dot{y})$被递归地用于纠正预测的内部状态。据此，预测误差 $e(t)$可定义为

$$l(t)=x(t)-\hat{x}(t) \tag{7.22}$$

式中，$\hat{x}(t)$为预测的状态向量。

预测误差相应的协方差定义如式(7.23)所示，每次递推都会使协方差最小。

$$P(t)=E[e(t)e(t)^{\mathrm{T}}] \tag{7.23}$$

为了将卡尔曼滤波器应用于电池系统，需要根据图 7.12 所示的电池等效电路模型，列出如下差分方程：

$$\frac{\mathrm{d}u_1(t)}{\mathrm{d}t}=-\frac{1}{R_1C_1}u_1(t)+\frac{1}{C_1}i(t) \tag{7.24}$$

$$\frac{\mathrm{d}u_2(t)}{\mathrm{d}t}=-\frac{1}{R_2C_2}u_2(t)+\frac{1}{C_2}i(t) \tag{7.25}$$

此外，根据基尔霍夫定律，可得电池电压的方程为

$$u_{\mathrm{cell}}(t)-u_{\mathrm{ocv}}(t)=i(t)R_{\mathrm{ohm}}+u_1(t)+u_2(t) \tag{7.26}$$

因此，根据状态空间方程，式(7.24)和式(7.25)可表示为

$$\begin{bmatrix}u_1\\u_2\end{bmatrix}=\begin{bmatrix}-\frac{1}{R_1C_1} & 0\\ 0 & -\frac{1}{R_2C_2}\end{bmatrix}\begin{bmatrix}u_1\\u_2\end{bmatrix}+\begin{bmatrix}\frac{1}{C_1}\\ \frac{1}{C_2}\end{bmatrix}i \tag{7.27}$$

$$u_{\mathrm{cell}}-u_{\mathrm{ocv}}=[1\quad 1]\begin{bmatrix}u_1\\u_2\end{bmatrix}+R_{\mathrm{ohm}}i \tag{7.28}$$

由于测量值是离散的，因此需要将状态空间方程写成如下离散形式（采样周期为 T）：

$$f(x,u)=\begin{bmatrix}u_1(k+1)\\u_2(k+1)\\R_{\mathrm{ohm}}(k+1)\end{bmatrix}=\begin{bmatrix}\mathrm{e}^{-\frac{T}{R_1C_1}} & 0 & 0\\ 0 & \mathrm{e}^{-\frac{T}{R_2C_2}} & 0\\ 0 & 0 & 1\end{bmatrix}\begin{bmatrix}u_1(k)\\u_2(k)\\R_{\mathrm{ohm}}(k)\end{bmatrix}+\begin{bmatrix}R_1(1-\mathrm{e}^{-\frac{T}{R_1C_1}})\\R_2(1-\mathrm{e}^{-\frac{T}{R_2C_2}})\\0\end{bmatrix}i(k) \tag{7.29}$$

$$g(x,u)=u_{\mathrm{cell}}(k)-u_{\mathrm{ocv}}(k)=[1\quad 1\quad 0]x+R_{\mathrm{ohm}}(k)i(k) \tag{7.30}$$

一般而言，卡尔曼滤波器只能应用于线性系统中，但电池是高度非线性系统，这一矛盾可以通过扩展卡尔曼滤波器来解决。在待定操作点的显性化可以通过雅可比矩阵来表示。

$$\hat{B}=\frac{\delta f(x,u)}{\delta u}=\begin{bmatrix}R_1(1-\mathrm{e}^{-\frac{T}{R_1C_1}})\\R_2(1-\mathrm{e}^{-\frac{T}{R_2C_2}})\\0\end{bmatrix} \tag{7.31}$$

$$\hat{A}=\frac{\delta f(x,u)}{\delta x}=\begin{bmatrix}\mathrm{e}^{-\frac{T}{R_1C_1}} & 0 & 0\\ 0 & \mathrm{e}^{-\frac{T}{R_2C_2}} & 0\\ 0 & 0 & 1\end{bmatrix} \tag{7.32}$$

最终获得的扩展卡尔曼滤波器模型如图 7.14 所示。

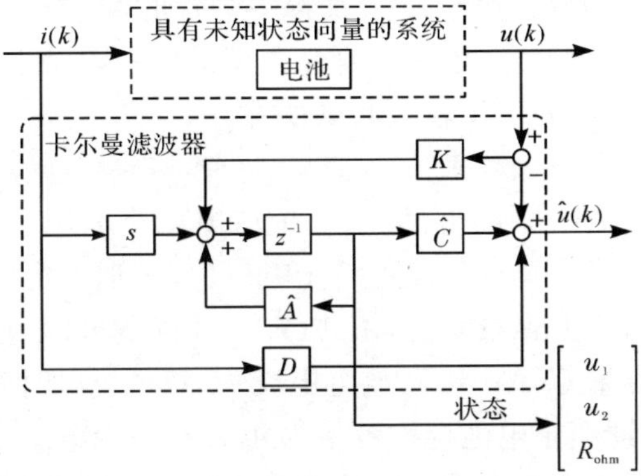

图 7.14　电池的扩展卡尔曼滤波器模型

7.3.2　基于容量的电池 SOH 估计

利用容量来描述电池 SOH 是当前关于 SOH 估计研究中最广泛认可的，而计算电池容量的方法有很多，根据不同角度分析容量变化也应用在 SOH 估计中。

基于容量的电池 SOH 估计有测量静置容差估计法和直接放电测容量法，下面分别进行介绍。

1) 测量静置容差估计法

由于自放电的存在，可根据标准《电动助力车用阀控式铅酸蓄电池》(GB/T 22199—2017)提到的采用蓄电池搁置前后电池容量差 ΔC 来评价电池 SOH，计算公式为

$$\Delta C = C_1 - C_2 \tag{7.33}$$

式中，C_1 为按照 2h 放电后测得的容量；C_2 为电池充满电后搁置 1 天或 2 天，再在 2h 后测得的放电容量。

电池容量容易受温度变化的影响，若要减小温度造成的影响，则需要对电池搁置前后测得的容量做温度修正，当温度为 25℃时进行计算，具体修正公式为

$$C_{25} = C_t + C_t(25 - t)r \tag{7.34}$$

式中，修正值 C_{25} 为 25℃时电池的容量；t 为测试时电池的温度；C_t 为 t 温度下测得的容量；r 为温度修正系数，取值为 0.006/℃。

根据得到的差值 ΔC 划分电池所处的不同 SOC[17] 如下：

(1) $\Delta C \leqslant 0.2\text{A}\cdot\text{h}$：电池处于青少年状态。

(2) $0.2\text{A}\cdot\text{h} < \Delta C \leqslant 0.4\text{A}\cdot\text{h}$：电池处于中年状态。

(3) $0.4\text{A}\cdot\text{h} < \Delta C \leqslant 0.6\text{A}\cdot\text{h}$：电池处于老年状态。

(4) $\Delta C > 0.6\text{A}\cdot\text{h}$：电池已经处于失效状态。

该方法并没有采用百分比的形式判断电池当前的 SOC,而是划分出不同状态下的若干个区间进行评价。由于测量过程中静置时间较长,通常为几天,因此无法马上得到估计结果,且静置之后电池容量衰减所占电池总容量比例较小,对容量测试精度要求很高,容易产生较大测试误差。

2) 直接放电测容量法

直接放电测容量法的原理是:设定一个放电截止电压,在测试电池充满电的情况下以恒定电流放电直至达到设置终止电压值,再通过电流与时间的积分计算得出电池能够放出的最大容量 C_{aged},由式(7.1)计算 SOH。电池容量计算公式为

$$电池容量\ C(A\cdot h)=放电电流\ I(A)\times 放电时间\ t(h) \tag{7.35}$$

本书中,采用的锂离子电池标称容量为 40A·h,端电压为 3.2V,在放电过程中设定放电截止电压为 2.5V,放电电流倍率为 0.5C,在环境温度为 25℃下放电。

目前,采用负载直接对电池放电得到 SOH 获得业界广泛认可,具有参考性。因此,本书将采用直接放电测容量法估计得到 SOH 值与后面提出的基于内阻的方法估计得到 SOH 值进行对比验证。

7.3.3 基于内阻的电池 SOH 估计

本书采用基于内阻的方法对锂离子电池 SOH 进行估计,这里采用的 SOH 定义为

$$\mathrm{SOH}=\frac{R_{EOL}-R_{now}}{R_{EOL}-R_{new}}\times 100\% \tag{7.36}$$

式中存在 3 个需要测定的参数:R_{now}、R_{new}和 R_{EOL}。当前锂离子电池内阻 R_{now}可以利用后面介绍的锂离子电池内阻测试方法和所设计的测试系统测试得到;R_{new}则通过选取同批次多组新出厂电池进行测试并选取平均值作为该批次锂离子电池的初始内阻;需要对同一批次电池进行加速老化实验,使得电池的最大可输出容量下降到初始值的 80%时测得其内阻即 R_{EOL}。锂离子电池的正常循环使用寿命可达 1000 次,因此要测得 R_{EOL}需对电池进行加速老化实验以减少循环次数,加速老化实验可通过将电池置于高温高压下,并不断进行过充过放实验来实现。

基于内阻检测的 SOH 估计方法[21],关键在于精确检测锂离子电池的内阻,并基于实测数据进行分析。锂离子电池内阻测试方法主要分为直流放电法和交流阻抗法。根据锂离子电池 SOH 评价指标,选择合适的检测方法尤为关键,下面就内阻测试方法进行讨论。

内阻是电池的重要参数,它与电池的 SOC 和 SOH 之间存在某些特定关系,能够反映电池的状态,例如,随着循环次数的增加,电池内阻也会逐渐增加。因此,将内阻作为研究锂离子电池 SOH 的重要参数,在明白内阻的形成机理和内阻模型的基础上对内阻进行精确测量。电池内部条件复杂,且影响内阻的因素很

多，目前对电池内阻的测量主要有直流放电法和交流阻抗法。直流放电法需要对电池进行大电流的放电，因此适合于大容量动力电池；交流阻抗法需要对电池施加交流电流的激励信号，再通过测试电池的响应电压信号等信息，通过复杂的运算得出电池的交流阻抗谱。下面就这两种常用的内阻测试方法及改进后的交流方法做分析。

1. 直流放电法

锂离子电池的脉冲放电响应曲线如图 7.15 所示，该图显示出锂离子电池在一定 SOC 下的放电过程。

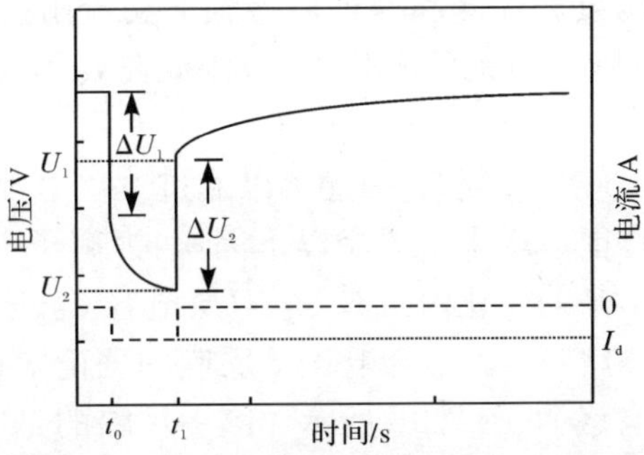

图 7.15　锂离子电池的脉冲放电响应曲线

下面结合 Thevenin 模型进行简要分析：在 t_0 时刻开始大电流放电后，电池的端电压 U_L 突然下降 ΔU_1，这是受到电池欧姆内阻 R_0 的影响。但是，这个电压下降时间很短，紧接着电池内部的电化学反应开始作用，使得在 $t_0 \sim t_1$ 时间段电池电压开始缓慢下降。在此阶段，电压的下降包括电池内部发生的极化作用而产生的压降和电池 SOC 变化引起的电池开路电压 U_{OC} 的下降，表现为极化内阻的特性。将测量的 ΔU_1 除以放电电流 I_d 可以求得欧姆电阻 R_0。然而，电池开始放电时由欧姆内阻引起的压降持续时间很短，时机不好把握，因此这段压降不好测量，往往通过测量停止放电时电压的回升来计算欧姆内阻。在 t_1 时刻电池停止放电时，由于施加在欧姆内阻上的压降消失，电池的电压会有一个迅速的回升 ΔU_2，其值大小等于 ΔU_1。之后电池受到内部极化反应的影响，电压逐渐回升直至极化反应完成而趋于平稳。

利用直流放电法测量电池的内阻，往往需要测量电池放电停止瞬时的回升电压 ΔU_2，因此待测电池的直流内阻可由下式计算：

$$R_d = \frac{U_1 - U_2}{I_d} \tag{7.37}$$

在实际测试中，一般采用阶跃电流法测定小容量电池的内阻，通过测量电池电压的变化来计算电池内阻。然而，锂离子电池的容量较大，为了得到明显的电压变化，需要使电池通过较大的电流。受到设备中接触器开关时间的限制，充放电设备很难在很短的时间(0.1s)内产生较大的电流，也会引入很大的测试误差。对于在电流作用下电压与通电时间的平方根呈线性关系的电池，可以测得电池断电后一定时间段的端电压，将其与时间的平方根作比较，利用外延法确定在断电瞬间电池的端电压。

2. 交流阻抗法

1) 分析交流阻抗谱

利用该方法对电池数据检测和处理后得到的交流阻抗谱不仅可以反映出电池的欧姆内阻，还能反映出电池的极化现象，因此需要了解有关交流阻抗谱的基础理论和原理[18]。

锂离子电池内部反应机理复杂，因此可以通过建立电池模型来描述锂离子电池的静态特征和动态特征。现主要考虑以下因素：锂离子电池的欧姆内阻 R_1、电化学反应过程中表现出来的极化内阻 R_r、电双层电容 C_d、电池反应物与产物时间的液相传质电阻 R_w 和电容 C_w。结合电化学反应的理论知识，得到电池组的简单电荷反应的电极等效电路，如图 7.16 所示。图中反映的是电池的交流阻抗，鉴于电池内部电化学反应的复杂性，这里只考虑电化学极化和浓差极化，这两种极化现象的表征数据不同，现就这两种现象引起的交流阻抗做分析。

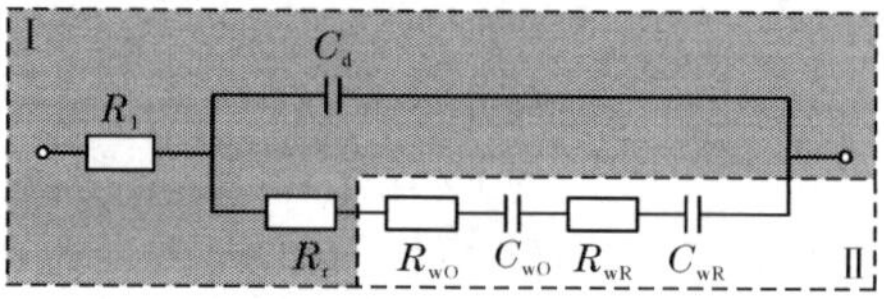

图 7.16　简单电荷反应的电极等效电路

(1) 只考虑电池内部电化学极化时。

当电池的交流阻抗只考虑电化学极化的影响时，反应过程的阻抗等效电路可以简化成电池溶液欧姆电阻与极化现象中的极化电阻和电双层电容串并联形成的等效电路，如图 7.16 中灰色部分 I 所示，实质上就是 R_w 与 C_w 的串联组合，可依此计算出电池的交流阻抗 Z 随频率变化的复数表达式为

$$Z=R_1+\frac{1}{\dfrac{1}{R_r}+j\omega C_d}=R_1+\frac{R_r}{1+\omega R_r C_d}-j\frac{\omega R_r^2 C_d}{1+(\omega R_r C_d)^2} \tag{7.38}$$

复平面下的交流阻抗谱如图 7.17 所示，图中 x 轴为实部，y 轴为虚部，电池的交流阻抗与角频率 ω 有关。显然，得到的图谱在复平面图中呈现一个半圆，并且

曲线与实轴的两个交点分别为欧姆电阻 R_1（点 A）和极化电阻 R_r 与 R_1 之和（点 C），将求得的 R_1 与 R_r 代入相应公式即可得电双层电容 C_d。为了能够测得完整的交流阻抗谱，施加的交流电流频率是逐渐变化的，频率递增得到的图谱从点 C 向点 A 移动，且角频率 ω 应该满足 $\omega_B/5 > \omega > 5\omega_B$，其中 ω_B 为点 B 的角频率。

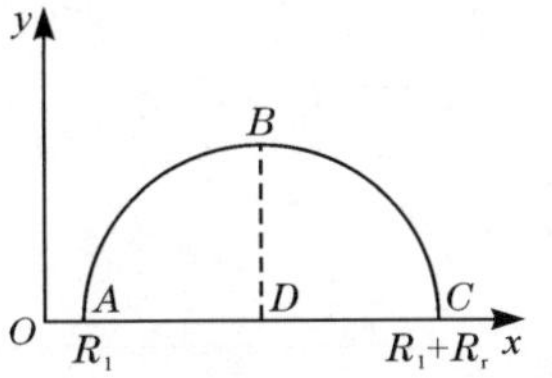

图7.17　电化学极化下交流阻抗复平面图

(2) 只考虑电池内部浓差极化时。

锂离子电池属于浓差电池，当只考虑电池的浓差极化时，在电极表面反应和电双层电容忽略不计的情况下，电流流过电池的电量将全部用来引起内阻粒子浓度的变化，浓差阻抗正是由粒子在电池内部扩散而引起的，也称 Warburg 阻抗。图 7.16 中白色部分Ⅱ为只考虑电池浓差极化情况下电池阻抗的等效阻抗电路。

由于存在粒子扩散，根据菲克定律可知扩散方程为

$$\frac{\delta C}{\delta t}=D\frac{\partial^2 C}{\partial x^2} \tag{7.39}$$

其中，初始条件：$C(x,0)=C^0$；第一边界条件：$C(\infty,t)=C^0$；第二边界条件：$i_m\sin(\omega t)=nFD\left(\frac{\delta C}{\delta x}\right)_{x=0}$。

求解菲克方程的过程非常复杂，在此不展开。求解上面的菲克方程(7.39)后可得交变浓度 C，再根据能斯特方程可以得到交变电势 ϕ，如式(7.40)所示，将其与交变电流 i 一起代入阻抗表达式(7.41)后可得最后的交流阻抗表达式(7.42)。

$$\Delta\tilde{\phi}=\frac{RT}{nF}\frac{\Delta\tilde{C}^s}{C^0} \tag{7.40}$$

$$Z_W=\frac{\Delta\tilde{\phi}}{\tilde{i}} \tag{7.41}$$

$$Z_W=\sigma\omega^{-\frac{1}{2}}-j\sigma\omega^{-\frac{1}{2}},\quad \sigma=\frac{RT}{\sqrt{2}\pi^2F^2C_0^0\frac{D}{2}} \tag{7.42}$$

根据交流阻抗表达式(7.42)作图，可以在复平面中得到一条通过坐标原点且斜率为 1 的直线，即只有浓差极化的交流阻抗复平面图，如图 7.18 所示。

(3) 同时考虑电化学极化和浓差极化时。

当同时考虑以上两种极化反应时，其阻抗等效电路就是两者的组合，如

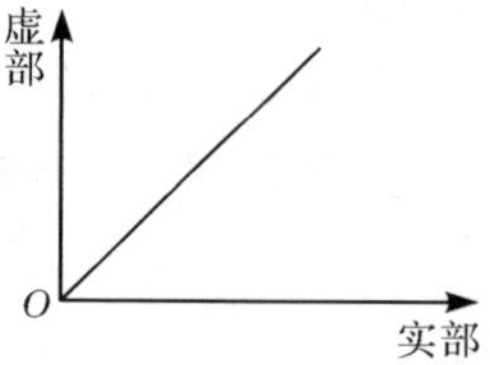

图 7.18 只有浓差极化的交流阻抗复平面图

图 7.16所示,可得交流阻抗 Z 为

$$Z=R_1+\frac{1}{J\omega C_d+\frac{1}{R_r+\sigma\omega^{-\frac{1}{2}}-j\sigma\omega^{-\frac{1}{2}}}} \tag{7.43}$$

将式(7.43)变换成复数表达式为

$$Z=R_1+\frac{R_r+\sigma\omega^{-\frac{1}{2}}}{(C_d\sigma\omega^{-\frac{1}{2}}+1)^2+\omega^2C_d^2(R_r+\sigma\omega^{-\frac{1}{2}})^2}-j\frac{\omega C_d(R_r^2+2\sigma R_r\omega^{-\frac{1}{2}})+\sigma\omega^{-\frac{1}{2}}(2C_d\sigma\omega^{-\frac{1}{2}}+1)}{(C_d\sigma\omega^{-\frac{1}{2}}+1)^2+\omega^2C_d^2(R_r+\sigma\omega^{-\frac{1}{2}})^2} \tag{7.44}$$

由式(7.44)可以绘制出交流阻抗 Z 的复平面图(图 7.19),即同时存在电化学极化与浓差极化的交流阻抗复平面图,解读并分析该谱线可以得到关于电池的许多参数和特性,如欧姆内阻和极化现象。

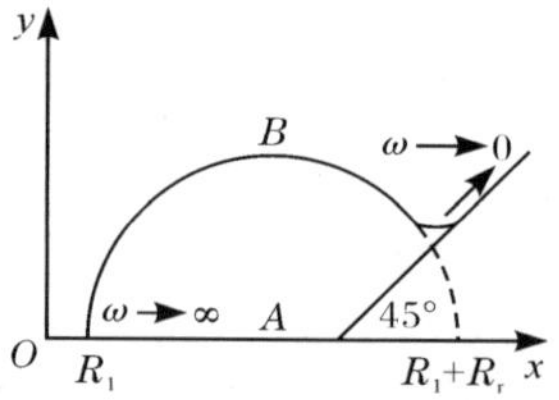

图 7.19 同时存在电化学极化与浓差极化的交流阻抗复平面图

2) 交流阻抗法测量内阻

在利用交流阻抗法测量电池内阻时,为了避免复杂的运算和电路设计,往往采用定频方法,即只测量固定频率下的交流阻抗值。虽然这样可以降低测量难度,但是如果频率选择不恰当,那么会使测量精度降低,测量结果不准确。为了得到更准确的测量结果,应采用扫频方法测量不同频率下的交流阻抗并绘制交流阻抗谱。

基于交流阻抗法的内阻测量原理如下:测量时需要通过一个交流激励源产生一个交流电流信号输入待测电池的两端,在此,令交流电流为 $I=I_m\sin(\omega t)$,振幅为 I_m,角频率为 ω。在电池两端可以检测到响应的交流电压信号 $U=U_m\sin(\omega t+\theta)$,

其中，U_m 为振幅，θ 为电流 I 与电压 U 的相位差[21]，如图 7.20 所示。利用式(7.45)即可求得电池阻抗 Z 及阻抗实部 R_E 和虚部 R_I。随着频率的变化，R_E 和 R_I 随之变化，根据这一特点可以绘制出不同频率下的交流阻抗谱，再由电化学阻抗谱可得电池的欧姆内阻和极化内阻等信息。

$$Z=\frac{U}{I},\quad R_E=Z\cos\theta,\quad R_I=Z\sin\theta \tag{7.45}$$

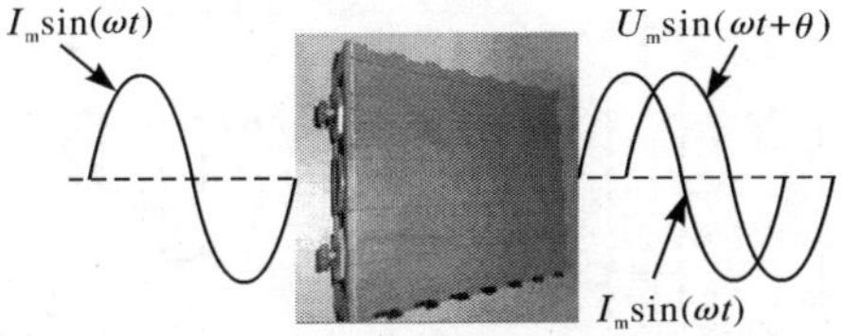

图 7.20　交流阻抗法测量内阻的原理

采用交流阻抗法对锂离子电池测试，根据测量结果绘制的交流阻抗谱如图 7.21 所示。该谱线与前面同时考虑电化学极化和浓差极化得到的复平面图相似。从图 7.19 中可以看出，高频部分为一个圆弧，低频部分为递增直线，可以利用曲线的外延性将圆弧延伸至与实轴相交就可以计算出锂离子电池的欧姆内阻和极化阻抗。交流阻抗谱能够反映锂离子电池的动态特性，但是在循环过程中测得的锂离子电池内阻并没有固定的变化规律，因此对于利用电化学阻抗谱来研究锂离子电池的状态信息还有待进一步研究。

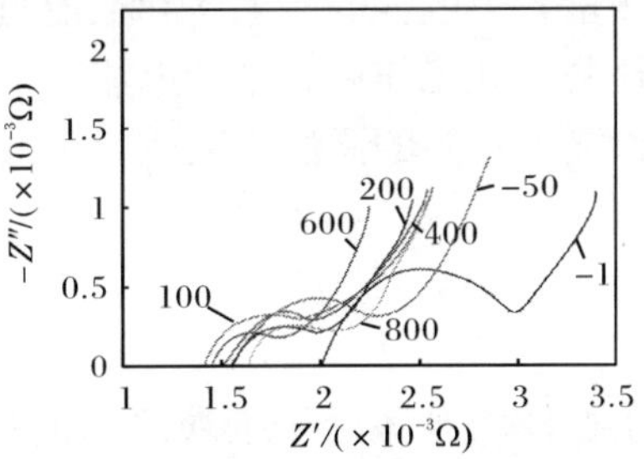

图 7.21　锂离子电池交流阻抗谱

7.4　锂离子电池内阻检测电路设计

7.4.1　总体结构设计

1. 总体结构与功能

锂离子电池作为动力源已经应用于电动汽车上，因此对锂离子电池 SOH 的准确估计能够保障电池的性能和行车安全，避免劣化电池的继续使用带来的安全隐患。以往在保障电动汽车行驶安全中会采用电池管理系统检测和均衡电池，但并没有对电池 SOH 信息进行有效估计。因此，本小节基于内阻检测原理，设计锂离子电池内阻检测仪用于 SOH 估计，总体结构图如图 7.22 所示。

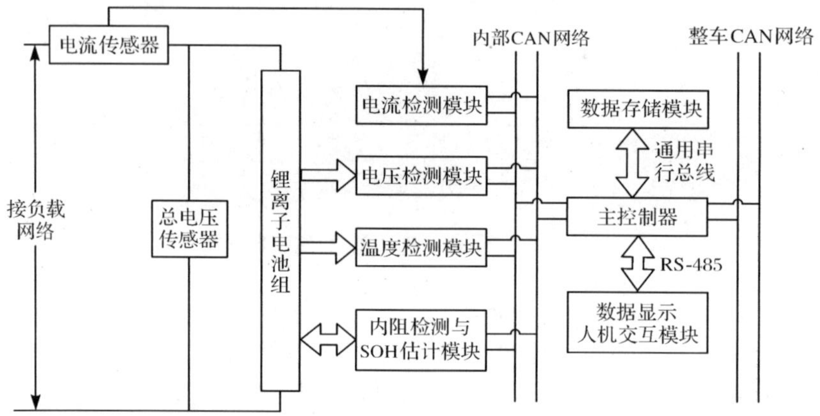

图 7.22　锂离子电池内阻检测仪总体结构图

锂离子电池内阻检测仪具有以下主要模块。

(1) 主控制模块：实现对各个子模块的控制，采集反馈的数据并分析处理。

(2) 电压检测模块：测量各个电池的端电压和电池组总电压。

(3) 电流检测模块：检测电池工作回路中的电流。

(4) 温度检测模块：检测电池组的温度及充放电过程中温度的变化，实时反馈温度信息。

(5) 内阻检测与 SOH 估计模块：控制电池放电电流，检测电池压降计算直流阻抗，用于 SOH 估计。

(6) 通信模块：实现主控模块与各个子模块之间的控制指令下达和数据信号传输，包括 CAN 通信模块和 RS-485 串口通信模块。

(7) 数据存储模块：存储测试数据和控制参数，便于脱机情况下的数据拷贝与分析。

(8) 数据显示人机交互模块：能够实现数据实时显示和人机交互。

本书所设计的内阻检测仪由多个分离电路板组合连接而成，搭载上面的各个不同功能模块后形成主控制板、电压检测板、电流检测板、温度检测板、可控电子负载等。下面主要就实际设计中遇到的问题进行详细分析和电路设计。

2. 主要功能

为了精确估计锂离子电池SOH，延长车载使用寿命及解决一致性问题，内阻检测仪应该具备如下主要功能。

(1) 实时监测电池工作数据，在锂离子电池的参数中，常用工作电压、工作电流和工作温度来反映电池的工作状态。这些数据会随着工作时间和环境的变化而改变，因此实时监测这些数据是进行电池状态估计的基础。

(2) 实现电池SOC估计，电池的SOC估计对于电动汽车电池管理来说具有重要意义，在准确估计SOC的基础上结合一定的算法可为用户或驾驶员提供剩余行驶里程的估计数据。

(3) 定期对电池SOH进行估计，SOH并不像SOC那样时刻变化，它是一个逐渐累积的过程，因此不需要实时监测，可以定期监测达到电池安全的目的。

(4) 建立通信系统，整个监测系统由各个子模块组合成，各模块与主控制器之间需要建立一套通信系统，保证数据信号和控制指令的传输。同时，可以在监测系统与整车控制系统之间建立通信，将监测数据反馈给整车控制器和驾驶员。

3. 设计要求

本书采用基于内阻检测的SOH估计方法定期对锂离子电池进行SOH估计，因此需要设计和实现对锂离子电池内阻数据的采集，同时需要利用其他电池参数来准确估计SOH，包括电池电压、工作电流、SOC、温度等。电池参数的检测精度将直接影响SOH估计的准确性，因此需要做到以下两点。

(1) 准确估计锂离子电池的SOC。锂离子电池的内阻是动态变化的，在不同SOC下存在差异。为了保障估计结果的准确性，本书对SOH的估计需在80%SOC下进行，使得在同一SOC下进行数据检测，得到的SOH估计结果具有可比性，因此需要准确的SOC估计方法。

(2) 抗干扰能力强。电池使用环境的复杂性决定了数据检测会面临各种干扰。电池SOH和SOC的估计都是基于得到的监测数据，因此要求系统的抗干扰能力强，同时还应具备一定的补偿机制，如电压补偿和温度补偿等。

7.4.2 主控制器设计

1. 主控制器结构

主控制器是整个系统的“大脑”，既控制各子模块电路，同时又接收子模块反馈回来的数据并做分析和处理。锂离子电池SOH估测系统的主控制器包括主控芯片、存储设备、继电器控制、总电压检测、电流检测、通信接口电路等，如图7.23

所示。下面就主控芯片、存储设备等主要模块进行分析和设计。

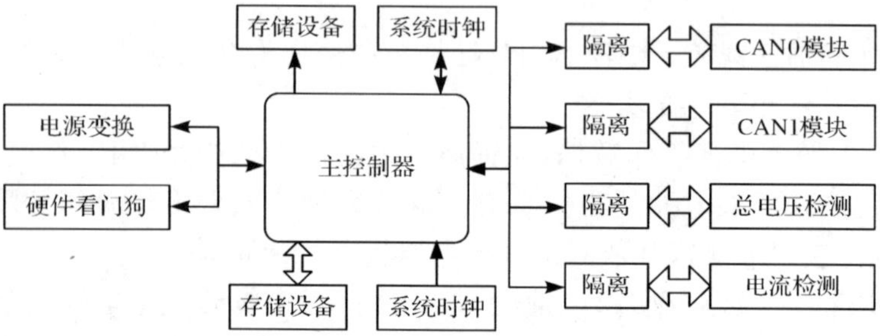

图 7.23　主控制器拓扑结构图

2. 主控制器子模块设计

1）主控芯片选择

主控芯片能够实现对外围电路的控制和通信，以及对采集信号的处理分析。在选择主控芯片时主要考虑三个要素：价格、稳定性和通用性，同时还受到主观使用习惯和客观条件的影响。综合考虑后，本书采用 dsPIC30F6013A 微处理器作为主控芯片。dsPIC30F 指令集有两类，包括主控制器类指令和 DSP 类指令，因此具有 DSP 的部分特性，有一定的数据处理能力。dsPIC30F 采用的是哈佛结构，其内部的程序存储器和数据存储器是完全分离的，如图 7.24 所示。在通信接口方面，dsPIC30F6013A 内置了 2 个 UART、2 个 CAN、2 个 SPI 和 1 个 I^2C 模块，为后续系统设计提供了足够的接口[22]。

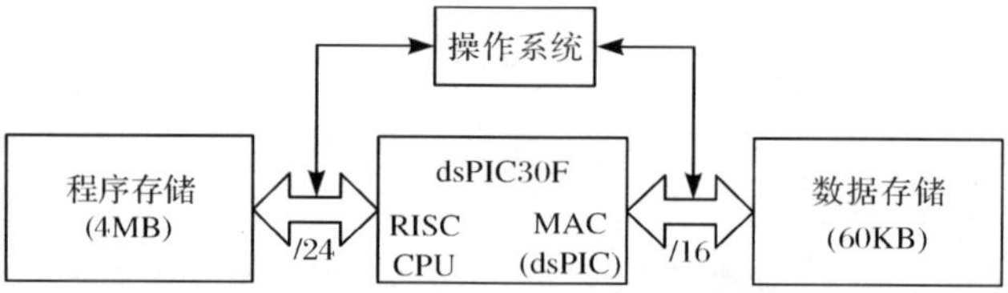

图 7.24　dsPIC30F 采用的哈佛结构

由 dsPIC30F6013A 构成的最小系统如图 7.25 所示。最小系统中 dsPIC30F6013A 需要+5V 供电，由 12V 转 5V 电源模块 WRB1205P-3W 提供，芯片下载调试端口采用 ICSP 方式，时钟采用 7.5MHz 外部晶振。上电/手动复位电路接入引脚 9，可在上电时复位并防止系统发生意外故障而死机等情况。

2）存储设备

在主控系统设计中需要用到存储设备，用以记录在锂离子电池监测过程中检测到的各个电池的电压、电流、温度、SOC 等信息。由于主控芯片内存有限，不能

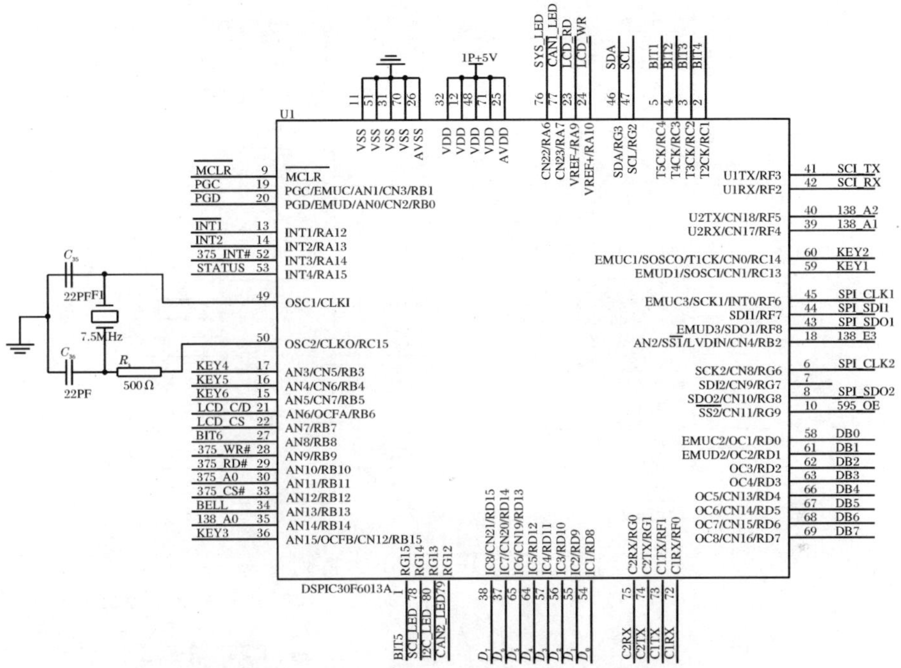

图 7.25　由 dsPIC30F6013A 构成的最小系统

记录多组锂离子电池数据，因此需要借助外部存储器，进行锂离子电池不同状态下特性比较和电池发生故障后的分析。

本书采用的存储设备是 Ramtron 公司制造的 RAM 芯片 FM25H20。该芯片的工作电压为 2.7～3.6V，采用 LT1117 三端稳压器将 5V 转为 3.3V 为其供电。单片 FM25H20 的容量为 2MB，为了达到更大的存储容量，可以采用 8 片 FM25H20。如图 7.26 所示。由于 FM25H20 与 dsPIC30F6013A 的工作电压不同，因此采用光电隔离器 6N137 实现 SPI 通信。对于不同 FM25H20 的片选采用 8 选 1 译码器 74HC138 实现，以减少主控芯片的管脚占用，同时采用 8 通道 74TLV4254 实现转码，如图 7.27 所示。

3）硬件看门狗

看门狗主要用来检测 CPU 的运行情况，防止其死机，在 CPU 处于异常时对其复位使其重新工作。看门狗可分为软件看门狗和硬件看门狗两类，但其作用和目的都是在一定时间内对处理器进行复位。区别在于，软件看门狗使用的是 CPU 的内部时钟，而硬件看门狗独立于芯片之外，类似于一个带条件的定时器为 CPU 提供复位信号。软件看门狗简化了系统硬件设计，但会受到内部时钟故障的影响，如终端系统发生故障后会导致定时器中断失效。因此，选用硬件看门狗可以

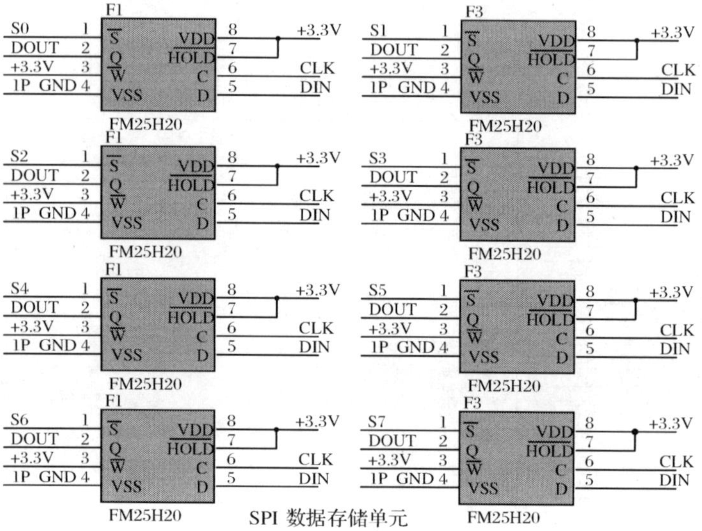

图 7.26　8 片 FM25H20 阵列

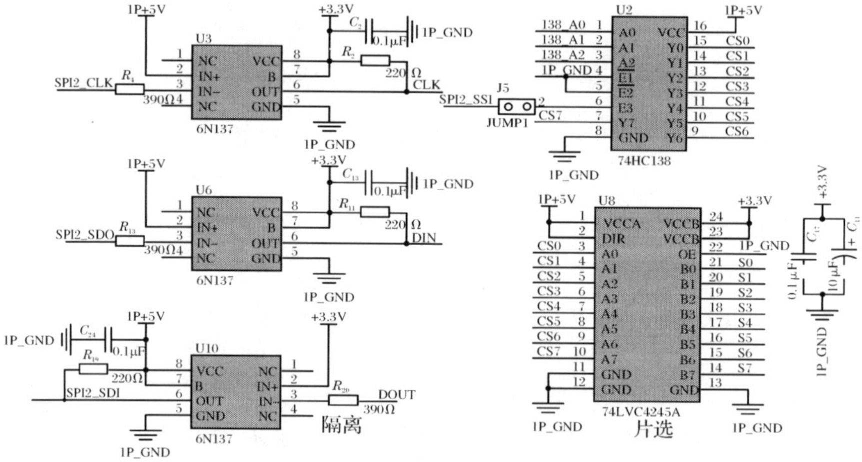

图 7.27　SPI 隔离与 RAM 片选

提高系统的可靠性。需要注意的是,加入看门狗并不能解决系统出现的故障,只是在系统出现故障而“死机”等情况下让系统恢复到正常工作状态,也可以在复位前及时存储一些关键数据,以便在系统复位后能够恢复。

本书使用的硬件看门狗是 ADM706R,其工作电压较合适,可以是 5V 或 3.3V,工作温度为−40～85℃。需要注意的是,芯片的$\overline{MR}$管脚不能接地,在不使用时需要接到 VCC 或者悬空。为了提高看门狗的稳定性,通常将看门狗芯片与逻辑器件配合使用，如图 7.28 所示。

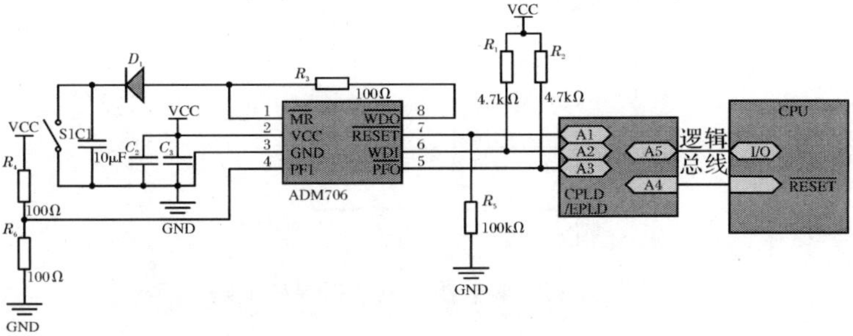

图 7.28 硬件看门狗电路

4）继电器控制电路

主控制器采用继电器控制电池的充电和放电、电热丝、散热风扇等。由于继电器驱动电流较大，因此采用锁存芯片 74HC595 与 dsPIC30F6013A 实现 SPI 通信，再通过光电隔离器 TLP121 驱动继电器，图 7.29 为一路继电器控制电路。

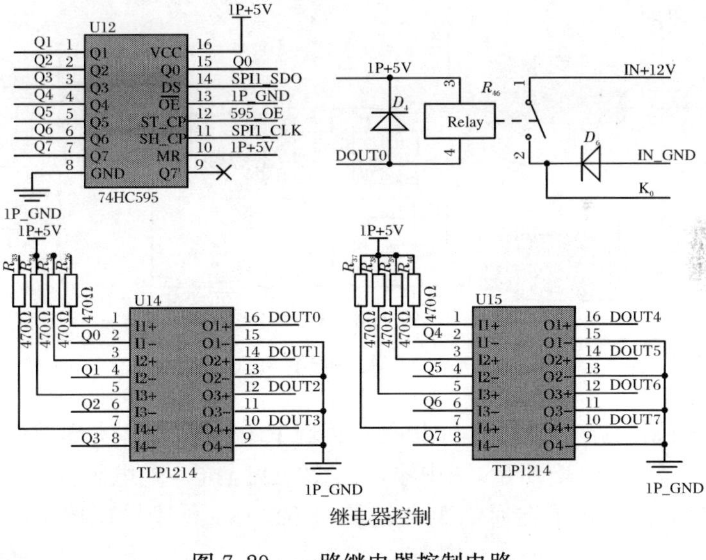

图 7.29　一路继电器控制电路

为防止系统一上电，控制芯片引脚状态不确定而使继电器闭合引起误操作，采用图 7.30 所示的电路作为继电器的上电延迟保护电路。当系统刚上电时给电容 C_{34} 充电，只有当 C_{34} 两端电压达到二极管 D_{20} 导通电压时，驱动三极管 Q_1 导通，此时继电器 K_0 才闭合，给图 7.29 中的继电器提供 12V 电压，等待继电器驱动信号 $DOUT_1$。

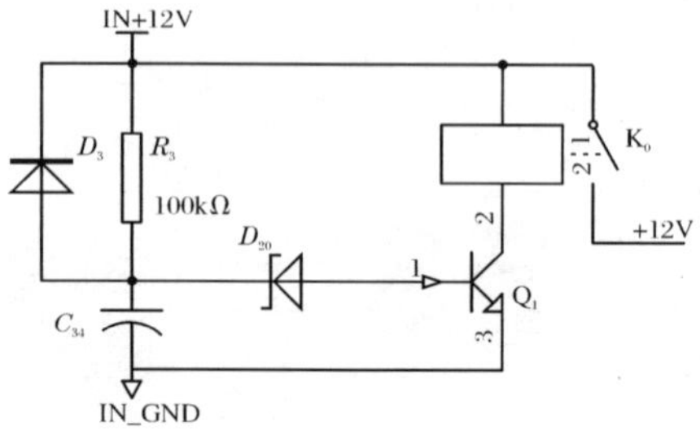

图 7.30　继电器上电延迟保护电路

5）通信电路设计

采用通信电路实现主控制器与电压采集板、电流采集板及上位机之间的数据交换。dsPIC30F6013A 具有两路 CAN 和两路串口通信模块。设计中使用 CAN1 与电压采集板和电流采集板组成的 CAN 进行通信，收集后者检测到的电池状态数据并控制后者运行，CAN2 模块作为预留模块，为后期与整车通信做准备，如图 7.31所示。为了保障主控板的抗干扰能力，在收发端均使用光电隔离器 TLP113。

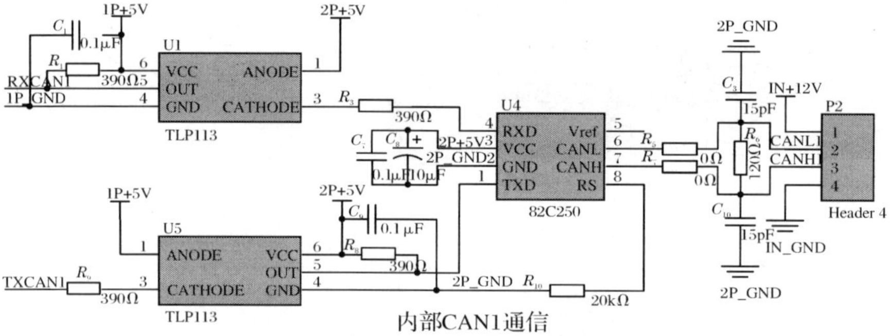

图 7.31　CAN 通信接口电路

主控板使用一路串口通信与上位机实现 RS-485 通信，实现数据实时显示和参数的设置。如图 7.32 所示，图中添加的 120Ω 阻抗匹配电阻，既保证了 RS-485 总线的稳定性，又防止了在通信距离较长时 RS-485 总线出现抗干扰能力下降的情况。

7.4.3　数据采集电路设计

1. 数据采集电路结构

在锂离子电池状态检测中需要检测单片电池直流电压、交流电压、交流电流、温度等数据，因此需要设计相应的采集板。本书设计的采集板分为电压采集板和

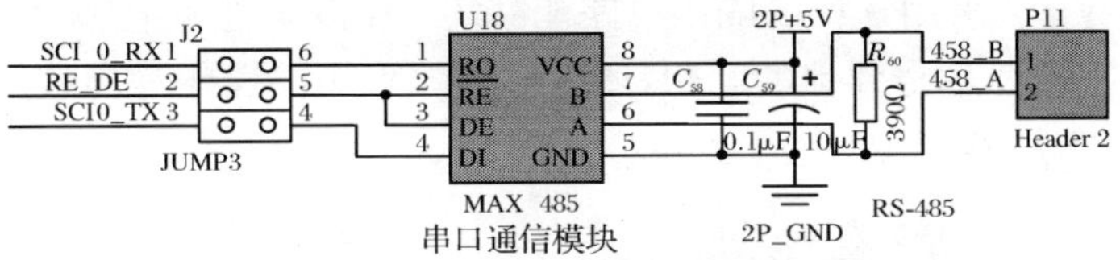

图 7.32　485 通信接口电路

电流采集版，电压采集板负责检测单片电池电压、交流电压和温度，电流采集板负责检测电池回路的直流电流和交流电流。电压数据采集电路的结构图如图 7.33 所示，电流采集电路结构与其类似。采集板中有许多与前面介绍的主控板相同的电路，此处不再赘述，现就电池数据采集过程中的几个关键问题进行分析。

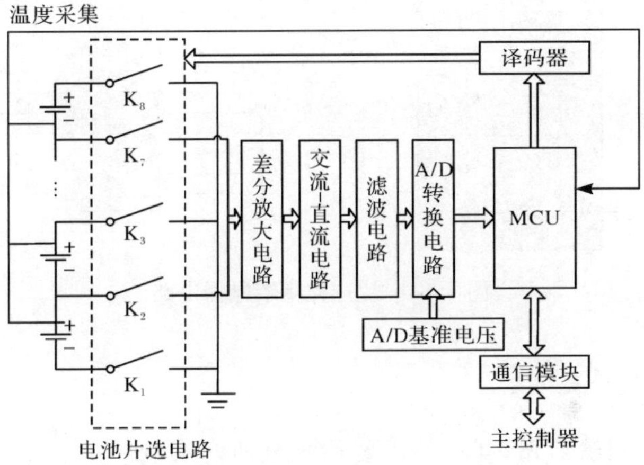

图 7.33　电压数据采集电路的结构图

2. 电池片选光耦继电器电路

在对电池组进行监测时需要检测每块电池的电压数据，这时需要用到片选电路，如图 7.33 所示。片选电路能够将单块电池选出，接入后面的隔离运放单元，实现单块电池电压信号的放大滤波等信号调理，调理后再送入 A/D 转换器实现电压采集与监测。

在以往的研究中采用两组具有 4 个差分通道的 ADG5409 作为 8 路电池片选电路，往往因为环路电流过大而烧毁。另一种常用电路是继电器开关电路，在此选用光耦继电器 AQW214 组成继电器开关阵列，如图 7.34 所示。光耦继电器具有响应速度快、灵敏度高等特点，而且隔离电压高达 1500V。管脚 IN0 与 IN1 分别接到 1 号电池正负极，依此类推，IN6 与 IN7 加到 4 号电池两端，通过控制芯片选通 74HC138 的 Y3 管脚即可使 IN6 连接到采集电路正向输入端 Vin，IN7 接到反向输入端 Vin。采用这样的隔离电路能够实现串联电池组电压检测中数字信号的隔离并解决电压信号浮地的问题,还能够有效阻隔误操作等导致的大电流及高压,保证后续电路的安全。

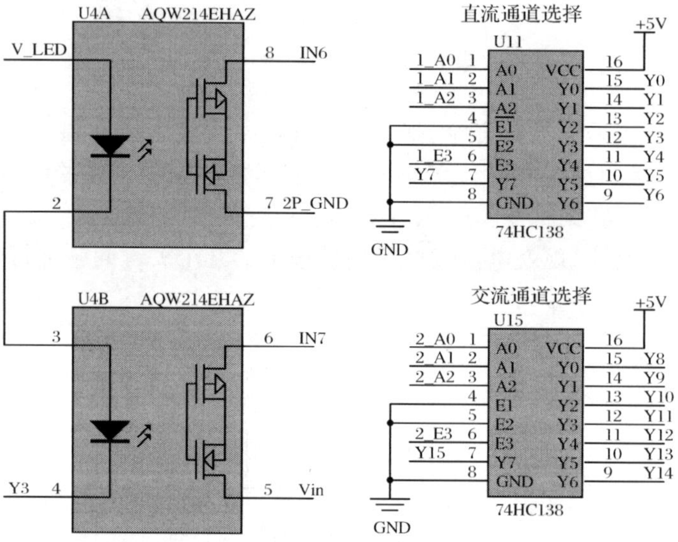

图 7.34 片选光耦继电器电路

3. 交流-直流分离电路

采用交流阻抗法测量内阻时,需要检测电池两端响应的交流电压和回路中的交流电流信号,而这些交变信号是分别叠加在直流电压和电流上的,因此滤除直流分量是检测的前提。交流-直流分离采用的主要方法是滤波法,如无源滤波和有源滤波,但是实际应用后发现滤波法并不能完全除去直流分量,会有一定的直流偏置在后续的信号放大中凸现出来,影响主控制器的快速傅里叶变换运算精度。因此,本书提出一种基于有效值计算芯片的交流-直流分离方法,可有效去除信号中的直流偏置。

1) 基于电阻-电容无源滤波法

采用如图 7.35 所示的电阻-电容无源高通滤波器进行交流-直流分离,该方法结构简单、成本低。为了实现交直分离,取 $C_1=0.01\mu F$、$C_2=100\mu F$、$C_3=0.1\mu F$、$R_1=10k\Omega$。由式(7.46)可计算出其截止频率 $f_c=0.16Hz$,输入信号 V_{IN} 为直流电压及交流电压($50Hz \leqslant f \leqslant 50kHz$)组成的混合信号,在实际的测试中发现,采用这种方法虽然元件少、电路结构简单,但稳定性较差,容易受到周围的干扰。

$$f_c=\frac{1}{2\pi R_1(C_1+C_2+C_3)} \tag{7.46}$$

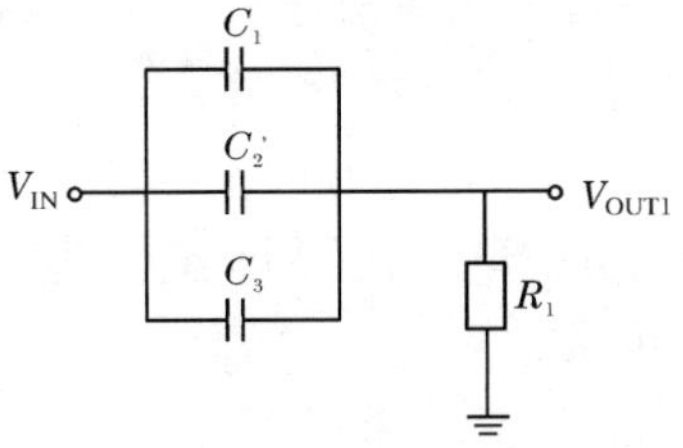

图 7.35　电阻-电容无源高通滤波器

2）基于电阻-电容有源滤波法

在滤波中，为了获得更好的频率响应，常采用有源滤波的方法，而巴特沃斯滤波器的幅频响应在通频带中具有最平幅度特性，因此这里以巴特沃斯滤波器为例进行描述。n 阶巴特沃斯高通滤波器的传递函数通常为

$$|A(j\omega)| = \frac{A_0}{\sqrt{1+\frac{\omega_c}{\omega}^{2n}}} \tag{7.47}$$

式中，A_0 为通带电压增益；ω_c 为衰减 3dB 时的截止角频率；n 为滤波器阶数。

为使输入输出相位一致，取 $n=4$。利用 FilterPro Desktop 软件设计的四阶巴特沃斯高通滤波器如图 7.36 所示。

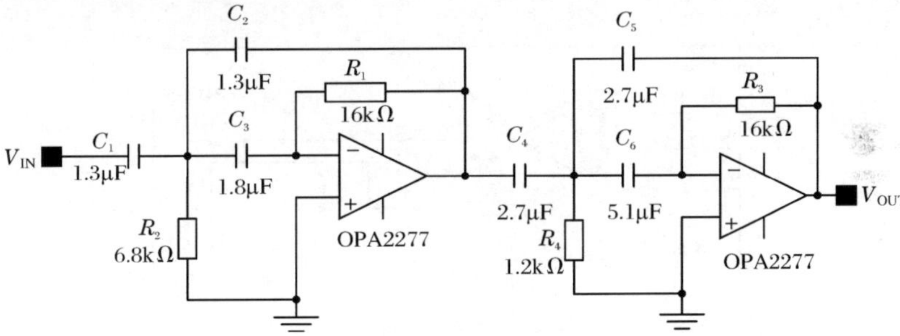

图 7.36　四阶巴特沃斯高通滤波器

该滤波器具有如下特性：增益为 1V/V(0dB)，中心频率衰减为 −3dB，通带波动为 1dB，阻带衰减为 −45dB，通带起始频率为 10Hz，阻带截止频率为 2Hz。由上述特性可知，本书设计的四阶巴特沃斯高通滤波器在理论上可实现隔直流通交流的作用，但是在实际应用中发现，其输出仍然存在微小直流偏置无法完全去除的问题，影响后续运算。

3）基于有效值反相叠加法

与前面两种滤波的交流-直流分离方法原理不同，这里介绍一种基于有效值的反相叠加法。该方法的核心思想是：通过计算原混合信号的有效值，将其反相后与原信号叠加，从而将混合信号中的直流成分消除。图 7.37(a)为其电路原理图，图 7.37(b)为 AD637 的接法。

图 7.37(b)所示的电路中用于计算有效值的芯片采用 AD637 芯片，该芯片是一款高精度、宽频带的有效值计算芯片，可计算出输入信号的有效值并输出。将其应用到数据采集系统时，可得

$$V_{\mathrm{OUT}}=\sqrt{\frac{1}{T}\int_{0}^{T}[V_{\mathrm{d}}+A_{\mathrm{V}}\sin(2\pi ft+\beta)]^{2}\mathrm{d}t} \tag{7.48}$$

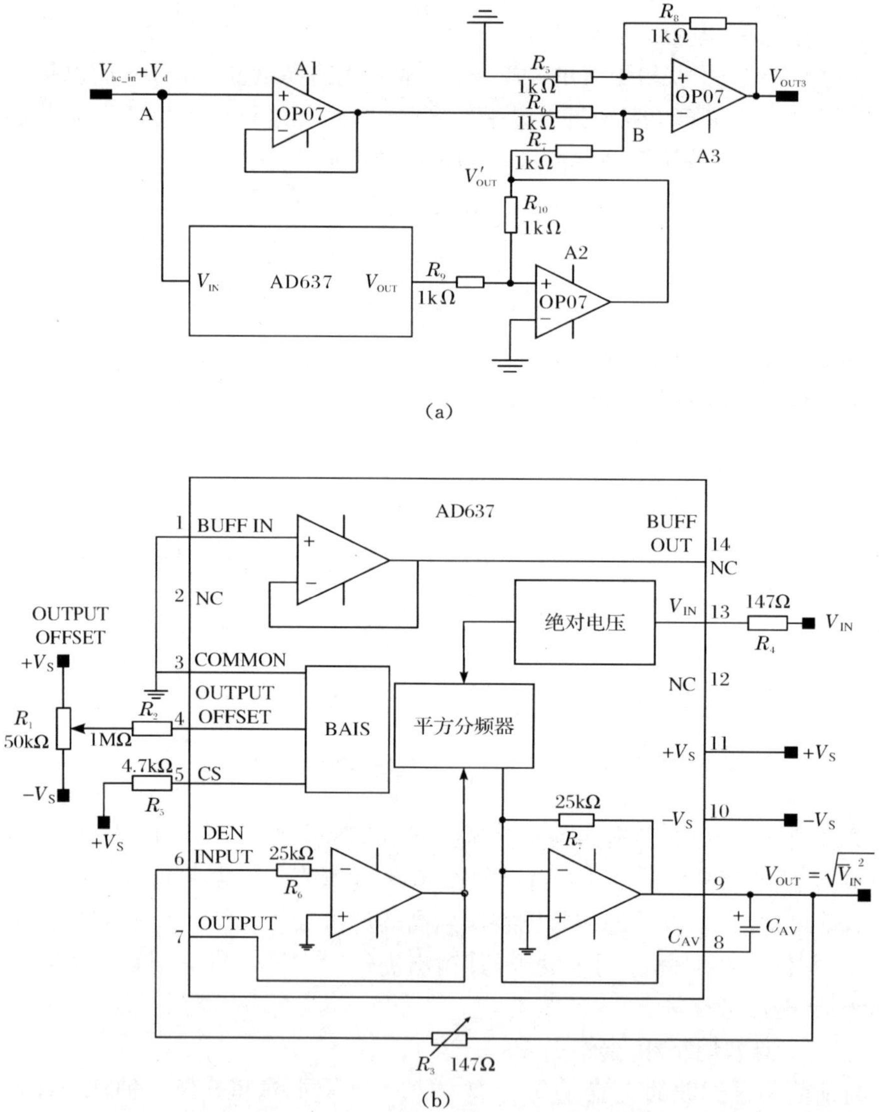

图 7.37　基于有效值反相叠加法的电路原理图和 AD637 的接法

假设 $V_{IN}=V_{ac\text{-}in}+V_d$，输入 $V_{ac\text{-}in}$ 的幅值 $A_V=5\text{mV}$，频率 $f=1000\text{Hz}$，相位 $\beta=0$，直流电压 $V_d=3.3\text{V}$，将以上信息代入式(7.48)可得 $V_{OUT}=3300.00189\text{mV}\approx3300\text{mV}$，经过反相器 A2 后 $V'_{OUT}=-3300\text{mV}$，再与原信号 V_{IN} 在 B 点叠加，输出 $V_{ac\text{-}out}=5\sin(2\pi ft)(\text{mV})$。此时，输出信号直流电压偏置 $V_b=0$。在理论上，采用有效值反相叠加法也能达到交流-直流分离的目的。实际应用中输出端仍然会存在微小直流偏置，但是电路中用于计算有效值的芯片 AD637 自带电位补偿功能，通过微调电阻 R_1 可以使得输出完全无直流偏置，能够达到交流-直流分离的目的。

4) 交流-直流分离实测结果对比分析

图 7.38 为采用电阻-电容无源滤波法和有效值反相叠加法的交流-直流分离效果对比，图 7.36(a)为电阻-电容无源滤波法输出 V_{OUT2}，图 7.36(b)为有效值反相叠加法输出 V_{OUT3}。

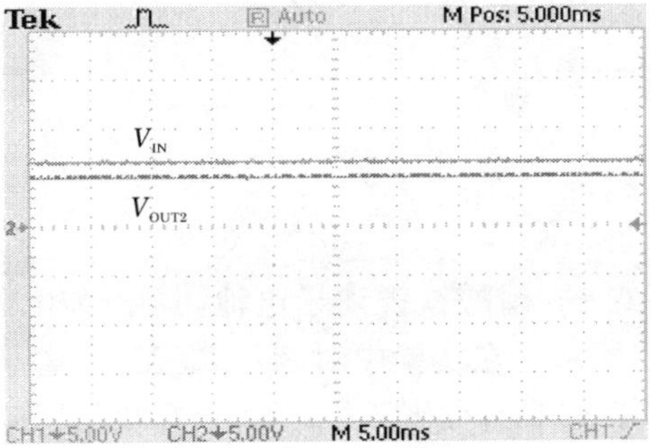

(a) 电阻-电容无源滤波法输出 V_{OUT2}

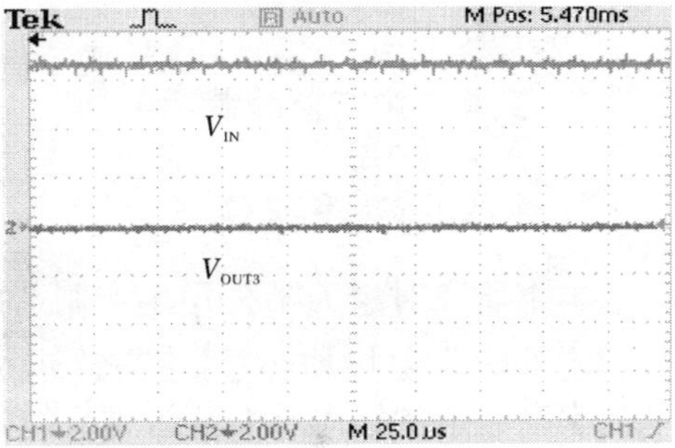

(b) 有效值反相叠加法输出 V_{OUT3}

图 7.38　实际测试输出结果对比(见彩图)

由图 7.38 的结果对比可以看出，在实际测试中采用电阻-电容无源滤波法进行交流-直流分离后的信号仍旧存在较大的直流偏置，而采用有效值反相叠加法几乎没有直流偏置。产生这种现象的原因主要是：在实际测试时，输入信号具有很大的噪声，并且电阻-电容无源滤波器容易受到环境的影响，产生谐振点偏移，使得滤波效果降低，同时容易受系统阻抗的影响，存在谐波放大和共振的危险。

有效值反相叠加法的交流输出如图 7.39(a)所示，交流输出存在微小的直流偏置，通过调节 AD637 上的电位补偿可以将直流偏置彻底消除，如图 7.39(b)所示。

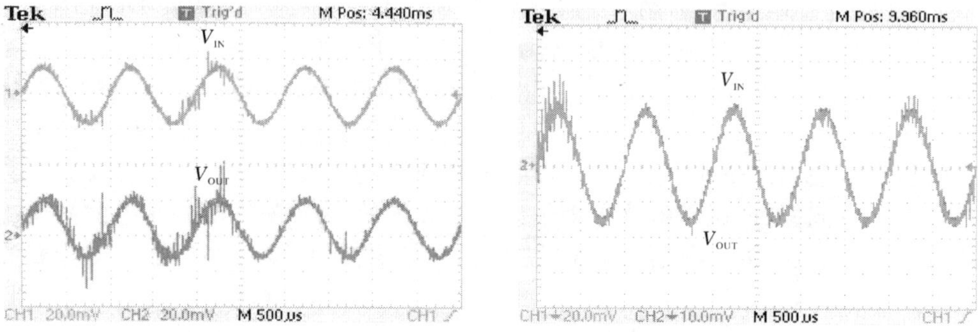

(a) 有效值反相叠加法的交流输出　　(b) AD637 电位补偿后的交流输出

图 7.39　有效值反相叠加法的交流输出和 AD637 电位补偿后的交流输出(见彩图)

7.5　锂离子电池 SOH 估计结果与分析

7.5.1　实验对象与监测装置

1. 测试用锂离子电池

本书研究对象为某公司生产制造的 40A · h 磷酸铁锂离子电池,其单体电池实物图如图 3.1(b)所示,技术参数如表 3.2 所示。在实验中对 8 片磷酸铁锂离子电池串联组成的锂离子电池组进行内阻及 HOC 估计实验,图 7.40 为实验用磷酸铁锂离子电池,它是由 8 片锂离子电池串联组成的锂离子电池组。

图 7.40　实验用磷酸铁锂离子电池

2. 锂离子电池内阻检测装置

根据前面原理与设计电路搭建锂离子电池内阻测试仪,用于检测锂离子电池各个状态参数。图 7.41 为搭建的锂离子电池内阻测试仪的实物图,其中包含待测锂离子电池组、锂离子电池内阻测试电路、电压电流与温度监测电路和主控制器及数据显示器。图 7.42 为对锂离子电池容量进行测试，检测设定放电倍率下电池端电压、内阻变化及放电容量。为了具有可比性，对内阻的测试需在同一 SOC 下，因此本书通过将电池放电至待测 SOC 后静置 10min，待电池特性稳定后进行下次测试。

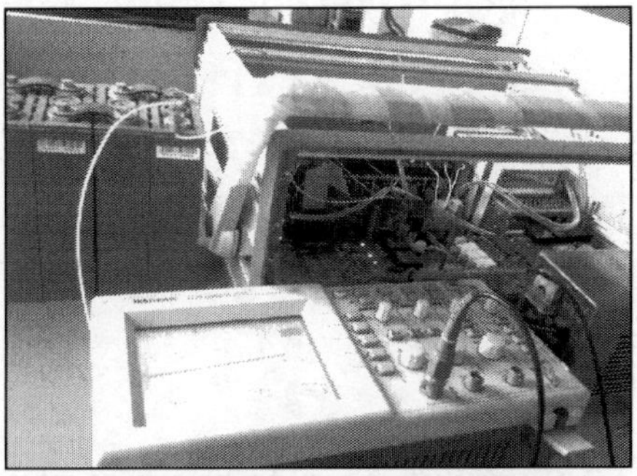

图 7.41　锂离子电池内阻测试仪

图 7.42　磷酸铁锂离子电池容量测试

7.5.2　锂离子电池特性测试与结果分析

1. 锂离子电池容量特性测试

在以往研究中，有些电池的开路电压与 SOC 之间存在某些关系，甚至是线性关系，如开口式铅酸蓄电池，因此可以通过检测电池的开路电压来判断电池的 SOC，以此作为评价电池状态的依据。开路电压的检测相对简单，若锂离子电池也存在类似特性，则研究锂离子电池开路电压对于估计电池 SOH 很有帮助，也可将其作为锂离子电池配组的依据。本节结合前面设计的锂离子电池内阻检测和SOH估计系统，对锂离子电池开路电压的放电容量进行实验，分别对新电池开路电压与放电容量对比和放电循环过程两部分进行分析。

1）新电池开路电压与放电容量的关系

选取16块同一批次生产的40A·h磷酸铁锂离子电池作为实验对象，分别以0.5C(20A)恒流放电，其开路电压与放电时间(放电实验后静置12h测量)之间的关系如图7.43所示。

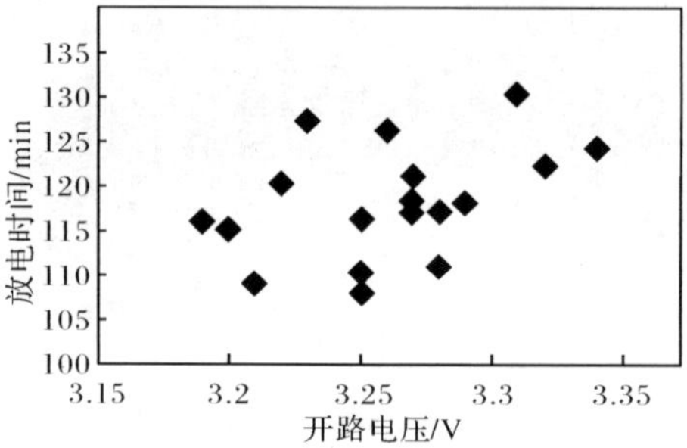

图7.43　锂离子电池开路电压与0.5C恒流放电时间的关系

由图7.43可以看出，新锂离子电池的开路电压与恒流放电时间之间并没有规律可循。因此，在电池配组时选用电池开路电压作为依据并不可靠。对出现图7.43所示情况的原因分析如下：①放电容量与SOC的定义有区别，放电容量是指电池在一定放电时率下能够放出的容量大小，而SOC是当前电池还能够放出的容量与电池额定容量的比值；②锂离子电池个体间的差异导致电池的容量不可能完全一致，而且开路电压并不是稳定值，它会受测量时间的影响，因此仅从开路电压的角度无法判断电池的状态。

2）放电循环过程中的端电压与放电容量的关系

图7.44为0.5C(20A)恒流放电情况下，锂离子电池状态1和状态2下端电压与放电容量之间的关系，其中状态2为状态1循环200次后的电池状态。实验中设置的放电截止电压为2.0V。这里采用恒流放电，通过其电流在放电时间上的积分可得到放电容量的大小，再经过一定的补偿可以提高计算精度。从图中可以看出，初始状态下和200次循环后，电池在放电过程中20%SOC以前电池的端电压下降较慢，均出现平台电压，而当SOC下降到20%以后端电压急剧下降。200次循环后电池放电容量小于初始时电池的放电容量，说明随着放电次数的增加电池的放电容量逐渐下降。

3）自放电率与存储性能测试

存储电池前先将电池充满电，在一定放电倍率和温度下测试其容量为C_1，再

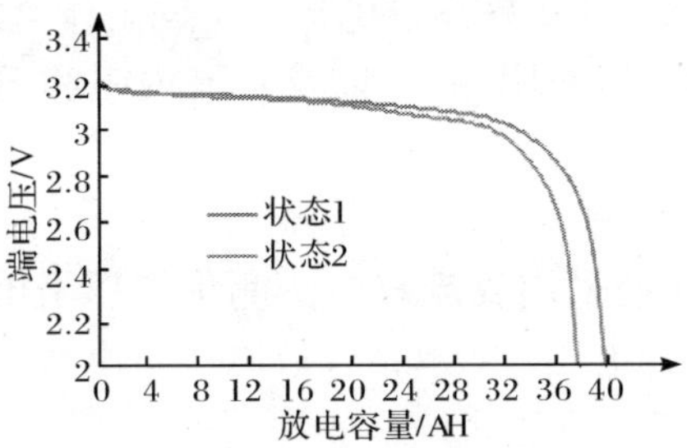

图 7.44　端电压与恒流放电容量关系

将其充电存储一定时间 t，存储过后，在相同放电倍率和温度下测得其容量为 C_2，将其充满电后测得容量为 C_3。此时，根据式(7.49)可计算电池的自放电率 υ 与恢复能力 η，即

$$\upsilon=\frac{C_1-C_2}{tC_1},\quad \eta=\frac{C_3}{C_1} \tag{7.49}$$

图 7.45 中曲线 1 表示 40A · h 锂离子电池存储前的放电曲线，曲线 2 表示该锂离子电池再次充满电后的放电曲线，曲线 3 表示存储 6 个月后的放电曲线，以上测试中的放电倍率均为 0.5C，放电截止电压为 2.0V。

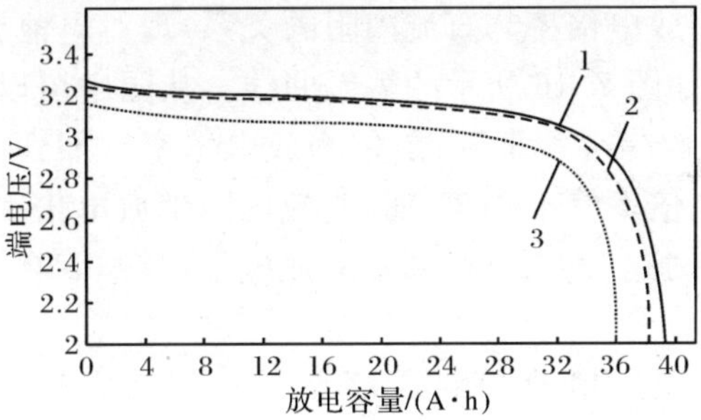

图 7.45　锂离子电池存储前后放电曲线对比

在相同条件下对锂离子电池进行容量测试，测得存储前电池容量为 39.7A · h，存储 6 个月后容量为 36.1A · h，再次充满电后放电容量为 38.9A · h。根据式(7.49)可以计算出在锂离子电池存储 6 个月后电池容量损失了 9.1%，每月的自放电率 υ 为 1.51%，再次充满电后恢复能力 η 为 97.9%。由此可以得出，该型锂离子电池具有较小的自放电率和很好的容量恢复能力。

2. 锂离子电池内阻数据分析

本小节利用设计的内阻测试仪对锂离子电池的直流内阻进行测量，测试对象为前述的 40A · h 磷酸铁锂离子电池。实验过程中采用 0.1C、0.3C、0.5C 的放电倍率对电池进行放电测试，测试锂离子电池在不同工作电流和 SOC 条件下内阻的变化趋势。现就电池的直流内阻测定，以及直流内阻和 SOC、循环次数之间的关系做分析。

1）锂离子电池直流内阻测定

根据前面的论述，此处采用直流放电法测量锂离子电池的直流内阻，在电池放电测试停止时阶跃回升电压为 U_1，结合放电稳定电压 U_0 及放电电流 I，可计算出电池直流内阻 r：

$$r=\frac{U_1-U_0}{I} \tag{7.50}$$

表 7.1 为测得以上不同放电倍率下锂离子电池的直流内阻。从表中可以看出，随着放电电流倍率的增加，电池的直流内阻有所降低。

表 7.1　不同放电倍率下测得锂离子电池的直流内阻

放电倍率/C	直流内阻/mΩ
0.1	1.93
0.3	1.32
0.5	1.21

为了更好地说明放电倍率与直流内阻的关系，现对电池在不同放电倍率下进行内阻测试，绘制出如图 7.46 所示的关系曲线。从图中可以看出，随着放电电流的增大，电池的直流内阻会逐渐降低，但当放电倍率增加到一定值后电池直流内阻变化很小。当放电倍率低于 0.3C 时，直流内阻随放电倍率变化而变化较大，当放电倍率大于 0.3C 时这种变化逐渐较小，放电倍率在 0.5C 以上时直流电阻几乎不变。

过大的电流势必会对电池产生损害，为了得到更精确的测试结果，同时又能够保护电池，建议在内阻测试过程中取 0.3C～0.5C 的放电倍率为宜。为了使实验数据具有可比性，本书后续实验均在 0.5C 放电倍率下进行。

2）直流内阻与 SOC 的关系

图 7.47 为锂离子电池在 0.5C 的放电倍率时直流内阻与 SOC 之间的关系曲线。从图中可以看出，当电池的 SOC 为 50%及以上时，电池的直流内阻变化很小，几乎无变化，但当 SOC 下降到 50%以下时，电池的内阻急剧增加。根据锂离子电池内阻的这一特性，在研究锂离子电池 SOH 时，本书后续实验测试均在 60% SOC 下进行。

3）直流内阻与循环次数的关系

为了研究直流内阻与循环次数的关系，选用 40A · h 锂离子电池在 60%SOC 下进行测试，得到的关系曲线如图 7.48 所示。由该图可知，随着电池循环次数的

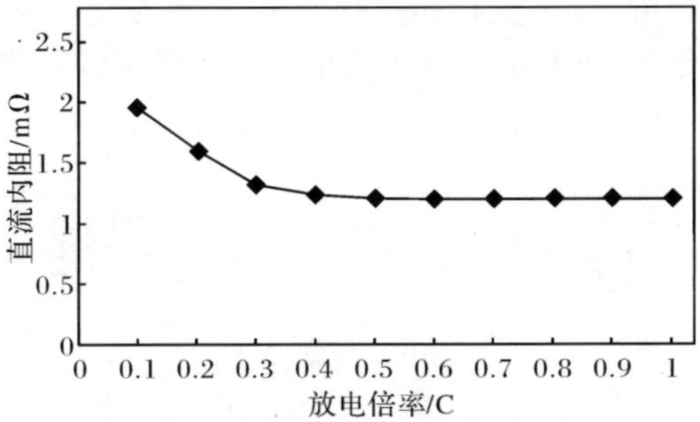

图 7.46　放电倍率与锂离子电池直流内阻的关系

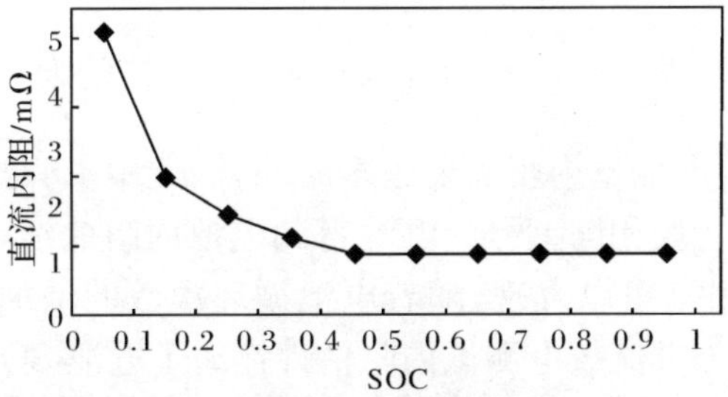

图 7.47　40A · h 锂离子电池直流内阻与 SOC 的关系

增加，电池的直流内阻呈现逐渐上升的趋势。造成这种趋势的可能原因是：随着循环次数增加，电池内部电极表面的钝化膜逐渐增厚，电极材料的晶格受到破坏而引起阻抗增加。由此可知，当锂离子电池 SOH 下降时，在电池直流内阻上会有相应反应，为基于内阻检测估计电池 SOH 提供依据。

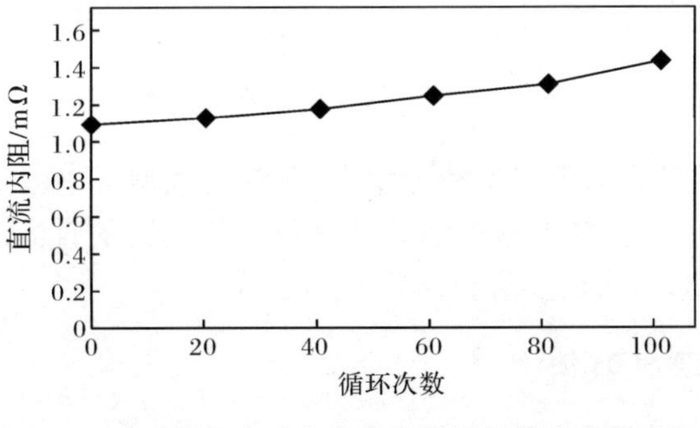

图 7.48　磷酸铁锂离子电池直流内阻与循环次数的关系

4）直流内阻谱

由前面分析可知，锂离子电池直流内阻不仅会随着 SOC 的减小而增大，还会随着循环次数的增加而增大。为了更直观地描述这一现象，可将同一电池在温度为 20℃和放电倍率为 0.5C 下进行深度循环充放电实验，每隔 50 次循环对电池的直流内阻随 SOC 变化进行测量，绘制出如图 7.49 所示的锂离子电池直流内阻谱。

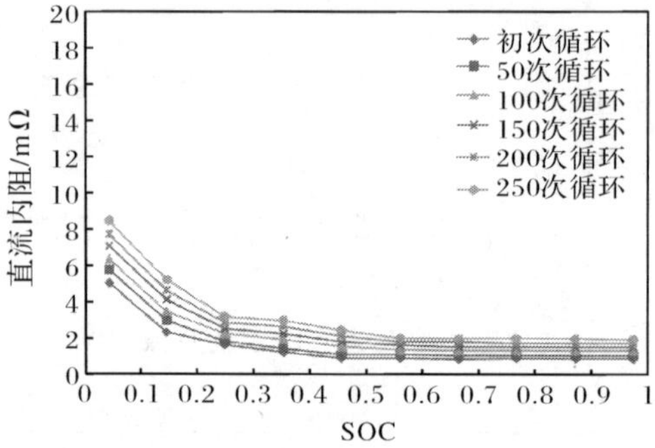

图 7.49 锂离子电池直流内阻谱(见彩图)

由于基于直流放电测试内阻需要很多时间，因此本书只进行了 200 余次循环实验，以及通过测试一块相同型号的电池得到电池内阻曲线，如图 7.50 所示。通过观察图中直流内阻谱可以发现，随着电池循环次数的增加，电池直流内阻呈逐渐递增趋势，这给基于直流放电测试内阻估计锂离子电池 SOH 提供了事实依据。

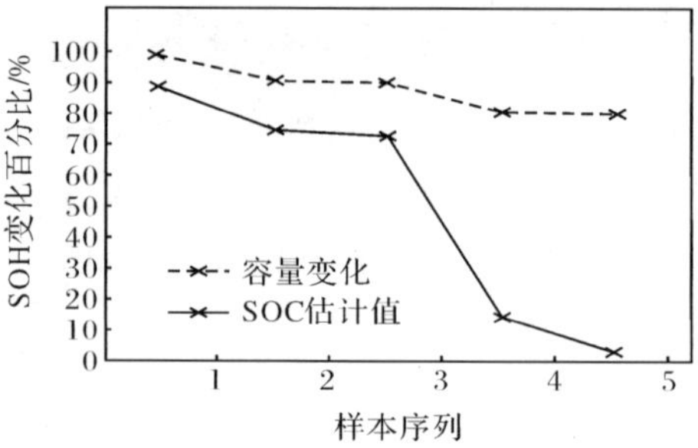

图 7.50 锂离子电池劣化趋势

同一型号电池的直流内阻谱较为稳定，在获得该型号电池不同循环使用寿命下的直流内阻谱后，估计同型号电池 SOH 时，可将测得的直流内阻对照内阻谱查询其处于的大致 SOC，进而实现快速判断和区分。

7.5.3 锂离子电池 SOH 估计

1. 内阻参数测定

由基于直流放电测试内阻检测的 SOH 估计方法可知，要得到锂离子电池的 SOH，不仅需要测得当前锂离子电池的内阻 R_{now}，还需要测得锂离子电池的初始内阻 R_{new} 及老化后内阻 R_{EOL}。现就这 3 个数据的测定展开实验，测试均在同一温度和 60%SOC 下进行，放电倍率为 0.5C，放电截止电压为 2.0V。

1）初始内阻测定

本小节选用同一批次同型号的 8 块锂离子电池进行实验。新电池有一个被激活的过程，即电池的容量在最初的循环使用时会微微增加，之后会随着循环次数的增加而逐渐下降。为保证测试结果的可靠性，先对 8 块锂离子电池进行循环充放电，并在测试到第一次容量下降后再进行内阻测试。其中，1 块锂离子电池的测试结果如表 7.2 所示。

表 7.2　40A · h 锂离子电池初始容量与内阻数据

循环次数	放电容量/(A · h)	相邻增益/(A · h)
1	38.4	—
2	38.6	0.2
3	38.7	0.1
4	38.9	0.2
5	39	0.1
6	39.2	0.2
7	39.4	0.2
8	39.3	−0.1

表 7.2 中，该电池的初始容量为 $C_{new1}=39.3$A · h，测试时其初始内阻 $R_{new1}=0.85$mΩ。通过分别对 8 块锂离子电池进行测试，计算出该型电池的平均初始容量$C_{new}=39.7$A · h，平均初始内阻 $R_{new}=0.89$mΩ。

2）寿命结束内阻测定

锂离子电池的寿命结束定义为电池能够放出的最大容量下降到初始容量的 80%。电池老化是一个漫长的过程，正常情况下的锂离子电池可以进行近千次的常规充放电循环。因此，采用加速老化的方法，对测试用锂离子电池进行过充过放循环等老化实验，使其容量加速降低到 80%C_{new}以缩短实验时间，并记录实验过程中的容量及内阻数据。表 7.3 为 1 块锂离子电池加速老化过程中电池容量变化情况。

表 7.3　加速老化实验中锂离子电池容量及内阻变化数据

序号	放电容量/(A · h)	(C/C_{new})/%
1	39.4	99.24
2	39.3	98.99
3	35.9	90.43

续表

序号	放电容量/(A·h)	(C/C_{new})/%
4	35.7	89.92
5	31.9	80.35
6	31.7	79.85

由表7.3可知，当该锂离子电池可用最大容量下降到31.7A·h时，可认为其循环使用寿命结束，此时其内阻即为所需测得的寿命结束内阻，通过对多块电池的加速老化计算得到平均老化内阻R_{EOL}=4.72mΩ。

2. SOH估计结果与分析

1）基于内阻检测的锂离子电池SOH估计结果

根据基于内阻检测的锂离子电池SOH估计方法，在得到R_{new}和R_{EOL}后，将该电池在60%SOC下的内阻R_{now}代入式(7.36)，求得SOH。现对一组电池进行循环充放电实验，记录其放电容量及内阻数据，并计算得到其基于内阻的当前SOH，如表7.4所示。

表7.4　基于内阻检测的锂离子电池SOH状态估计值

序号	容量C/(A·h)	内阻/mΩ	(C/C_{new})/%	SOH估计值/%
1	39.3	0.91	98.99	99.48
2	35.9	1.5	90.43	84.07
3	35.7	1.6	89.92	81.46
4	31.9	4.1	80.35	16.19
5	31.8	4.6	80.10	3.13

由表7.4的SOH估计结果可知，当锂离子电池的容量下降时，基于内阻检测估计得到的SOH值也逐渐下降，能够很好地跟随锂离子电池的SOH变化。

2）估计结果分析

在锂离子电池使用初期，即具有较好SOH时期(SOH为95%～100%)，基于内阻检测的SOH估计值略大于容量变化值，其原因是锂离子电池在刚开始使用时性能较为稳定，其内阻变化不明显。

由图7.50可知，随着锂离子电池的循环实验次数增加，估计的SOH值逐渐降低，当电池容量下降到初始容量的80%时，基于内阻估计得到的SOH值趋于0，这是由于基于内阻估计SOH时，设定当容量下降到初始容量的80%时的SOH=0%。这样设定的依据是，电池的容量下降是一个逐渐增快的过程，当电池的容量下降到初始容量的80%时，电池的寿命已经趋于终结，容量下降了20%并不表示寿命缩短了 20%，实际上此时电池的循环使用寿命很短，通过容量计算的 SOH=80%易产生电池还具有很长寿命的错觉。

但是当容量下降到标称值 80%以下时，电池劣化程度加快，内阻增加明显，基于内阻检测估计得到的 SOH 值能够反映电池 SOH 急剧下降的情况。特别是在电动汽车动力电池等对电池容量要求较高的场合，当电池最大容量只有标称值的 80%时，需要更换电池。

3) 方法评价

通过以上实验和数据分析可知，基于内阻检测估计 SOH 的方法具有一定的可行性，相对于传统的通过容量变化估计 SOH 的方法，该方法具有以下特点。

(1) 优点：①内阻能够迅速反映电池 SOH 下降程度；②内阻测试时间较短，容量测试时间较长；③内阻偶然因素小，容量易受充放电深度等因素影响估计精度。

(2) 不足：①电池内阻在电池使用初期变化小，对检测精度要求较高；②不能实现内阻的在线测试，需要脱机操作。

综上所述，锂离子电池的内阻能够反映锂离子电池当前的 SOH，虽然在电池使用初期通过内阻数据进行锂离子电池 SOH 估计灵敏度不够，但是通常对锂离子电池 SOH 的估计是为了检查出即将或已经处于老化状态的锂离子电池，做到早发现早更换，降低安全事故发生的风险。通过内阻检测能够很精确地判断出处于老化状态的锂离子电池，因此对锂离子电池 SOH 的估计具有一定的可行性和可信度。

参考文献

[1] 谭晓军. 电池管理系统深度理论研究[M]. 广州：中山大学出版社，2014.

[2] 孙庆，杨秀金，代云飞，等. 温度对磷酸铁锂离子电池性能的影响[J]. 电动自行车，2011，(9)：22-27.

[3] 李平，安富强，张剑波，等. 电动汽车用锂离子电池的温度敏感性研究综述[J]. 汽车安全与节能学报，2014，5(3)：224-227.

[4] 李哲，韩雪冰，卢兰光，等. 动力型磷酸铁锂离子电池的温度特性[J]. 机械工程学报，2011，47(18)：115-120.

[5] 吴赟，蒋新华，解晶莹. 锂离子电池循环使用寿命快速衰减的原因[J]. 电池，2009，39(4)：206，207.

[6] Zimmerman A H. Self-discharge losses in lithium-ion cells[J]. IEEE Aerospace and Electronic Systems Magazine，2004，19(2)：19-24.

[7] 李伟善，邱仕洲. 锂离子电池容量衰减的原因分析[J]. 电池工业，2001，6(1)：21-24.

[8] 李丰，周思思，尹立兵，等. 锂离子电池存储性能研究进展[J]. 广州化工，2014，42(7)：

27-29.
[9] 杨续来，刘成士，谢佳，等. 磷酸铁锂磁性杂质对电池自放电的影响[J]. 电池，2012，42(6)：314-317.
[10] 李勇，王丽芳，廖承林. 电动车锂离子电池健康状态模型研究进展[J]. 电源技术，2013，37(5)：863-866.
[11] Pesaran A A. Battery thermal models for hybrid vehicle simulations[J]. Journal of Power Sources，2002，110(2)：377-382.
[12] 王铭，李建军，吴赟，等. 锂离子电池模型研究进展[J]. 电源技术，2011，(7)：862-865.
[13] Shen W X，Chau K T，Chan C C，et al. Neural network-based residual capacity indicator for nickel-metal hydride batteries in electric vehicles[J]. IEEE Transactions on Vehicular Technology，2003，54(5)：1705-1712.
[14] Johnson V H. Battery performance models in ADVISOR[J]. Journal of Power Sources，2002，110(8)：321-329.
[15] 张栋省，殷时蓉，仇磊，等. 锂离子电池数值模型与经验模型研究[J]. 电源学报，2013，(6)：58-64.
[16] 徐晓东，刘洪文，杨权. 锂离子电池内阻测试方法研究[J]. 中国测试，2010，36(6)：24-26.
[17] 卢居霄，林成涛，陈全世，等. 三类常用电动汽车电池模型的比较研究[J]. 电源技术，2006，30(7)：535-538.
[18] 张宾，郭连兑，李宏义，等. 电动汽车用磷酸铁锂离子电池的 PNGV 模型分析[J]. 电源技术，2009，33(5)：417-421.
[19] Li L W，Zhang F，Ma P. Study and realization on the internal impedance of single cell on-line detector[C]//IEEE International Conference on Automation and Logistics(ICAL)，2008，2436-2449.
[20] Kozlowski J D. Electrochemical cell prognostics using online impedance measurements and model-based data fusion techniques[C]//IEEE Aerospace Conference Proceedings，2003，3257-3270.
[21] 张文华，裴锋，刘平，等. 磷酸铁锂离子电池循环过程中电化学交流阻抗研究[J]. 电源技术，2015，39(1)：54-57.
[22] 刘和平. dsPIC 通用数字信号控制器原理与应用[M]. 北京：北京航空航天大学出版社，2007.

第 8 章　超级电容及等效模型

8.1　超级电容特性分析与建模

超级电容又称电化学电容器，根据其内部结构和储能机理的不同可以分为双电层电容器和赝电容器。赝电容器是基于法拉第过程和电化学欠电位沉积原理的电容器，由于成本高、寿命短等，暂时还不具备大量应用的价值，目前以双电层电容器研究为主。

8.1.1　超级电容的工作原理

1. 超级电容的储能原理

双电层超级电容是一种新型储能装置，它的储能原理和电容相似，但容量远远超过电容。与传统电容相比，超级电容之所以具有如此巨大的容量，是因为它独特的内部构造。超级电容的正负两极的间距只有几纳米，与此同时，电极材料采用的是具有特殊物理结构的多孔活性炭电极，具有非常大的有效电级面积，表面积重量比可达 200m²/g，电容容量的计算公式为

$$C=\frac{\varepsilon_0 \varepsilon S}{d} \tag{8.1}$$

式中，S 代表活性炭电极面积。

因此，极大的有效电极表面积和极小的正负电极间距使超级电容的容量变得极大。

双电层理论最初源于 Helmholtz 针对胶体悬浮系统的研究，目的是解释界面胶体粒子和电解质之间的性质[1]。Helmholtz 认为溶液中的阳离子会因电极与溶液接触的部分带负电而相应地移动到界面附近，形成类似于平板电容器的正负离子相对的界面。双电层超级电容的工作原理如图 8.1 所示。当电极插入电解液时，电极表面的电荷吸附溶液中的相反极性的离子，聚集在溶液和电极形成的界面上，形成一个与电极电荷数量相等而极性相反的感应电荷层。超级电容的隔膜由对离子有良好导通性且能阻止电子通过的材料制成，保证了超级电容的内部不发生短路和自放电现象。

由图 8.1 可知，充电时，电子在超级电容负电极聚集，相应的电解液内部的正

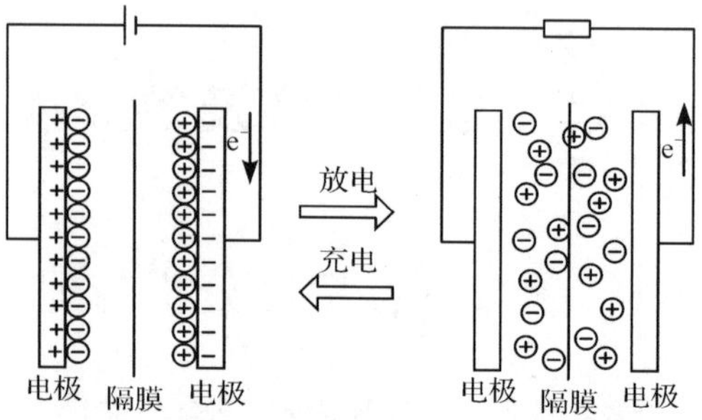

图 8.1　双电层超级电容的工作原理

离子通过隔膜向负极移动，负离子向正极移动，最后均在两电极上形成电容储能。由于正负电荷之间的距离非常小，并且多孔炭电极材料的表面积极大，超级电容的容量非常大，远远超过了普通电容的容量。放电时过程相反，电解液中的正负离子脱离电极表面，电荷恢复到无序状态。超级电容的充放电是一个物理过程，只是电荷在电极上吸附和脱离，不发生化学反应。因此，超级电容的性质非常稳定，工作次数能达到十万次以上，远远超过电池的循环使用寿命，并且能够快速地进行大电流充放电，功率密度能达到电池的十倍甚至上百倍。

影响超级电容性能最重要的是电极、电解液和隔膜三部分。电极的材料很丰富，主要有活性炭和金属氧化物等。其中，技术最成熟、性价比最高的是活性炭材料。由于其原料丰富、价格低廉、化学性质稳定，能大大降低超级电容的制作成本，且活性炭内部孔隙结构发达，可使电极得到巨大的比表面积，这也是活性炭成为超级电容电极主流材料最重要的原因之一。超级电容的电解液有水系电解液、离子电解液等。电解液需要具有高电导率以发挥大电流特性，需要高分解电压来提高超级电容的电压值，以得到更大的能量密度，同时需要具有温度范围宽、腐蚀性低、环境友好等特性。隔膜必须能有效地隔离正负电极，阻止电子在电解液中的迁移，保证超级电容内部不发生短路和自放电现象。

超级电容同时具有电池的高能量密度和不同电容高功率密度的优点。超级电容与铅酸蓄电池、普通电容的性能比较如表 8.1 所示。

表 8.1　超级电容、铅酸蓄电池和普通电容的性能比较

性能	超级电容	铅酸蓄电池	普通电容
能量密度/(W·h/kg)	1～10	10～100	<0.1
功率密度/(W/kg)	100～10000	50～100	>104
充电时间/s	0.3～30	$(3.6\sim18)\times10^3$	$10^{-6}\sim10^{-3}$

续表

性能	超级电容	铅酸蓄电池	普通电容
放电时间/s	0.3～30	$(1.08\sim108)\times10^3$	$10^{-6}\sim10^{-3}$
充放电效率	0.85～0.98	0.7～0.85	>95
循环次数/次	>105	103	>105
价格	较贵	便宜	便宜
环境污染	无污染	有污染	无污染

由表 8.1 可以看出，超级电容具有功率密度大、无污染、使用寿命长、免维护、充放电性能优良等优点，这种独特的优势使其既可以充当计算机、摄像机的备用电源，也可用于要求充电快、耗能低的电器及需要大电流工作的军事武器，如激光枪、激光炮等，还可以应用于电动汽车的能源系统改进中。

2. 超级电容的特点分析

超级电容利用双电层原理直接储存能量，其容量可达数千法拉甚至上万法拉，与电池等其他储能装置相比，具有明显优势。

(1) 容值超高。普通电容的容值大小为微法级，而超级电容由于其独特的双电层结构，具有普通电容上千倍甚至上万倍的容量，使其同时具有电池和电容的优点。超级电容的容值一般为 0.1～10000F[2]。

(2) 功率密度高。超级电容的功率密度非常高，能达到蓄电池的几十倍以上，在需要大电流充放电的领域具有显著的应用优势，同时在使用中不会受到过充、过放的影响，也不需要为其设置特殊的充放电控制电路，大大减轻了设计电路的难度和工作量。

(3) 充放电效率高。超级电容的能量利用率很高，一般在 95%以上。

(4) 工作温限宽。在温度发生变化的情况下，蓄电池容易出现低温不能启动和高温爆炸等问题，受到环境温度变化的影响非常大，而超级电容能在相当宽的温度下保持良好的性能。超级电容能够正常工作的温度范围可达－40～80℃，远远超过其他蓄电池。

(5) 循环使用寿命长。超级电容的充放电过程实质上是带电粒子的吸附和脱离，没有发生化学反应，所以其循环使用寿命能达到上万次，而常用的铅酸蓄电池通常只能循环充放电数百次。

(6) 工作性能稳定免维护。超级电容对充电和放电具有很好的承受能力，且工作中只发生物理反应，理论上基本不需要维护和修理。

(7) 环境友好。在生产超级电容的过程中不需要使用重金属或化学性质不稳定的有害物质，不会对环境造成污染。

超级电容虽然具有很多独特的性能优势，但缺点也同样明显。

(1) 能量密度不如蓄电池。在同样的重量下，超级电容的能量只是蓄电池的几分之一，续航能力不足，不适合单独作为长时间供电电源。

(2) 工作过程中端电压波动很大。超级电容的端电压会随着充电而上升，随着放电而下降，并且其变化范围很大，波动很明显，不适合直接与负载相连，需要通过电力电子器件维持稳定的输出电压。

(3) 单体超级电容的电压低。超级电容的单体额定电压只有 1～3V，不能满足很多负载的电压要求，因此需要对超级电容进行串并联组合构成超级电容模块，但超级电容的不一致性容易导致超级电容模块的电压不均衡，进而造成超级电容在使用中能量的浪费和工作寿命的缩短，限制了超级电容的发展[3,4]。

(4) 成本高。目前超级电容还是新兴储能装置，没有形成产业化的生产模式，制造成本偏高，还不能大规模投入应用。随着现代化材料工艺水平的高速发展，超级电容的制造成本会越来越低，而且由于其显著的特性优势，在不久的将来，超级电容必定能得到大力发展，并应用在越来越多的领域。

8.1.2 超级电容建模分析

超级电容的建模是为了能设计更好的超级电容储能系统和解决超级电容的能量均衡等问题。所建模型必须具有足够的精度且可以充分反映超级电容的外部电气特性[8]，同时要尽可能地简化模型的参数，以减少模型计算的复杂度。结构简单和高精度的模型，对超级电容应用于储能系统中实现不同单体能量之间的均衡、超级电容储能系统的优化和仿真及其他相关的应用都具有非常重要的作用。而双电层电容器是超级电容的主流研究方向，本书以双电层超级电容为研究对象。

超级电容模型是研究超级电容性能和应用的基础，国内外的学者对其建模问题进行了大量的研究与讨论，目前主要的超级电容模型有双电层理论模型、人工神经网络模型、多孔电极传输线模型、多孔电极传输线模型串联电容-电阻模型、经典等效电路模型和二分支电阻-电容等效电路模型。

1) 双电层理论模型

双电层理论模型从超级电容的物理原理出发来理解其工作原理，最早由德国的 Helmholtz 提出，也称为 Helmholtz 紧密模型。该模型认为，在超级电容的电解液-电极界面两侧，由于离子之间的吸力，在电解液侧和电极侧分别聚集了电荷量相同、极性相反的电荷，并且由于固体炭电极和液体电解液之间存在势垒，界面两侧的电荷不能越界相互中和，最终形成稳定的双电层结构，该模型假设电荷沿着界面均匀排布，简单直观地体现了超级电容的储能特点。Helmholtz 紧密模型如图 8.2 所示。

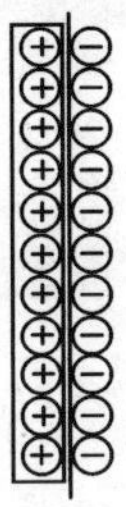

图 8.2　Helmholtz 紧密模型

Helmholtz 紧密模型只考虑了电荷间的静电引力，没有考虑到溶液中带电粒子的热运动和不均匀性，实际上电解液-电极两侧的带电粒子一直处在热运动中，位置是不固定的，只是倾向于均匀分布，所以利用该模型来等效超级电容会具有一定的局限性。结合带电离子的静电吸力和热运动，文献[5]给出了电极-电解液界面的分散层模型，如图 8.3 所示。在该模型中，电解液一侧的电荷在靠近界面的地方均匀分布在界面表侧，形成紧密层，在紧密层之外则是带电粒子不均匀分布的分散层。

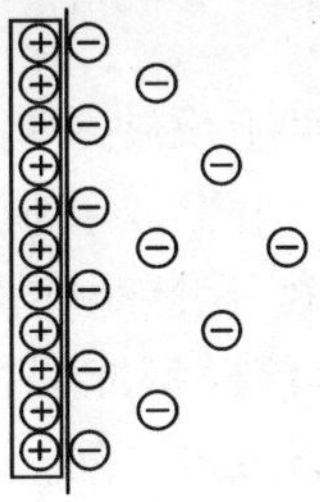

图 8.3　Helmholtz 分散模型

2) 人工神经网络模型

人工神经网络模型的自学习和自适应的优点使得不必考虑超级电容内部复杂的结构，把超级电容视为一个黑匣子，根据输入和输出对超级电容的电气特性进行建模。在保持模型一定精度的前提下，对超级电容模型的参数进行精简，可以得到如图 8.4 所示的超级电容的神经网络模型，输入量包括工作温度 T、充放电电流 I_s、电容 C 和串联电阻 R_s，输出量为超级电容的端电压 U_s。人工神经网络模型的建立依托于大量的充放电数据，这种方式理论上可以无限次地逼近超级电容的非线性工作特性，但它需要大量数据，而且对不同的超级电容移植性差。

3) 多孔电极传输线模型

超级电容的电极表面大多具有三维小孔以获得足够大的表面积，而孔径、孔

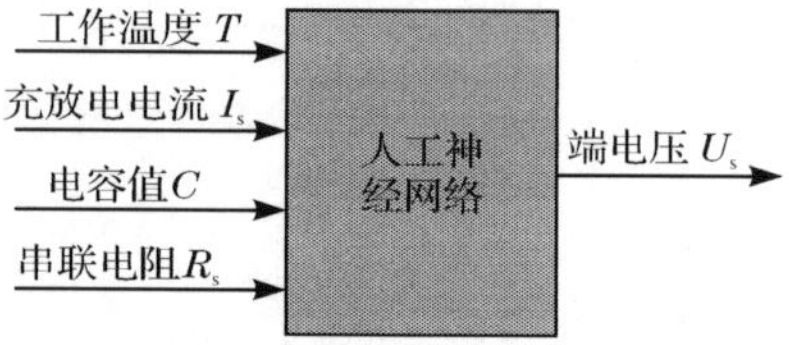

图 8.4　超级电容的神经网络模型

隙等都具有很大的差异性和离散性，影响超级电容的电气性质，以至于不能简单地用一个电阻和一个电容来等效，只能用多个具有不同时间常数的电阻-电容支路并联构成传输线网络来等效超级电容的模型。多孔电极传输线模型如图 8.5 所示。该模型太过复杂，参数过多，虽然能很好地解释超级电容的电气特性，但是不具有实际使用的价值。

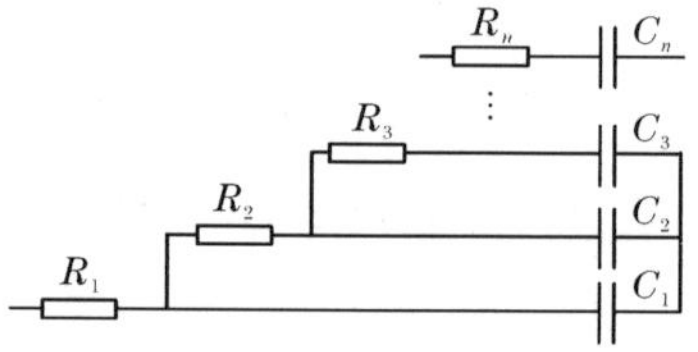

图 8.5　多孔电极传输线模型

以上模型虽然都在一定程度上反映了超级电容的工作性能和电气特性，但是由于模型结构复杂、适用性差等缺陷，这些模型并不适合于工程实际，对超级电容的应用与储能系统的优化和均衡不能提供很好的参考价值。超级电容的等效电路模型很好地解决了这一问题，该模型能够在一定精度上反映超级电容的工作特性并且具有很好的实用价值。超级电容的等效电路模型简单直观地反映了超级电容的外部电气特性，因此越来越受到研究者的关注。它使用基本的电阻-电容网络来准确描述超级电容的工作特性，参数能够辨识并且具有明确的意义，为实际应用超级电容提供了基础，并使人们能够对超级电容单体和储能系统整体性能与使用优势进行量化分析及评估。

4）串联电阻-电容模型

图 8.6 为超级电容最简单的等效电路模型，R_{esr}为超级电容的等效串联电阻，它影响超级电容的充放电电流，也表征超级电容工作时耗散的功率与发热的程度，并且影响超级电容充放电电流发生变化时端电压的改变。C 是一个理想的电容，它表征超级电容电容值的大小。该模型能够很好地表现超级电容的瞬时动态特性，但不能精确描述超级电容的长期特性，也不能在复杂的仿真系统和其他应用中很好地描述超级电容的电气特性。超级电容的生产厂商一般会给出等效串联电阻 R_{esr}和理想电容 C 的参数，使用非常方便。

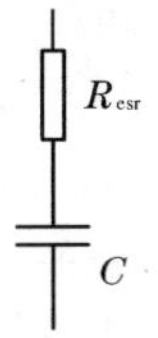

图 8.6　串联电阻-电容模型

该模型虽然在复杂应用中精度不高，但在简单应用及设计超级电容的电压均衡电路时，可以用来降低设计难度。

5）经典等效电路模型

经典等效电路模型[6]如图 8.7 所示，包括等效串联电阻 R_{esr}、等效并联电阻 R_{epr}和理想电容 C。经典等效电路模型是在串联等效电路的基础上增加了并联电阻 R_{epr}，并联电阻 R_{epr}反映的是超级电容长期储能的自放电现象。超级电容在长期储存的情况下，会发生一定的自放电现象，由于并联电阻很大，自放电电流很小，因此在短期充放电条件下可以不考虑自放电现象，只有在长期工作情况下需要考虑。经典等效电路能够较好地表征超级电容的电气特性，是在工程中应用最多的超级电容模型。

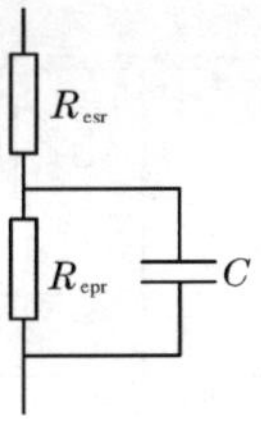

图 8.7　经典等效电路模型

6）二分支电阻-电容等效电路模型

由于特殊的内部结构，超级电容可以看成由无数个电阻-电容分支构成，这些分支的电阻和电容各不相同，具有不同的时间常数。通过实验发现，当给超级电容充电时，端电压上升很快，停止充电后，超级电容的端电压会缓慢跌落，这是因为在超级电容内部发生了电荷的扩散与移动，所以简单地用电容和电阻串联构成超级电容不能很好地表征超级电容独特的电气特性。基于此，人们利用具有不同时间常数的不同分支的超级电容模型来层次分明地表征超级电容的瞬时特性和长时间特性。

图 8.8 为超级电容的二分支等效电路模型，共有两个电阻-电容支路，第一支路的时间常数 R_1C_1 小，当对超级电容充电时，第一支路的电流更大，C_1 电压上升速度更快，表现了超级电容的瞬时特性。第二支路时间常数 R_2C_2 更大，C_2 端电压

上升速度慢，当结束对超级电容的充电时，C_2 端电压比 C_1 端电压要小，这时在超级电容内部会发生电荷的内部均衡，即 C_1 通过 R_1、R_2 对 C_2 充电，并最终使电压相同，达到内部的电荷平衡。放电时原理相同。

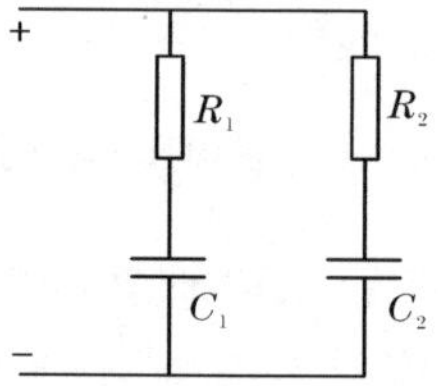

图 8.8　二分支电阻-电容等效电路模型

7）线性三分支电阻-电容等效电路模型

图 8.9 为线性三分支电阻-电容等效电路模型，从左到右的三条支路分别是瞬时支路、短时支路和自放电支路，瞬时支路只有电容的结构，使超级电容的瞬时特性和长时间特性间的区别更加明显，利于模型参数的辨识。另外，该电路模型在二分支的基础上增加了自放电支路 R_3，自放电支路的作用主要体现在超级电容长时间静置时超级电容发生的自放电效应，它比二分支电阻-电容等效电路模型更能体现超级电容长时间静置时电荷和电压的变化。

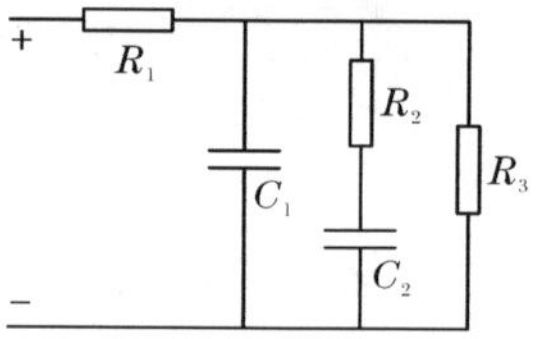

图 8.9　线性三分支电阻-电容等效电路模型

线性三分支电阻-电容等效电路模型的主要参数如下。

（1）等效串联电阻 R_1：把超级电容等效成如图 8.9 所示的电阻、电容组合成的等效电路时，主电路上的电阻部分为等效串联电阻 R_1。

（2）电容 C_1：电容 C_1 为超级电容瞬时支路上的等效电容。

（3）自调整电阻 R_2：电阻 R_2 为超级电容工作结束后的内部电荷自调整电阻。

（4）电荷自调整电容 C_2：电容 C_2 为超级电容工作结束后的内部电荷自分配、自调整电容。

（5）自放电电阻 R_3：电阻 R_3 为超级电容长时间放置时的自放电电阻。

目前超级电容仿真中应用最多的是线性三分支电阻-电容等效电路模型，这是因为其具有一定的精度，而且参数量适中，能够较简单地实现参数辨识。更多支路的超级电容模型虽然在一定程度上提高了对超级电容仿真的精度，但也增加了参数辨识的难度，在实际应用中参数辨识太过复杂，因此难以在工程实践中应用。

8.1.3　非线性三分支电阻-电容等效电路模型

超级电容的内部结构是复杂的电阻-电容网络，不同的支路具有不同的时间常数，当增加超级电容的支路个数时，能获得更高的精度，同时超级电容的参数增多，参数辨识的难度增大，因此，在不是特别注重超级电容参数的场合，经典等效电路模型和线性三分支电阻-电容等效电路模型应用较多。当需要高精度模型时，这两种模型的作用与实际需求相差甚远[7—9]。更多支路的等效电路模型参数计算太过复杂，实际应用中参数辨识过于困难。

本书作者在仿真时发现，超级电容的电容值在仿真过程中并不是定值，而是一个随超级电容端电压变化而变化的量。基于此，本书在线性三分支电阻-电容等效电路的基础上提出了非线性三分支电阻-电容等效电路模型。该模型可以在更长时间范围内表现超级电容的外部电气特性，并且参数的选择尽量精简，使参数的辨识能够实现，方便工程应用。相对于传统的线性三分支超级电容模型，非线性三分支电阻-电容等效电路模型增加了随超级电容端电压变化而变化的电容 C_f，其体现了超级电容端电压变化对电容值的影响，使模型能够更加精确地反映超级电容的外部特性，同时不增加模型的阶数，避免出现模型支路个数增加带来的参数增多和参数辨识难度增加的问题。非线性三分支电阻-电容等效电路模型如图 8.10 所示。

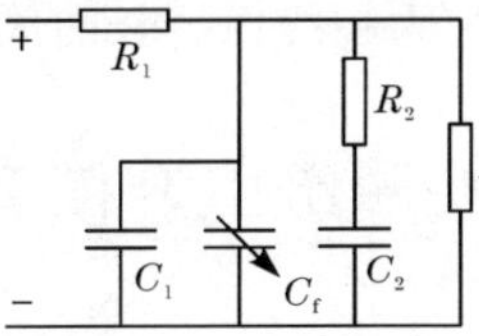

图 8.10　非线性三分支电阻-电容等效电路模型

由图 8.10 可知，R_1 为超级电容的等效串联电阻。第一支路为瞬时支路，由不变电容 C_1、时变电容 C_f 组成，$C_f(t)$是一个随端电压变化而改变的可变电容，它反映了端电压变化对超级电容产生的影响，$C_f(t)$满足

$$C_f(t)=f(U_c(t)) \tag{8.2}$$

式中，U_c 为超级电容的端电压。

开始对超级电容充电时，电流主要经过瞬时支路，通过电阻 R_1 对电容 C_1 和 C_f 充电，此时，超级电容总的等效电容值 C_{total} 为

$$C_{total}=C_1+C_f \tag{8.3}$$

将式(8.2)代入式(8.3)可得

$$C_{total}=C_1+f(U_c(t)) \tag{8.4}$$

在超级电容的仿真过程中，超级电容总的等效电容值与端电压满足线性关系，即

$$C_{total}=C_1+aU_c(t) \tag{8.5}$$

由式(8.2)、式(8.4)和式(8.5)可得

$$f(U_c(t))=aU_c(t) \tag{8.6}$$

$$C_f(t)=aU_c(t) \tag{8.7}$$

第二支路由电阻 R_2 和电容 C_2 构成，由于电阻 R_2 远远大于电阻 R_1，因此动态充放电对超级电容影响很小，这条支路主要体现超级电容充放电结束后的电荷再分配现象。第三支路为电阻 R_3，R_3 是超级电容内部的并联电阻，也称为自放电电阻，这条支路体现的是超级电容长时间静置时的自放电现象。

非线性三分支电阻-电容等效电路模型的主要参数如下。

(1) 等效串联电阻 R_1：把超级电容等效成如图 8.10 所示的电阻、电容组合成的等效电路时，主电路上的电阻部分为等效串联电阻 R_1。

(2) 不变电容 C_1、可变电容 C_f：不变电容 C_1 和随端电压变化而变化的可变电容 C_f 并联共同构成超级电容动态工作过程的总等效电容。

(3) 自调整电阻 R_2：电阻 R_2 为超级电容工作结束后的内部电荷自调整电阻。

(4) 电荷自调整电容 C_2：电容 C_2 为超级电容工作结束后的内部电荷自分配、自调整电容。

(5) 自放电电阻 R_3：电阻 R_3 为超级电容长时间放置的自放电电阻。

8.2 L-M 法超级电容模型参数辨识

超级电容模型用于确定超级电容的各参数与环境因素之间的数学关系，超级电容的建模对超级电容的研究和控制管理系统的开发具有重要意义，而模型参数的辨识是超级电容模型精确性与可行性的关键。模型参数辨识方法主要有直接估算法、极大似然法、最小二乘法、卡尔曼滤波法等[10]。本节将结合电路分析法和 L-M 法对超级电容的模型进行参数辨识[11]。L-M 法是在最小二乘法的基础上，运用非线性优化的方法实现参数的辨识。

8.2.1 超级电容测试实验分析

1. 超级电容充放电实验与分析

为了分析实际工作中超级电容模块的性能表现，本小节开展了一系列实验来检测在 DC/DC 变换器提供不同恒流充放电电流情况下并联的两个 Maxwell BMOD0165-P048 超级电容的电压变化。

首先测试超级电容在10A恒流条件下的充放电完整曲线，实验在室温条件下进行，具体步骤如下。

(1) 静置超级电容超过3h，让超级电容内部电荷达到平衡状态。

(2) 以10A电流对超级电容充电，直至超级电容端电压达到48.5V，停止充电，静置1h以上。

(3) 以10A电流对超级电容放电，直至超级电容端电压下降到20V，停止放电，静置1h以上。

本实验得到的超级电容内部电荷自调整曲线如图8.11所示，由此可观察超级电容内部的电压自调整现象。

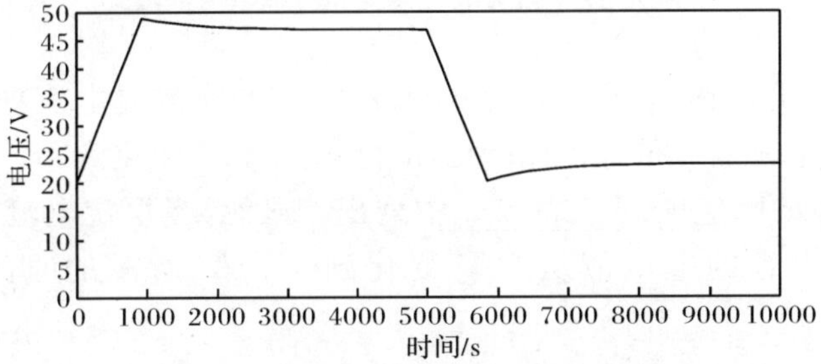

图8.11 超级电容内部电荷自调整曲线

图8.12和图8.13为不同的恒定充放电电流下超级电容从初始电压20V变化到48.5V的充放电电流曲线和充放电电压曲线，通过传感器检测电压变化，0.45s保存一次数据，实验在室温条件下进行。

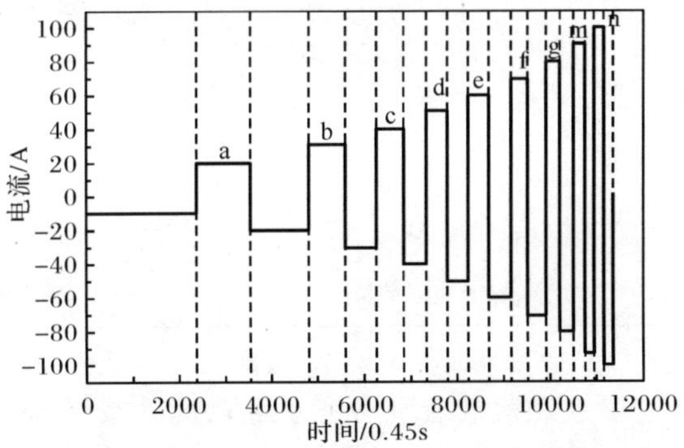

图8.12 超级电容模块充放电电流曲线

图8.12和图8.13展示了在充放电循环中超级电容模块的电压电流的测试数据。负电流表示充电，正电流表示放电，字母a～n分别表示相邻两个短线组成的一个阶段，代表在不同的恒定充放电电流下从第一周期到第九周期的曲线，每个

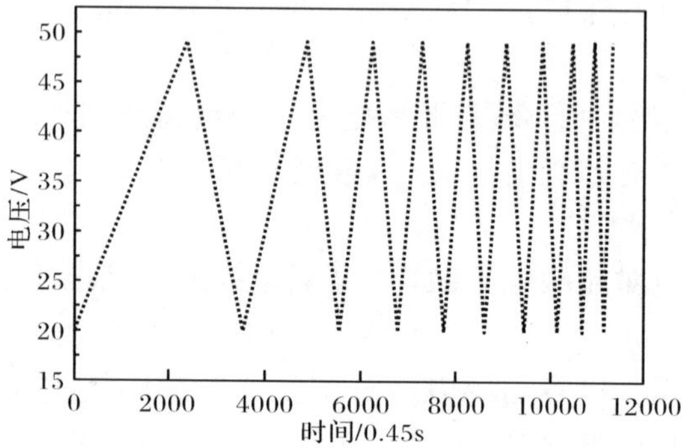

图 8.13　超级电容模块充放电电压曲线

周期中都有一个充电阶段和一个放电阶段，相应的充放电电流如图 8.12 所示。从图中可以看出，随着充放电电流的增加，电压从 20V 变化到 48.5V 所需的时间越来越短，具体的响应时间在表 8.2 中列出。显然，当恒定电流从 20A 上升到 100A 后，超级电容的电压值从 20V 变化到 48.5V 所需的时间从 470s 下降到 94s。

表 8.2　在不同电流下充放电时间

阶段	电流值/A	放电时间/s	充电时间/s
a	20	470	485
b	30	317	323
c	40	239	240
d	50	190	193
e	60	159	162
f	70	136	138
g	80	120	121
m	90	105	107
n	100	94	95

2. 超级电容功率密度和能量密度与充放电电流关系

超级电容提供给负载的功率和功率密度为

$$p=ui \tag{8.8}$$

$$\text{Powerdensity}=\frac{p}{m} \tag{8.9}$$

式中，m 为超级电容的质量（$m=27\text{kg}$）。

由式(8.8)和式(8.9)计算得到超级电容的输出功率如图 8.14 所示。从图中可以看到,在每个恒流充放电循环中,超级电容的输出功率持续减小。恒定电流为 100A 时超级电容的功率达到最大值 4510W,功率密度为 167.03W/kg。图 8.15 给出了超级电容在不同恒流条件下的功率密度谱,可知在实验中充放电电流最大仅上升到 100A。

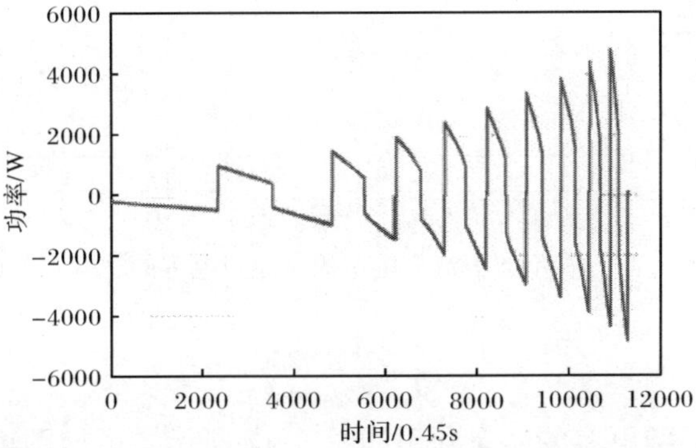

图 8.14　超级电容的输出功率

在不同恒流充电电流下超级电容的功率密度谱如图 8.16 所示。从图中可以看到,实验中最大的能量密度 3.53W·h/kg 出现在充电电流为 10A 时,随着充电电流的增加,超级电容最终的能量密度下降。在本次实验中,超级电容电压的变化范围限制在 20～48.5V。

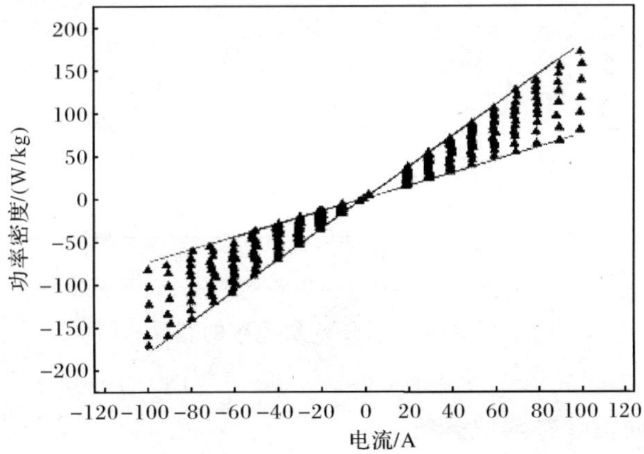

图 8.15　在不同恒流条件下的超级电容的功率密度谱

在充电状态下超级电容储存的能量总是大于它放电时的可用能量,能量利用率为

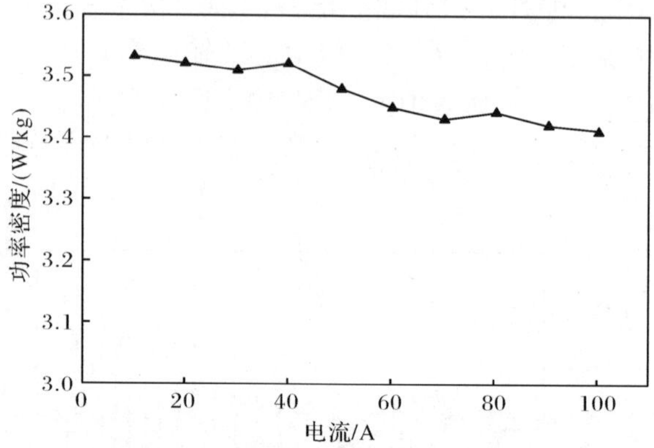

图 8.16　在不同恒流充电电流下超级电容的功率密度谱

$$\eta=\frac{W_{\text{可用能量}}}{W_{\text{存储能量}}} \tag{8.10}$$

不同电流下超级电容的能量利用如图 8.17 所示。由该图可以推断出超级电容有非常高的能量利用率，当电流为 20～100A 时，能量利用率超过 0.95；当电流为 60～100A 时能量利用率更高，超过 0.98；当电流为 80A 时，能量利用率达到最高值 0.992。

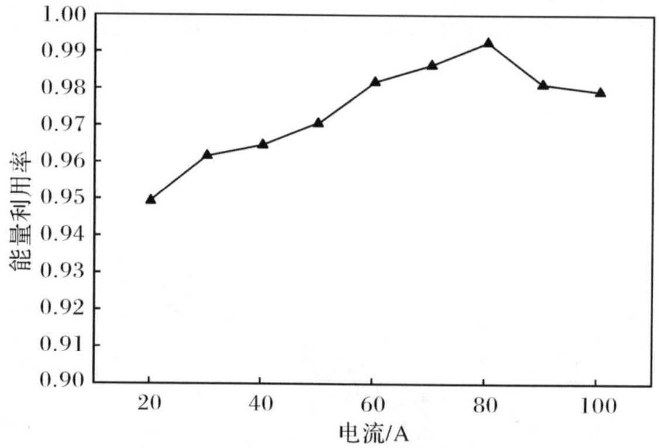

图 8.17　不同电流下超级电容的能量利用率

8.2.2　L-M 法模型参数辨识分析

1. 非线性三分支电阻-电容等效电路模型电路分析

如图 8.10 所示，非线性三分支电阻-电容等效电路模型共有三条支路，第一支路为由不变电容 C_1 和电容值随超级电容端电压变化的电容 C_f 组成的瞬时支路，它反映超级电容的瞬时动态特性；第二支路由固定电阻 R_2 和固定电容 C_2 组成，是超级电容内部的电量自分配和自调整支路，也称为长时间支路；第三支路为 R_3 支路，这条支路体现超级电容长时间静置时的自放电现象，电阻 R_3 也称为超级电容的自放电电阻。

2. L-M 法参数辨识

运用 L-M 法可实现超级电容等效电路模型简化参数的辨识，取待定系数为 $w=[C_1 \quad a]^{\mathrm{T}}$，给系数设定一个初值 $w^0=[C_1^0 \quad a^0]^{\mathrm{T}}$。在 t_1 时刻实际测量所得端电压值 $U_{\mathrm{c}}(t_1)$ 记为 u_{m1}，t_1 时刻模型所得超级电容端电压值 $U'_{\mathrm{c}}(t_1)$ 为

$$U'_{\mathrm{c}}(t_1)=\int_0^{t_1}\frac{I\mathrm{d}\tau}{C_1+C_{\mathrm{f}}}+U_{\mathrm{c}}(0)+IR_1 \tag{8.11}$$

记 $U'_{\mathrm{c}}(t_1)$ 为 $u(t_{m1};w)$，估算样本值为 n，且 $n>2$，取

$$f_{m1}(w)=u_{m1}-u(t_{m1};w),\quad f_{m1}(w)\in\mathrm{R}^1 \tag{8.12}$$

$$J_1(w)=\frac{1}{2}\sum_{m1=1}^{n}[u_{m1}-u(t_{m1};w)]^2=\frac{1}{2}\sum_{m1=1}^{n}f_{m1}(w)^2 \tag{8.13}$$

令 $F_1(w)=[f_1(w) \quad f_2(w) \quad \cdots \quad f_{m1}(w) \quad \cdots \quad f_n(w)]^{\mathrm{T}}$，$F_1(w)\in\mathrm{R}^{n\times1}$，可得

$$J_1(w)=\frac{1}{2}(F(w))^{\mathrm{T}}F(w) \tag{8.14}$$

求解 $J_1(w)$ 最小值的必要条件是使式(8.13)中向量 w 得数为 0，对式(8.13)求导可得

$$\nabla J_1(w)=\sum_{m1=1}^{n}f_{m1}(w)\nabla f_{m1}(w)=0,\quad \nabla J_1(w)\in\mathrm{R}^{2\times1} \tag{8.15}$$

$$\nabla J_1(w)=(\nabla F_1(w))^{\mathrm{T}}F_1(w)=[\nabla f_1(w) \quad \cdots \quad \nabla f_{m1}(w) \quad \cdots \quad \nabla f_n(w)]\begin{bmatrix} f_1(w)\\ \vdots \\ f_{m1}(w)\\ \vdots \\ f_n(w)\end{bmatrix}=0 \tag{8.16}$$

向量函数 $F_1(w)$ 的雅可比矩阵取为 $H_1(w)$，$H_1(w)=\nabla F_1(w)$，对 f_{m1} 的待定系数求导可得

$$\nabla f_{m1}(w)=\left[\frac{\partial f_{m1}}{\partial C_1} \quad \frac{\partial f_{m1}}{\partial a}\right]^{\mathrm{T}}=\left[\frac{\partial f_{m1}}{\partial w_1} \quad \frac{\partial f_{m1}}{\partial w_2}\right]^{\mathrm{T}} \tag{8.17}$$

雅可比矩阵为

$$H_1(w)=\nabla F_1(w)=\begin{bmatrix}\dfrac{\partial f_1}{\partial w_1} & \dfrac{\partial f_1}{\partial w_2}\\ \vdots & \vdots\\ \dfrac{\partial f_{m1}}{\partial w_1} & \dfrac{\partial f_{m1}}{\partial w_2}\\ \vdots & \vdots\\ \dfrac{\partial f_n}{\partial w_1} & \dfrac{\partial f_n}{\partial w_2}\end{bmatrix} \tag{8.18}$$

式中，$H_1(w)\in \mathrm{R}^{n\times 2}$，在 w^k 点处的雅可比矩阵为 $H_1(w^k)$。

参数 w 的初值为 $w^0=[C_1^0 \quad a^0]^{\mathrm{T}}$，第 k 次迭代后，参数估计值与真实值的误差为

$$\sigma^k=w-w^k=[C_1-C_1^k \quad a-a^k]^{\mathrm{T}},\quad \sigma\in \mathrm{R}^{2\times 1} \tag{8.19}$$

当 $\sigma^k\to 0$ 时，在 w^k 点对 $\nabla J_1(w)$ 进行 Taylor 级数的局部线性化展开，在 w^k 点邻域的线性化函数 $F_1(w)$ 为

$$F_1(w)=F_1(w^k)+\nabla F_1(w^k)(w-w^k) \tag{8.20}$$

将式(8.20)代入式(8.16)中，可求解出 σ^k 的值，表示第 k 次迭代方向，即牛顿方向，考虑到迭代过程对初始值的依赖，且得到的 $H_1^{\mathrm{T}}H_1$ 有可能非正定，因此在实际迭代中做一定的修正，引入阻尼系数，具体表达式为

$$\sigma^k=-[(H_1(w^k))^{\mathrm{T}}H_1(w^k)+\lambda^k I]^{-1}(H_1(w^k))^{\mathrm{T}}F_1(w^k) \tag{8.21}$$

求解雅可比矩阵可求得牛顿方向，由式(8.12)可得

$$\nabla f_{m1}(w)=-\nabla u(t_{m1};w)=-\left[\frac{\partial u(t_{m1};w)}{\partial w_1} \quad \frac{\partial u(t_{m1};w)}{\partial w_2}\right] \tag{8.22}$$

由基尔霍夫电压定律可知

$$U_{\mathrm{c}}(t)=I(t)R_1+\frac{\int_0^t I(\tau)\mathrm{d}\tau}{C_1+aU_{\mathrm{c}}(t)} \tag{8.23}$$

对式(8.23)中待定系数求一阶偏导数，可得向量矩阵 B_1 为

$$B_1=\left[\frac{-\int_0^t I(\tau)\mathrm{d}\tau}{(C_1+aU_{\mathrm{c}}(t))^2} \quad \frac{-U_{\mathrm{c}}(t)\int_0^t I(\tau)\mathrm{d}\tau}{(C_1+aU_{\mathrm{c}}(t))^2}\right] \quad B_1\in \mathrm{R}^{2\times 1} \tag{8.24}$$

将式(8.24)代入式(8.23)，再代入式(8.18)，可求解出雅可比矩阵为

$$H_1(w^k)=\nabla F_1(w)\big|_{w^k}=\begin{bmatrix}-B_1^{\mathrm{T}}\big|_{(t_1;w^k)}\\ \vdots\\ -B_1^{\mathrm{T}}\big|_{(t_{m1};w^k)}\\ \vdots\\ -B_1^{\mathrm{T}}\big|_{(t_n;w^k)}\end{bmatrix} \tag{8.25}$$

对式(8.25)中 w 求一阶偏导数使其为 0，且使二阶偏导数大于 0。L-M 法的具体步骤如下。

(1) 给定初始点 θ^0，$\theta^0 \in R^n$，阻尼系数初值 $\lambda^0=0.01$，取精度 $\varepsilon>0$，$k=0$，$v>1$。

(2) 计算 $F_1(\theta^k)$，$\nabla F_1(\theta^k)$。

(3) 求迭代方向 σ^k，$\sigma^k=-[(H_1(w^k))^T H_1(w^k)+\lambda^k I]^{-1}(H_1(w^k))^T F_1(w^k)$。

(4) 若 $\|\nabla J_1(\theta_k)\|<\varepsilon$，则迭代停止，解得 θ^k；否则，转步骤(5)。

(5) 若 $J_1(\lambda^k/v)\leqslant J_1(\lambda^{k+1})$，则 $\lambda^{k+1}=\lambda^k/v$。

(6) 若 $J_1(\lambda^k/v)>J_1(\lambda^{k+1})$ 且 $J_1(\lambda^k)\leqslant J_1(\lambda^{k+1})$，则 $\lambda^{k+1}=\lambda^k$。

(7) 若 $J_1(\lambda^k/v)>J_1(\lambda^{k+1})$ 且 $J_1(\lambda^k)>J_1(\lambda^{k+1})$，则 k 与 v 相乘后逐步增加 λ，直至找到最小的 w，并满足 $J_1(\lambda^k v^w)<J_1(\lambda^{k+1})$，使得 $\lambda^{k+1}=\lambda^k v^w$。

(8) $k=k+1$，转步骤(3)。

L-M 法的流程如图 8.18 所示。

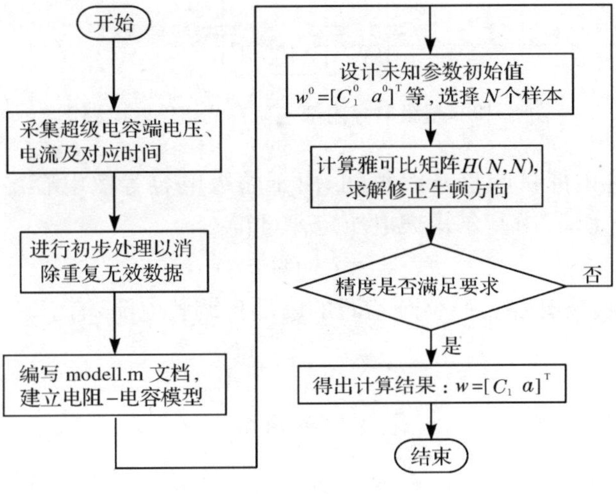

图 8.18　L-M 法的流程

3. 自调整支路辨识

结束对超级电容充放电操作后，超级电容进入内部电压自调整阶段，在此阶段中，超级电容中不变电容内部等效电容 C_1、可变电容 C_f 通过等效电阻 R_2 对电荷自调整电容 C_2 充电，此时有

$$U_{c1}=R_2 I_i+U_{c2} \tag{8.26}$$

当超级电容内部达到电压稳定状态时，有

$$U_{c1}=U_{cf}=U_{c2} \tag{8.27}$$

超级电容内部电荷自调整等效电路如图 8.19 所示。取电压自调整前等效电

容 C_1 端电压为 v_0,等效电容 C_2 的初始电压为超级电容充电之前电压初始值,取为 v_{01},电压自调整后等效电容 C_1 端电压为 v_∞,在电压自调整期间,内部的电荷总量不变,可得

$$Q_0=Q_\infty \tag{8.28}$$

式中,Q_0 为调整前超级电容内部的总电荷;Q_∞ 为电压自调整后的总电荷。由此可得

$$v_0(C_1+C_f)+v_{01}C_2=v_\infty(C_1+C_f+C_2) \tag{8.29}$$

将式(8.7)代入式(8.29)中,可得

$$v_0(C_1+av_0)+v_{01}C_2=v_\infty(C_1+av_\infty+C_2) \tag{8.30}$$

式中,v_0、v_{01}、v_∞ 均为已知数,故可求解超级电容等效电容 C_2。

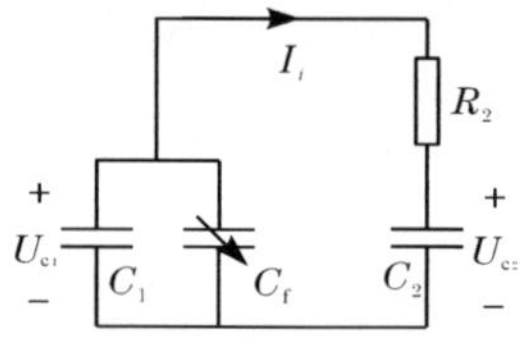

图 8.19 超级电容内部电荷自调整等效电路图

在超级电容内部自调整开始瞬间,由于超级电容等效电容足够大,可以认为端电压 U_{c1} 为一定值,由基尔霍夫电压定律可得

$$v_0=i\cdot R_2+v_{01} \tag{8.31}$$

式中,电流 i 为超级电容自调整开始时的内部自调整电流,有

$$i=(C_1+C_f)\frac{\mathrm{d}U_{c1}}{\mathrm{d}t} \tag{8.32}$$

将式(8.31)和式(8.7)代入式(8.32),可得

$$v_0=(C_1+av_0)\frac{\mathrm{d}U_{c1}}{\mathrm{d}t}R_2+v_{01}=(C_1+av_0)\frac{\Delta U_{c1}}{\Delta t}R_2+v_{01} \tag{8.33}$$

由超级电容充电后静置电压曲线可知 $\Delta U_{c1}/\Delta t$,因此可得超级电容的等效电阻 R_2。

线性三分支电阻-电容等效电路参数可由同样方法辨识。本书使用 L-M 法辨识所得非线性三分支电阻-电容等效电路模型参数如表 8.3 所示。

表 8.3 非线性三分支电阻-电容等效电路模型参数

参数	数值
R_1/Ω	0.041
R_2/Ω	30.04

续表

参数	数值
R_3/kΩ	12.6
C_1/F	328.07
C_f/F	$0.32U_c$
C_2/F	26.63

线性三分支电阻-电容等效电路模型参数如表 8.4 所示。

表 8.4 线性三分支电阻-电容等效电路模型参数

参数	数值
R_1/Ω	0.041
R_2/Ω	31.64
R_3/kΩ	12.6
C_1/F	338.71
C_2/F	25.28

如图 8.20 所示，密虚线为超级电容在 10A 充电电流下的实测曲线，实线和疏虚线分别为非线性三分支电阻-电容等效电路模型和线性三分支电阻-电容等效电路模型在 10A 充电电流下的仿真曲线。从图中可以看出，运用基于 L-M 法辨识的参数建立的非线性三分支电阻-电容等效电路模型和线性三分支电阻-电容等效电路模型均能很好地反映超级电容的工作特性。

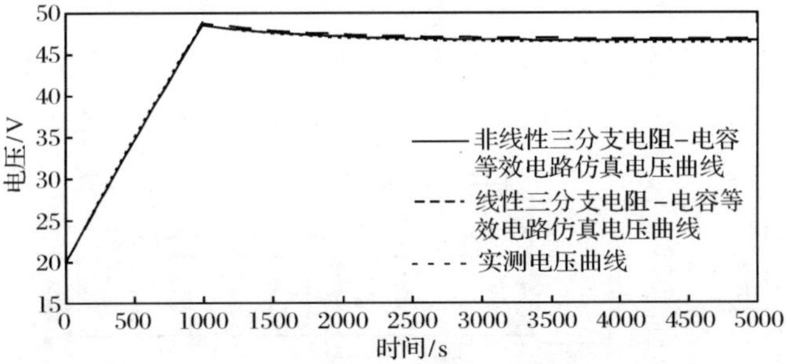

图 8.20 10A 充电电流下超级电容实测电压曲线和仿真电压曲线

8.3　基于测试台架的超级电容模型仿真与验证

8.3.1　基于 Simulink 的超级电容仿真

Simulink 软件是一款由美国 Mathworks 公司专门研制的以 MATLAB 作为动态系统建模与仿真的功能非常强大的软件。Simulink 以 MATLAB 为开发平台，可以灵活地用于线性系统、非线性系统、离散系统、连续系统及混合系统的动态变化过程的仿真和分析。可以将模型通过框图的形式表达，或者添加新的模块与原有的模块进行组合，可以任意修改模型参数，最终将仿真过程和仿真结果可视化地显示出来。

基于 L-M 法参数辨识，在 Simulink 中建立超级电容非线性三分支电阻-电容等效电路模型，其中，等效电容 C_1 取为 318.07F，电容取为 0.32$V_{c(t)}$，$V_{c(t)}$ 为超级电容端电压值，电容 C_2 取为 26.63F，如图 8.21 所示。

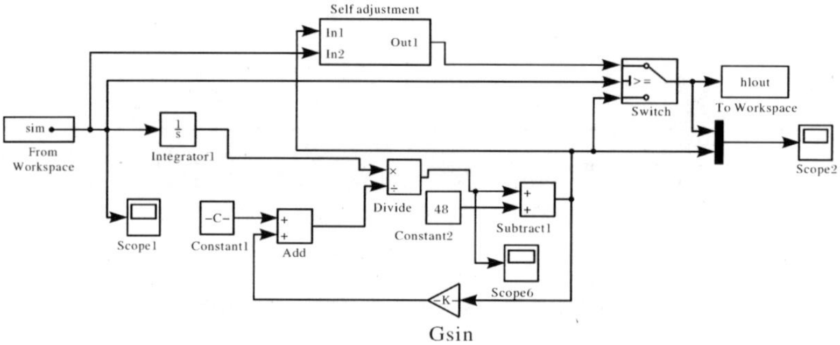

图 8.21　超级电容非线性三分支电阻-电容等效电路模型

在 Simulink 中建立超级电容线性三分支电阻-电容等效电路模型。其中，等效电容 C_1 取为 328.71F，电容 C_2 取为 25.28F，如图 8.22 所示。

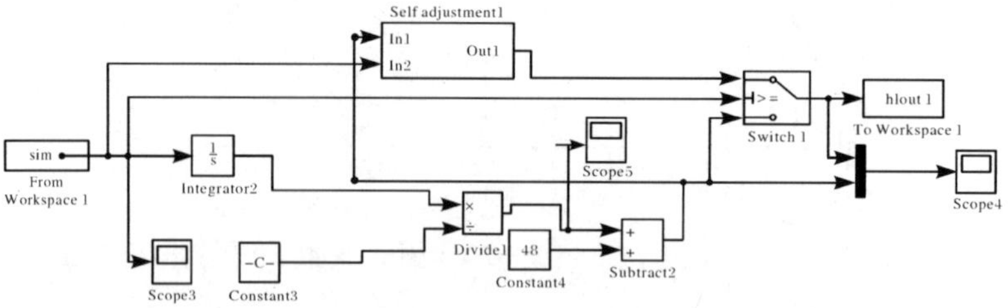

图 8.22　超级电容线性三分支电阻-电容等效电路模型

为了验证超级电容等效电路模型对超级电容实际工作情况的动态仿真效果，

这里对测试台架中的超级电容进行动态充放电实验，并把电流输入 Simulink 仿真模型的输入端，观察仿真波形。在测试台架上分别对超级电容进行恒流充放电实验，并且与锂离子电池共同组成能量系统进行美国城市道路循环工况、欧洲道路行驶循环工况实验。在测试台架上模拟超级电容在电动汽车实际运行中的性能表现，同时用 Simulink 分别对线性三分支等效电路模型和非线性三分支电阻-电容等效电路模型进行仿真和误差分析，验证非线性电阻-电容三分支等效电路模型的可行性和精确性。

8.3.2　基于测试台架的模型仿真验证

1. 恒流充放电分析验证

在测试台架上对超级电容进行恒流充放电实验，恒流充放电电流曲线如图 8.23所示，电流采样周期为 1s，电压采样周期为 1s，充放电电流大小依次从 20A 变化到 100A，使超级电容在 20～48.5V 的电压范围内工作，工作时间为 3780s，实验在室温条件下进行。超级电容在测试台架上的实际电压曲线如图 8.24所示。

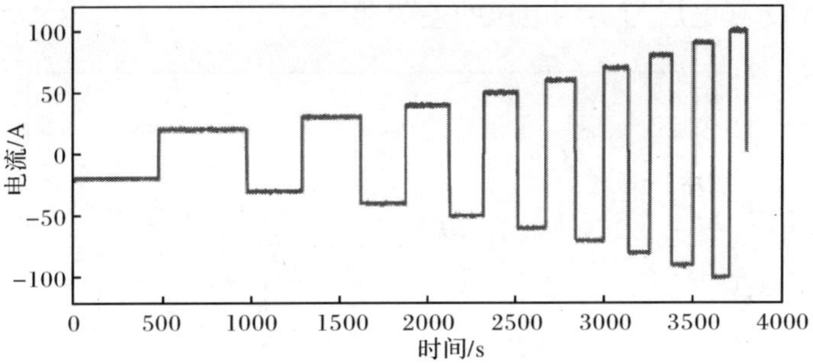

图 8.23　恒流充放电电流曲线

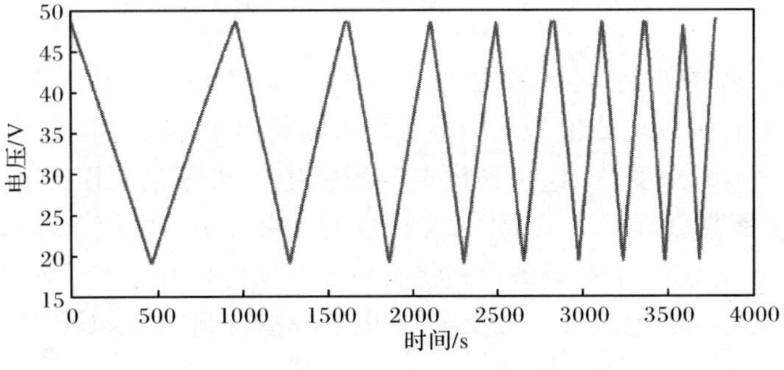

图 8.24　超级电容在测试台架上的实际电压曲线

在 Simulink 中对超级电容分别进行非线性三分支电阻-电容等效电路模型和线性三分支电阻-电容等效电路模型仿真，得到仿真电压曲线，并把仿真电压曲线与实测电压曲线进行比较，如图8.25所示。

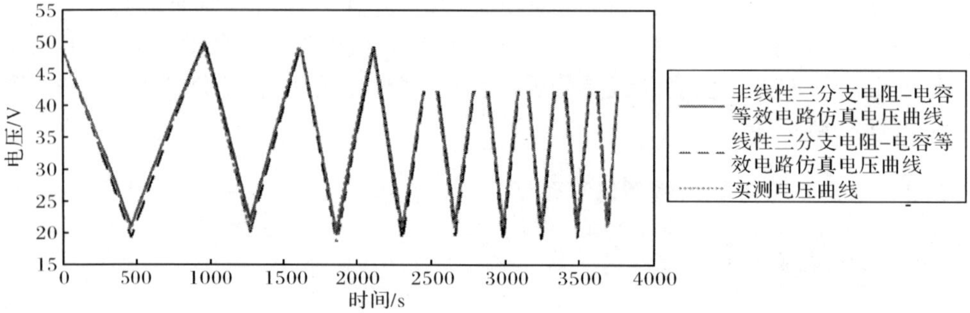

图 8.25　超级电容实测电压曲线与仿真电压曲线

非线性三分支电阻-电容等效电路模型和线性三分支电阻-电容等效电路模型仿真所得电压值与实测电压值的误差如图 8.26 所示，图中，a 为非线性三分支电阻-电容等效电路模型仿真电压与实测电压的差值曲线，b 为线性三分支电阻-电容等效电路模型仿真电压与实测电压的差值曲线。

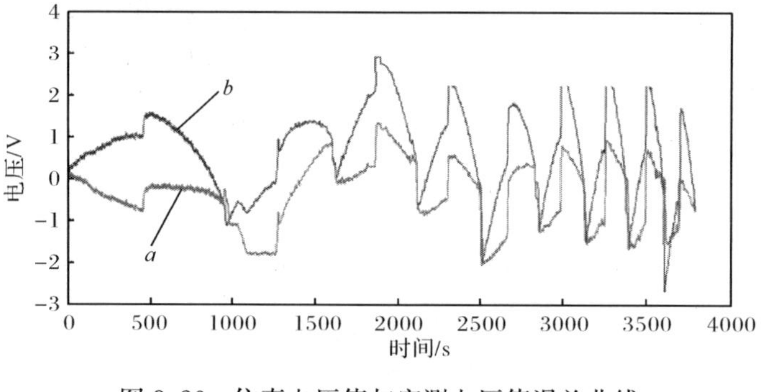

图 8.26　仿真电压值与实测电压值误差曲线

由图 8.25 和图 8.26 可以看出，线性三分支电阻-电容等效电路模型和非线性三分支电阻-电容等效电路模型均能很好地跟随超级电容的实际电压变化，只有在充放电电流发生剧烈变化时，仿真模型与超级电容实际电压误差才会增大，但仿真模型很快又能重新调整和跟随超级电容的实际电压值，使误差减小。在整体上，非线性三分支电阻-电容等效电路仿真模型与实际电压值拟合度更高。非线性三分支电阻-电容模型与线性三分支电阻-电容模型仿真误差如表 8.5 所示。

表 8.5　非线性三分支电阻-电容等效电路模型与线性三分支电阻-电容等效电路模型仿真误差分析

项 目	非线性三分支电阻-电容等效电路模型	线性三分支电阻-电容等效电路模型
电压误差范围/V	－2.0369～1.3226	－2.6962～3.1053
最大相对误差/%	4.24	6.46
误差均方和	2641.3345	5664.5684

由表 8.5 可知，线性三分支电阻-电容等效电路模型电压误差范围为－2.6962～3.1053V，非线性三分支电阻-电容等效电路模型电压误差范围为－2.0369～1.3226V。误差均方和是在整个测试过程中，仿真电压与实测电压的误差平方总和，代表了仿真的整体误差，线性三分支电阻-电容等效电路模型电压整体误差也较非线性三分支电阻-电容等效电路模型大。因此，非线性三分支电阻-电容等效电路模型能够更精确地反映超级电容的电压变化。通过 L-M 法对模型进行参数辨识，并分析误差，可知该方法中非线性三分支电阻-电容等效电路模型相对线性三分支电阻-电容等效电路模型更稳定且精确度更高。

2. ECE 工况分析验证

电动汽车需要在各种复杂的路况下行驶，对能量的需求不是稳定的，而是时刻在发生变化，因此，需要对超级电容在复杂工况下的性能表现进行分析。

行驶工况是车辆在实际道路上行驶的体现，具有典型的驾驶特性，可以反映车辆真实的运行情况，能够用于车辆的研究、检查、论证等。世界范围内主要的行驶工况有 UDDS 工况、ECE 工况等[12,13]。本节将分析超级电容在 ECE 工况下的模型仿真。

ECE 工况下超级电容电流曲线如图 8.27 所示，电流采样周期为 1s，电压采样周期为 1s，工作时间为 1580s，实验在室温下进行。

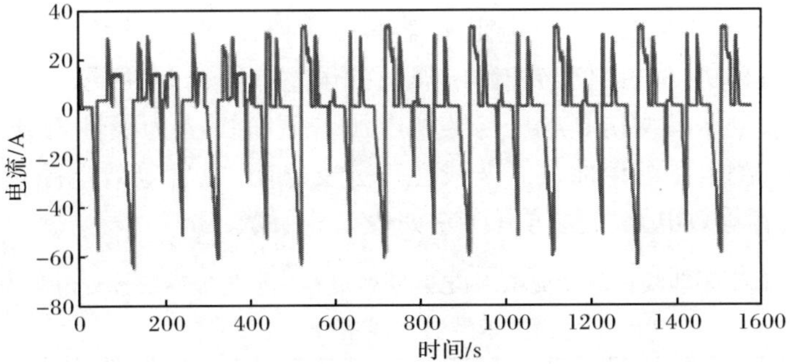

图 8.27　ECE 工况下超级电容电流曲线

ECE 工况下超级电容电压曲线如图 8.28 所示。

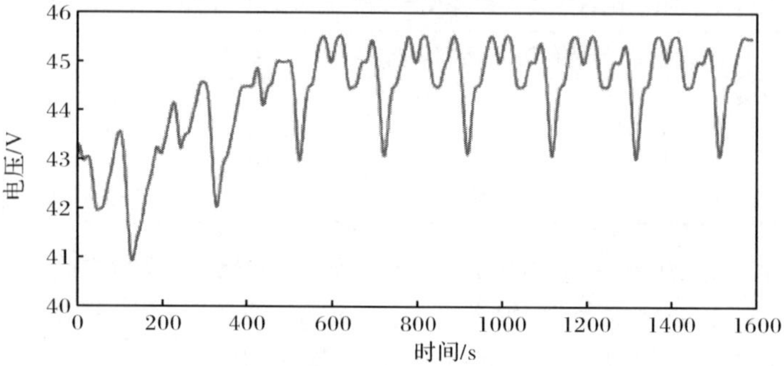

图 8.28　ECE 工况下超级电容电压曲线

在 Simulink 中对超级电容分别进行非线性三分支电阻-电容等效电路模型和线性三分支电阻-电容等效电路模型 UDDS 工况仿真，得到的仿真电压曲线如图 8.29 所示。其中，a 为测试台架实测电压曲线，b 为超级电容非线性三分支电阻-电容等效电路模型仿真曲线，c 为线性三分支电阻-电容等效电路模型仿真曲线。

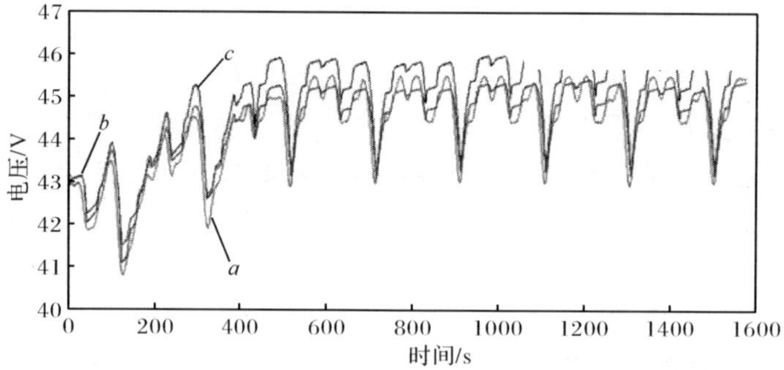

图 8.29　ECE 工况下超级电容实测电压曲线和仿真电压曲线

ECE 工况下非线性三分支电阻-电容等效电路模型和线性三分支电阻-电容等效电路模型仿真所得电压值与实测电压值的误差如图 8.30 所示。其中，a 为非线性三分支等效电路模型仿真电压与实测电压差值曲线，b 为线性三分支电阻-电容等效电路与实测电压差值曲线。非线性三分支电阻-电容等效电路模型与线性三分支电阻-电容等效电路模型仿真误差如表 8.6 所示。

表 8.6　ECE 工况下非线性三分支电阻-电容等效电路模型与线性三分支电阻-电容等效电路模型仿真误差分析

项 目	非线性三分支电阻-电容等效电路模型	线性三分支电阻-电容等效电路模型
电压误差范围/V	−1.036～0.3468	−1.2833～0.2101
最大相对误差/%	2.16	2.6735
误差均方和	148.2416	636.2642

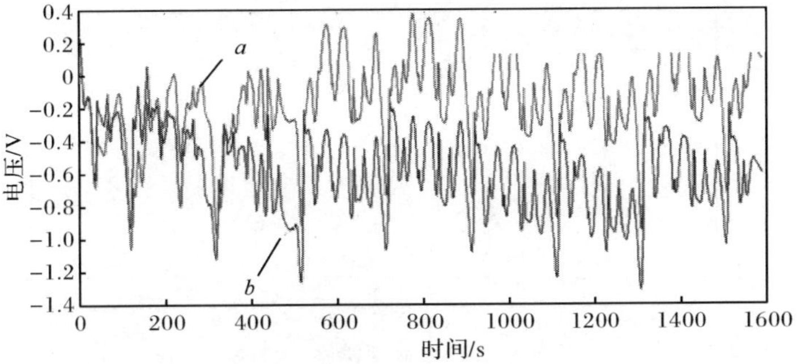

图 8.30　ECE 工况下超级电容仿真电压与实测电压误差曲线

由表 8.6 可知，在 ECE 工况下，线性三分支电阻-电容等效电路模型电压误差范围为−1.2833～0.2101V，最大相对误差为 2.6735%，误差均方和为 636.2642。非线性三分支电阻-电容等效电路模型电压误差范围为−1.036～0.3468V，最大相对误差为 2.16%，误差均方和为 148.2416。

3. UDDS 工况分析验证

UDDS 工况下超级电容电流曲线如图 8.31 所示。电流采样周期为 1s，电压采样周期为 1s，工作时间为 1394s，实验在室温条件下进行。

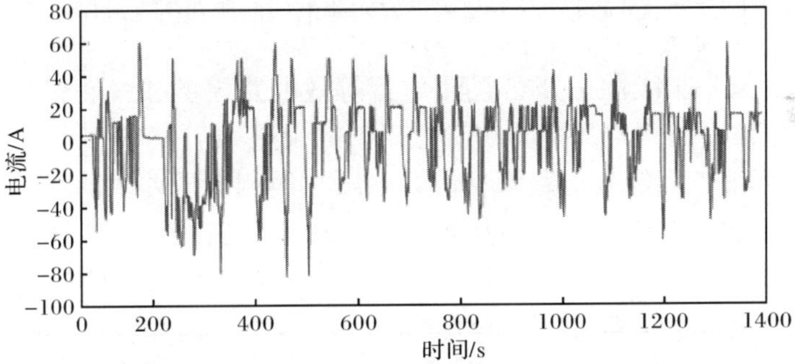

图 8.31　UDDS 工况下超级电容电流曲线

UDDS 工况下超级电容实测电压曲线如图 8.32 所示。

在 Simulink 中对超级电容分别进行非线性三分支电阻-电容等效电路模型和线性三分支电阻-电容等效电路模型 UDDS 工况仿真，得到仿真电压曲线，并把仿真电压曲线与实测电压曲线进行比较，如图 8.33 所示。其中，a 为测试台架实测电压曲线，b 为超级电容非线性三分支电阻-电容等效电路模型仿真曲线，c 为线性三分支电阻-电容等效电路模型仿真曲线。

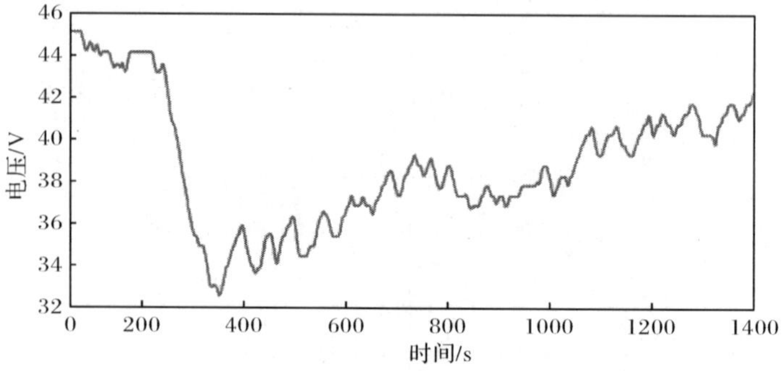

图 8.32　UDDS 工况下超级电容实测电压曲线

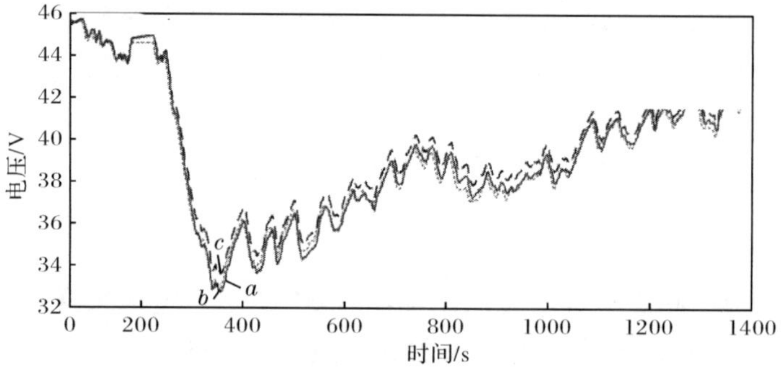

图 8.33　UDDS 工况下超级电容实测电压曲线和仿真电压曲线

UDDS 工况下非线性三分支电阻-电容等效电路模型和线性三分支电阻-电容等效电路模型仿真所得电压值与实测电压值的误差如图 8.34 所示。其中,a 为非线性三分支电阻-电容等效电路模型仿真电压与实测电压差值曲线,b 为线性三分支电阻-电容等效电路模型仿真电压与实测电压差值曲线。非线性三分支电阻-电容等效电路模型与线性三分支电阻-电容等效电路模型仿真误差如表 8.7 所示。

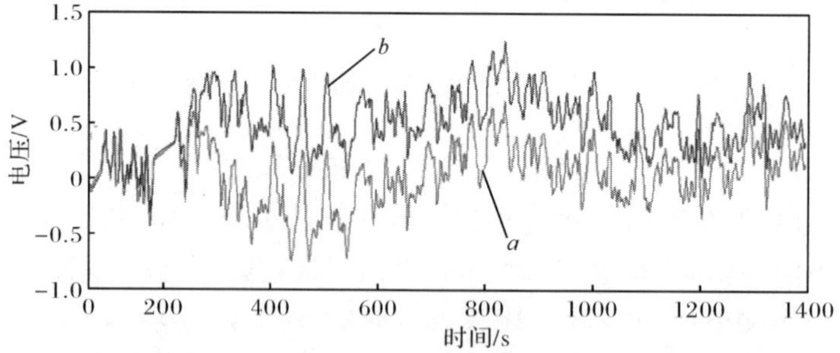

图 8.34　UDDS 工况下仿真电压与实测电压误差曲线

表 8.7　UDDS 工况下等效电路模型仿真误差分析

项 目	非线性三分支电阻-电容等效电路模型	线性三分支电阻-电容等效电路模型
电压误差范围/V	－0.7328～0.7490	－0.2812～1.2961
最大相对误差/%	1.56	2.7
误差均方和	111.8236	514.4694

由表 8.7 可知，在 UDDS 工况下，线性三分支电阻-电容等效电路模型电压误差范围为－0.2812～1.2961V，最大相对误差为 2.7%，误差均方和为 514.4694。非线性三分支电阻-电容等效电路模型电压误差范围为－0.7328～0.7490V，最大相对误差为 1.56%，误差均方和为 111.8236。非线性三分支电阻-电容等效电路仿真误差整体较小，超级电容实测电压相对误差在 1.6%范围内，精度更高。

综上所述，运用 L-M 法辨识的超级电容线性三分支等效电路模型和非线性等效电路模型均能反映超级电容的实际工作状态和性能表现，且可靠性较高。同时，在恒定工作电流状态、ECE 工况及 UDDS 工况下，非线性三分支电阻-电容等效电路模型均具有更小的电压误差，电压误差均方总和远远小于线性三分支电阻-电容等效电路模型，在整体上更为接近超级电容工作的真实电压值。因此，非线性三分支电阻-电容等效电路模型对超级电容的仿真可靠性更高、实用性更强，更适合应用在工程实际中。

参 考 文 献

[1] 罗改霞. 锂离子电池与超级电容器电极材料的理论研究[D]. 大连：大连理工大学，2013.

[2] Li L W，Zhang F，Ma P. Study and realization on the internal impedance of single cell on-line detector [C]//IEEE International Conference on Automation and Logistics (ICAL)，2008，149-161.

[3] Pesaran A A. Battery thermal models for hybrid vehicle simulations[J]. Journal of Power Sources，2002，110(2)：377-382.

[4] Kozlowski J D. Electrochemical cell prognostics using online impedance measurements and model-based data fusion techniques[C]//IEEE Aerospace Conference Proceedings，2003：3257-3270.

[5] 石晓宁. 串联超级电容组参数测试及均衡技术研究[D]. 哈尔滨：哈尔滨工业大学，2006.

[6] 任喜国，杨承志. 超级电容直流电源的研究[J]. 科学技术与工程，2013，13(19)：5642-5648.

[7] Sung L. EIS algorithm based on single-cell impedance system[C]//2013 International Conference on Orange Technology (ICOT)，2013：115-118.

[8] Wang X F，Wang D Z，Do C W，et al. Electrochemical performance of nickel oxide/KOH/active carbon super-capacitor[J]. Journal of University of Science and Technology Beijing (English Edition)，2002，4：277-281.

[9] 李成，杨秀，张美霞，等. 基于成本分析的超级电容器和蓄电池混合储能优化配置方案[J]. 电力系统自动化，2013，37(18)：20-24.

[10] Zhang Y L, Wang Y S, Wu Z X. The research of hybrid energy management system based on super capacitor [J]. 科技信息，2013，5：245-246.

[11] 李琛. 碳基超级电容器及其电气性能研究[D]. 大连：大连理工大学，2013.

[12] Wang L. Realization and analysis of good fuel economy and kinetic performance of a low-cost hybrid electric vehicle [J]. Chinese Journal of Mechanical Engineering, 2011, 5: 774-789.

[13] Hao G L, Liu J, Li Y S, et al. Research of super capacitors SOC algorithms[J]//Proceedings of Electrial Engineering and Control, 2011.

第9章　纯电动汽车整车控制器

9.1　纯电动汽车整车控制器的结构及功能设计

9.1.1　纯电动汽车整车基本结构设计

结合第2章对纯电动汽车动力系统拓扑结构的研究与分析，在优化的动力系统结构的基础上，对纯电动汽车整车基本结构进行总体设计。如图9.1所示，将超级电容、锂离子电池与DC/DC变压模块整合成一个整体，即复合电源管理系统，把整车控制器作为控制核心，控制复合电源系统和电动机控制器，从而控制整个动力系统。

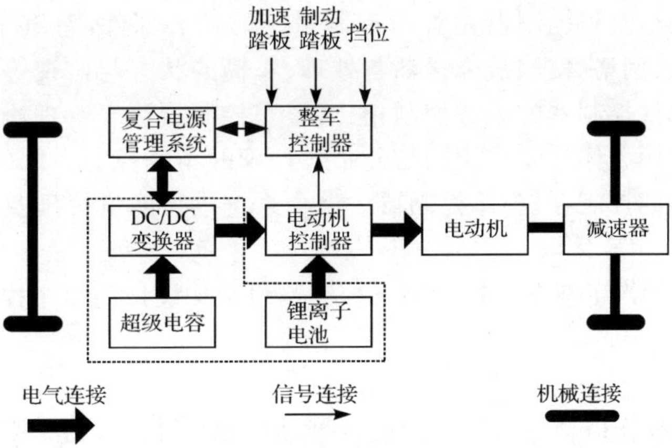

图9.1　纯电动汽车整车基本结构图

9.1.2　整车控制的网络结构设计

在9.1.1节设计的纯电动汽车整车基本结构中，整车控制器与复合电源管理系统和电动机控制器通过信号交换进行控制。为满足汽车系统数据交换量大、实时性和可靠性要求高的特点，整个分布式控制系统间采用CAN进行通信，加速踏板、制动踏板和挡位的信号通过传感器发送到整车控制器中。整车控制器留有与上位机通信的串口接口，纯电动汽车的控制系统网络结构如图9.2所示。

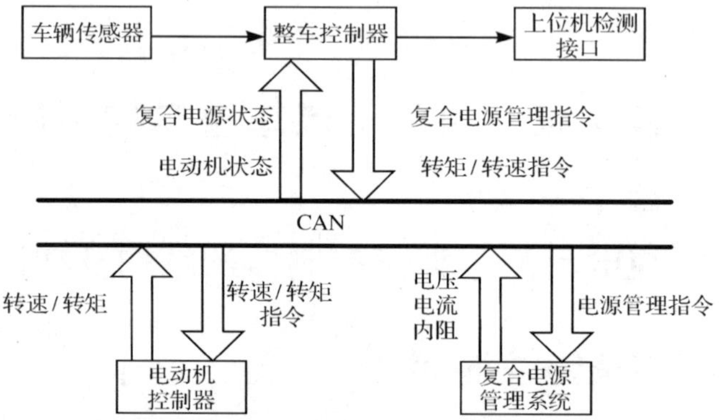

图 9.2 纯电动汽车的控制系统网络结构图

9.1.3 纯电动汽车的整车控制器总体设计

1. 整车控制器的功能

纯电动汽车整车控制器是整车控制系统的核心部件，对汽车的正常行驶、再生能量回收、网络管理、故障诊断与处理、车辆的状态与监视等功能起着关键作用。与各部件控制器的动态控制相比，整车控制器属于管理协调型控制。整个车辆系统采用一体化集成控制与分布式处理的车辆控制系统的体系结构，各部件都有独立的控制器，整车控制器对整个系统进行能量管理及各部件的协调控制[1]。

依据纯电动汽车整车结构和整车控制网络结构设计的整车控制器应该具有以下功能。

1）对驾驶员操作信息的采集与判断

驾驶员的操作信息主要包括挡位信号、加速踏板信号、刹车踏板信号及其他开关操作等。这些操作信息中包括模拟信号和开关信号，需要不同的采集通道，并对不同的信号做出相应的实时处理。处理加速踏板信号和刹车踏板信号时，要结合当前车辆工况（电动机状态及电池状态），对驾驶员的操作做出适当的回馈。

2）能量管理

能量管理功能是纯电动汽车整车控制器的核心功能。纯电动汽车的能量来源是蓄电池，车上的用电设备很多，因此需要合理的能量管理策略来提高续航能量。整车控制器需要实时监控用电设备的状态，协调能耗，提高整车的能量使用效率。同时，要将制动的能量回收到电池组中，这也是提高能量利用率的重要手段。

3）车辆状态信息的实时采集

汽车是一个复杂的整体，要对这样一个整体做出判断，必须依靠多路实时信息，因此整车控制器对车辆状态信息的实时采集是车辆可靠、安全运行的前提。车辆的状态信息包括车辆温度信号、车速信号、辅助电池电压信号及通过CAN通信的复合电源系统和电动机控制器及各子系统的状态、故障信号等，只有实时采集信息才能对故障做出及时的处理。

4）整车故障诊断和处理

整车控制器通过采集的实时信息和故障信号及总线状态，采取一定的故障诊断方法，诊断系统故障，并根据故障内容划分故障等级，同时建立故障处理系统，针对不同的故障采用不同的处理方法，保障整车运行安全。

2. 纯电动汽车整车控制器结构设计

充分考虑纯电动汽车整车控制器的功能需求，满足整车控制器对开关量信号、模拟量信号和连续脉冲信号的采集能力，以及整车控制器与其他子系统电子控制单元(electronic control unit，ECU)或者上位机的通信能力，并对强电部分进行控制。设计的整车控制器硬件系统结构如图9.3所示。

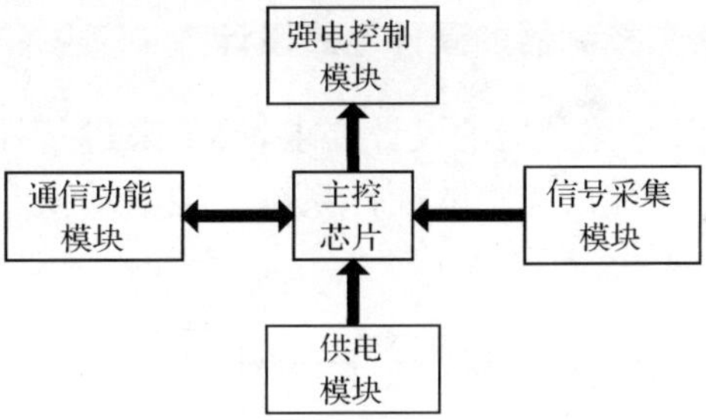

图9.3　整车控制器硬件系统结构图

3. 整车控制器设计技术需求分析

综上所述，为了更好地实现整车控制器的功能，对其设计提出了以下技术要求。

(1) 整车控制器需要具备多路模拟量及数字量输入接口、CAN通信接口及功率驱动接口。

(2) 整车控制器要具有一定的运算能力和很高的可靠性，为选择合适控制算法实现车辆最优控制提供基本保障。

(3) 整车控制器应该具有至少两个电源模块，供光耦隔离或者功率驱动使用。同时，能够承受浪涌、尖峰脉冲等干扰。

(4) 电动汽车包含电动机及电动机驱动器等大功率器件,有较强的电磁干扰,因此需要具有良好的电磁兼容性。

9.2 整车控制器硬件电路设计

整车控制器的硬件系统可以分成以下模块:电源模块、时钟晶振电路模块、断电保护电路模块、复位电路模块、功率驱动模块、CAN 通信模块、模拟量采集电路模块、开关量采集电路模块、串口通信模块[2]。本节首先分析控制器的工作过程,然后介绍各个模块的设计,最后搭建完整的硬件电路。

通过分析整车控制器的工作过程,可以清楚地了解整个控制器系统的信息流动及各个模块的作用。

整车信息通过各个模块流向整车控制器。整车控制器采集和处理模拟量信号(0～5V)、数字量信号及通过 CAN 方式通信的其他控制单元(主要是电动机控制器和复合电源系统)的节点数据,控制软件处理后,将结果以 CAN 通信方式发送到总线,各个单元接收数据并进行相应的处理,以驱动模块完成整车控制器的指令,同时一些必要的信息也可通过整车控制器发送到仪表。

9.2.1 纯电动汽车整车控制器的硬件电路设计

根据纯电动汽车整车控制器的设计要求,接下来进行控制器的主芯片选型和其外围电路设计,最后搭建成完整的硬件系统。纯电动汽车整车控制器硬件功能结构如图 9.4 所示。

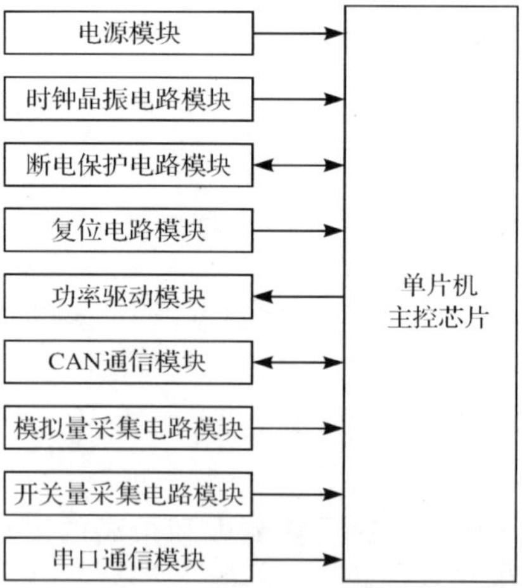

图 9.4 纯电动汽车整车控制器硬件功能结构图

1. 整车控制器的主芯片选型

纯电动汽车的整车控制器是一个多输入多输出的系统，其中包括模拟信号、数字信号、CAN 通信和串口通信等。因此，选用的单片机应该集成 A/D 转换模块、CAN 通信模块和串口通信模块，I/O 资源尽量丰富。同时，芯片必须稳定可靠，能够在较为恶劣的环境中正常工作。

本书选择较为熟悉的 PIC 系列高档单片机，考虑到开发的便捷性，本次设计没有采用功能更为强大的 16 位或 32 位单片机，而是选择了 PIC18F258 芯片。该芯片是微星公司 8 位单片机中的高档系列，其集成了 CAN 通信模块、5 路 A/D 模块及串口通信接口，PIC18F258 引脚[2]如图 9.5 所示。

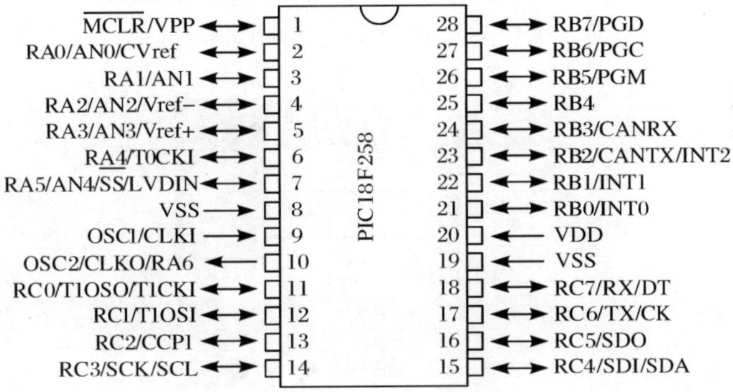

图 9.5　PIC18F258 引脚图

2. 电源模块和时钟晶振电路的设计

稳定的电源是单片机系统正常工作的前提，因此首先进行电源模块设计。整车控制器的供电来源是车载电源，一般轿车车载电源电压为 12V，而单片机系统输入电压为 5V，因此需要设计合适的电源模块为系统供电。在整个单片机系统中，部分元件的工作电压为 12V 和 24V，还要考虑到存在光耦隔离的问题，因此要设计多个电源。

1) 5V 电源

在整个单片机系统中，大部分元件的输入电压为 5V，因此要考虑到 5V 电源的功率问题，这里设计了两个 5V 电源，选用两片 B1205S-2W 作为 12V 转 5V 的变压。图 9.6 为 5V 电源模块。

12V 车载电源首先需要经过进行滤波，然后接到芯片的 1 引脚和 2 引脚，芯片 4 引脚和 6 引脚输出的 5V 电压和 GND 也要要经过滤波，以保证电源的质量。

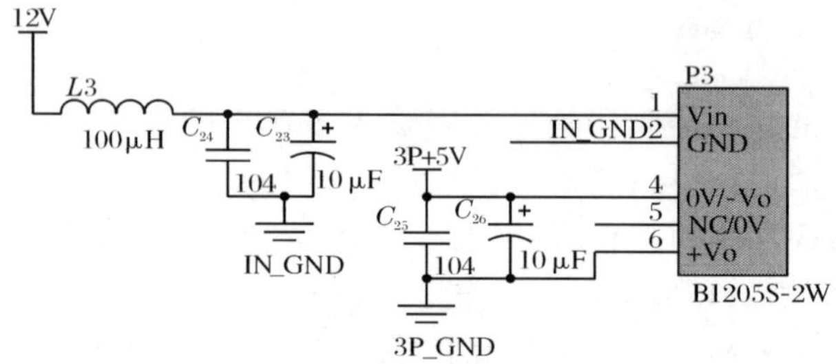

图 9.6　5V 电源模块

2) 12V 电源

由于在系统中使用了双电源的 12V 运放,因此需要加入±12V 的电源,同时使用 12V 电源对型号为 8050 的三极管进行驱动。图 9.7 为±12V 电源模块。

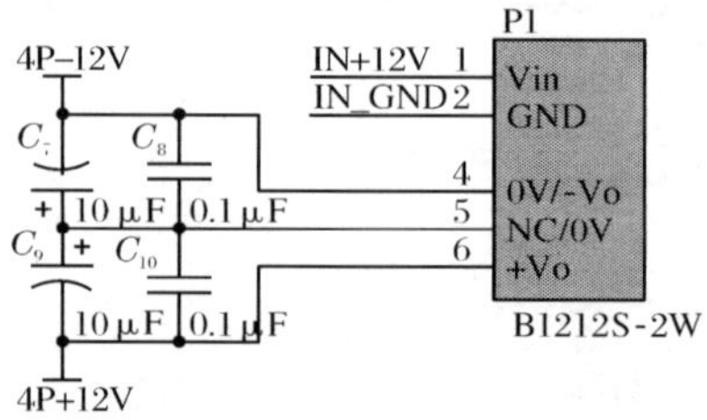

图 9.7　±12V 电源模块

图 9.7 中,芯片 1 引脚和 2 引脚所接的电源为经过滤波的 12V 车载电源,4 引脚、5 引脚和 6 引脚分别引出−12V、GND 和+12V 三种电压,经滤波后输出。12V 变为 12V 的过程经过了两次滤波,因此能够输出较为稳定的电压,保证器件正常工作。

3) 24V 电源

整车控制器需要驱动较大容量的继电器,因此需要引入适合的电源。若汽车采用 24V 的继电器,则需要加入 24V 电源,用于驱动继电器。24V 电源电压高于车载电源电压,因此需要加入升压模块,可使用 CS5171 芯片搭建一个 12~24V 的升压电路,如图 9.8 所示。

4) 时钟晶振电路

本设计的单片机系统由一个 16MHz 的晶振作为主时钟,电路为一般的晶振电路,如图 9.9 所示。

3. 复位电路和断电保护电路

1) 复位电路

PIC 系列单片机具有上电复位功能,中高端系列还具有低电压复位功能,因此

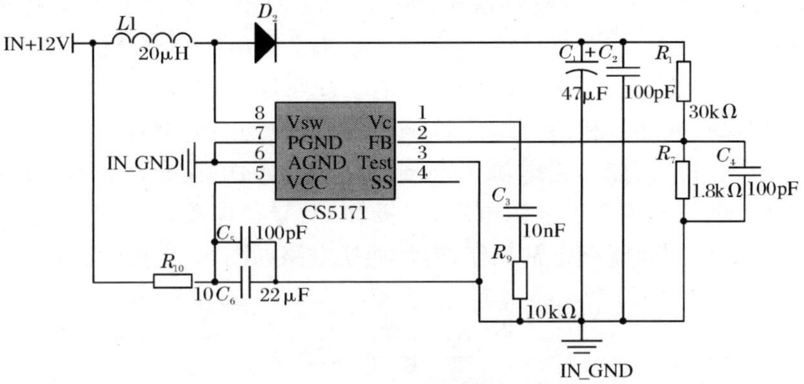

图 9.8　24V 电源模块

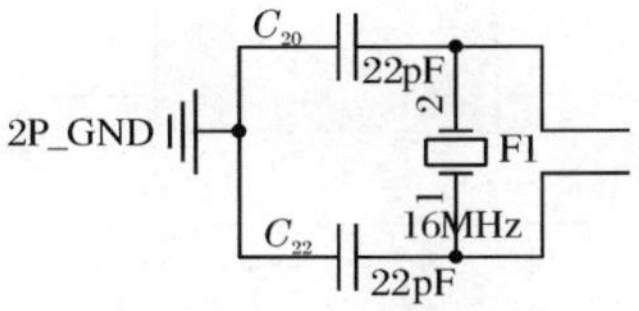

图 9.9　时钟电路

只需设计一个简单的手动复位电路，以防单片机程序跑飞或发生故障时通过复位电路重置系统。

图 9.10 为一个简单的按钮复位电路，按下 S_1，电压瞬间被拉低至 0；松开后，单片机通过 1024 个时钟周期的延时完成复位。

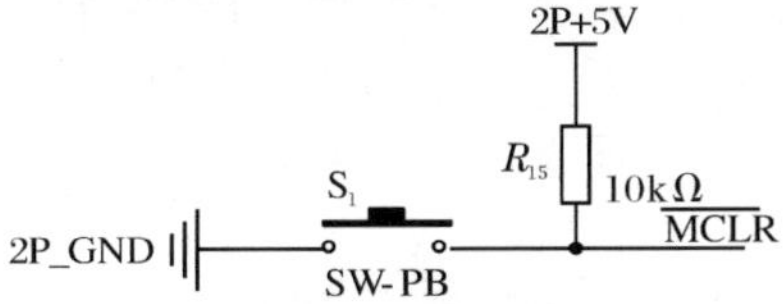

图 9.10　复位电路

2）断电保护电路

整车控制器是纯电动汽车控制系统的核心，是信息交流的枢纽，因此需要在断电时保存重要信息，以防出现不可恢复的错误。单片机 PIC18F258 中内置了一片 256B 的 EEPROM，在系统断电时可以及时把重要信息写进 EEPROM，当系统恢复正常时取出，保证系统的正常运行。

本节设计的断电保护电路由两部分组成，一部分是电源电压检测电路，另一部分是备用电池切换电路。其中，电源电压检测电路以 TL7705 为核心，并根据

TL7705 芯片手册上的参考电路搭建,如图 9.11 所示,7 引脚和 2 引脚接电源电压,当电源电压低于 4.5V 时,TL7705 的 5 引脚会输出一个复位信号,把 5 引脚与单片机的 RB0 连起来,作为外部中断,当电压过低时,TL7705 发出中断信号,单片机进入数据保护程序。相对于电压检测电路,电池切换电路简单很多,仅通过二极管和电阻就可以完成。当电源正常供电时,电路向电池充电;当电源断电时或电压过低时,电池电压高于电源电压,二极管 D_5 导通向单片机系统供电,保证单片机在保存数据期间能够正常工作,电池切换电路如图 9.12 所示。

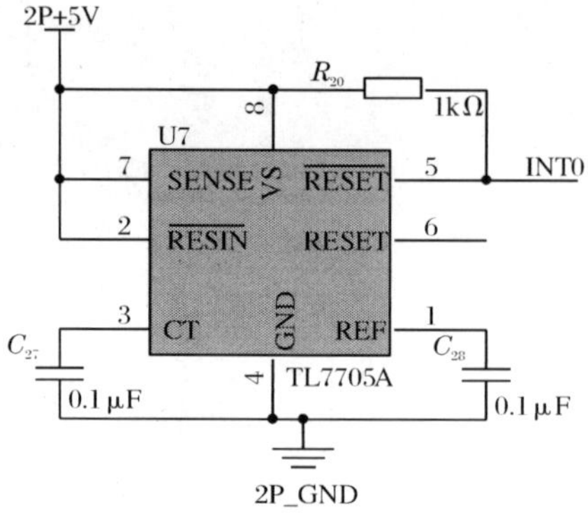

图 9.11　电源电压检测电路

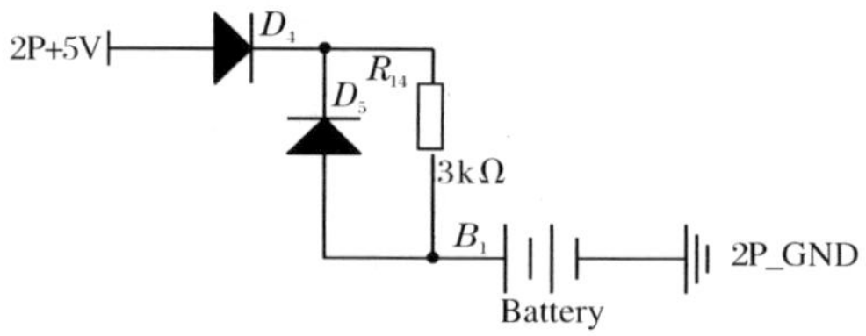

图 9.12　电池切换电路

4. 模拟信号采集处理电路设计

对于纯电动汽车整车控制器,最主要的两个模拟信号就是加速踏板信号和刹车踏板信号。这两个踏板的模型可以近似成一个电位器,输出电压为 0～5V,符合单片机的 A/D 转换模块的转换电压范围,因此模拟信号采集处理电路可以经过滤波后与电压跟随器直接接到单片机,如图 9.13 所示。

5. 开关量采集处理电路设计

目前,部分轿车取消了钥匙启动,所以开关量采集的主要是挡位信号。如果挡位信号有 4 个,分别为 P、N、D、R,且 4 个挡位可以等效为 4 个有源开关,那么开

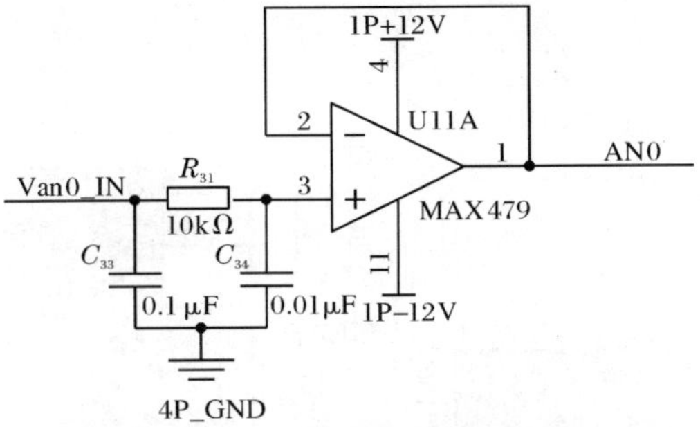

图 9.13 模拟信号采集处理电路

关量采集电路按照正常的有源开关信号采集电路设计即可。由于挡位的开关信号接的是 12V 车载电源，因此在接到单片机的 I/O 口前要经过光耦隔离和限流电阻，如图 9.14 所示。

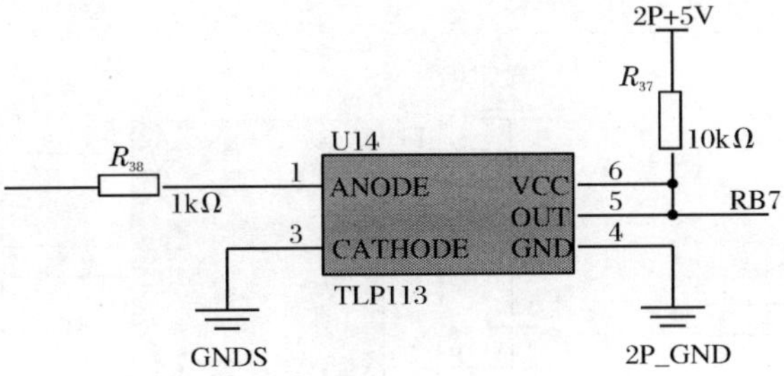

图 9.14　开关信号采集处理电路

6. 通信模块的设计

1) CAN 通信模块

整车控制器与各个子系统的通信主要靠 CAN 来完成，因此 CAN 通信模块的可靠性关系到整个系统能否正常工作。单片机 PIC18F258 内部集成了一个 CAN 模块，因此理论上外围电路只需要一片 PCA82C250 就可以完成，对收发器 PCA82C250 进行操作时只需要 TXD 和 RXD 两条数据线，大大简化了硬件电路的设计，提高了系统的可靠性。当然，为了减少多单片机的干扰，还需要加入光耦隔离，另外，CANH 和 CANL 与地之间并联两个小电容，可以起到滤除总线上高频干扰和防电磁辐射的作用。同时，为了达到电气隔离，光耦两端使用两个不同的电源。CAN 通信模块如图 9.15 所示。

2) RS-232 通信模块

整车控制器在线调试时需要与上位机通信，接受上位机的监测，因此控制系

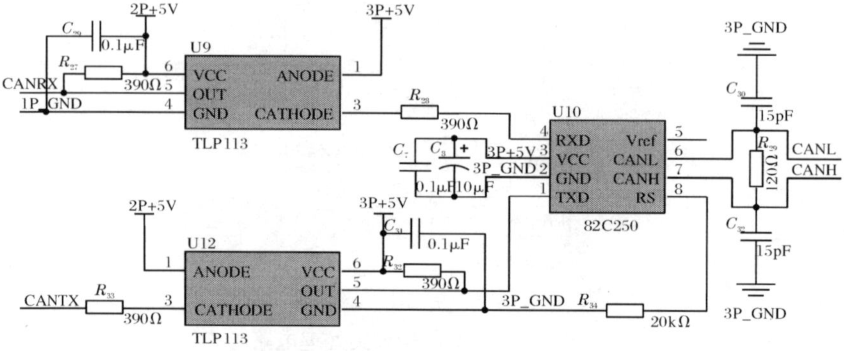

图 9.15　CAN 通信模块

统中要加入一个 RS-232 的串行通信接口，该串行通信接口也可以作为未来硬件拓展的接口。本设计中的 RS-232 通信模块使用的芯片是 MAX232，采用典型的 RS-232 通信电路，如图 9.16 所示。

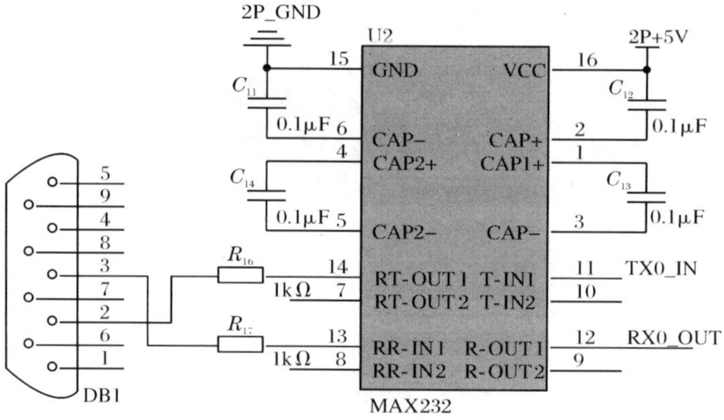

图 9.16　RS-232 通信模块

7. 功率驱动模块的设计

整车控制器的单片机系统工作电压为 5V，输出功率低。单片机 PIC18F258 的单个管脚最高漏电流为 400mA，因此驱动继电器这类功率较大的器件时需要增加功率驱动电路。本设计中的驱动电路为 3 路由 8050 三极管驱动的简单电路。8050 三极管的基极驱动电流小，理想驱动电流大于 30mA，可以通过单片机的 I/O 端口直接驱动。为了隔离干扰，三极管通过光耦 TLP521 连接到单片机，继电器驱动电源由 24V 电源提供。功率驱动模块如图 9.17 所示。

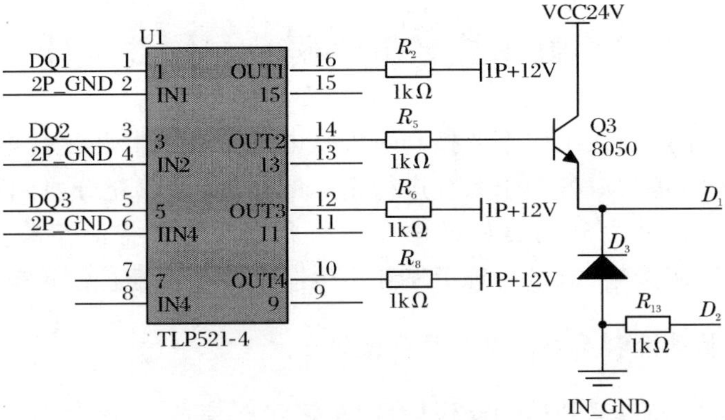

图 9.17　功率驱动模块

9.2.2　抗干扰设计

为了提高单片机系统的可靠性,必须对系统进行抗干扰设计。对于由单片机最小系统组成的整车控制器,时钟晶振电路和电源电路是最有可能引入干扰的两个部分。时钟晶振电路是单片机的时钟,同时也是一个高频的干扰源,因此进行印刷电路板设计时要对其做特殊处理,具体要满足以下要求[3]。

(1) 时钟产生器尽量靠近该时钟的器件。

(2) 尽量让时钟信号回路周围电路趋近 0,用地线将时钟圈起来,时钟线要尽量短。

(3) 石英晶振外壳要接地。

(4) 石英晶振下面和对噪声特别敏感的器件下面不要走线。

(5) 单片机的每个电源端和接地端都要接一个去耦电容,且去耦电容要尽量靠近单片机系统。

接地是电子兼容技术中非常重要的内容,接地的设计直接影响到系统的电磁兼容性。本次设计的控制器电路有 4 种地线:24V 驱动模块电源与汽车电平的公共地 IN_GND、±12V 的模拟地 1P_GND、两个 5V 电源分别为单片电源地 2P_GND 和光耦隔离侧电源地 3P_GND。由于控制器工作频率不是很高,1P_GND 与单片机 5V 电源的接地设计采用并联单点接地,如图 9.18 所示。

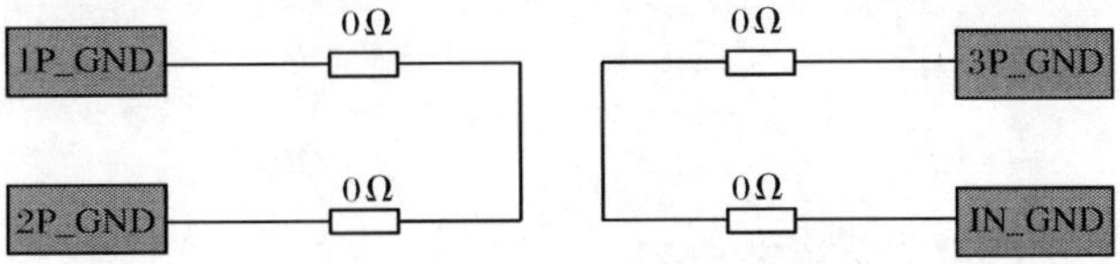

图 9.18　并联单点接地

9.3　整车控制策略研究与软件设计

纯电动汽车控制系统的主要控制对象是电动机控制器和复合电源管理系统。完善的控制策略是指对各个子系统进行正确的指挥，能够充分协调和发挥出整车各个部件的优势，从而获得良好的整车运行状态。整车控制策略大致包括三部分：行驶驱动控制策略、能量管理策略和再生制动能量回馈控制策略等。

9.3.1　行驶驱动控制策略研究与程序设计

整车控制器采集驾驶员的操作信息、车辆状态信息等，经过计算后，向电动机控制器和复合电源管理器发出相应的指令，从而回馈驾驶员的操作要求。

电动机驱动转矩和制动转矩由加速踏板和刹车踏板的输入信号决定。其中，电子油门和电子刹车的原理如图 9.19 所示。

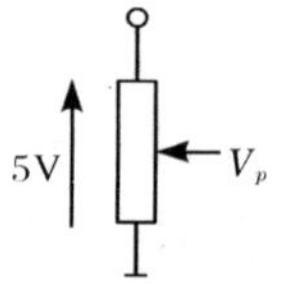

图 9.19　电子踏板原理图

电子油门和电子刹车输入电压 V_p 为 0～5V，利用程序设定成踏板的开度。

驱动力矩和制动力矩的代数和即为驾驶员的需求转矩。同时，复合电源的电压、电流、SOC 等限制整车驱动力矩的输出和制动能量的回收。车速是整车运行状态的反映，在考虑力矩输出时也要结合当前电动机的转速等。本小节将从以下两方面考虑驱动力矩的输出。

1. 从电动机自身的特点考虑

这里选择从直流电动机的角度进行分析，假设控制对象为直流无刷电动机。当电动机处于电动状态时，具有以下特性：电动机转速 n 在额定转速 n_N 以下时，电动机转矩恒定为最大转矩 T_{out_max}；电动机转速 n 在额定转速 n_N 以上时，电动机为恒功率输出这两种情况的具体表达式为

$$T_{out}=\begin{cases}T_{max}, & n\leqslant n_N\\ \dfrac{9550\times P_N}{n_N}, & n>n_N\end{cases}\tag{9.1}$$

式中，T_{out} 为输出转矩；P_N 为额定功率。

根据这个特性，在电动机运行时，将电动机实际转矩和最大转矩进行比较，取

较小者。

2. 从电池和超级电容的充放电特性考虑

电动机驱动和发电的最大功率受到电池和超级电容充放电能力的限制，因此在考虑电动机输入输出功率前，要先考虑电池及超级电容的最大输入/输出功率。以下分别介绍电池和超级电容的最大输入/输出功率。

(1) 电池的最大输入/输出功率，可表示为

$$\begin{cases} P_{\text{bat\_charg\_max}} = V_{\text{charg}} I_{\text{charg\_max}} - R I_{\text{charg\_max}}^2 \\ P_{\text{bat\_dis\_max}} = V_{\text{dis}} I_{\text{dis\_max}} - R I_{\text{dis\_max}}^2 \end{cases} \tag{9.2}$$

式中，$P_{\text{bat_dis_max}}$为电池的最大放电输出功率；V_{dis}为放电开路电压；$I_{\text{dis_max}}$为最大放电电流；R 为等效内阻；$P_{\text{bat_charg_max}}$为最大充电输入功率；$I_{\text{charg_max}}$为最大充电输入电流。

(2) 超级电容的最大输入/输出功率，可表示为

$$\begin{cases} P_{\text{cap\_charg\_max}} = (V_{\text{charg}} - I_{\text{charg\_max}} R) I_{\text{dis\_max}} \\ P_{\text{cap\_dis\_max}} = (V_{\text{dis}} - I_{\text{dis\_max}} R) I_{\text{charg\_max}} \end{cases} \tag{9.3}$$

式中，$P_{\text{cap_dis_max}}$为电容最大放电输出功率；V_{dis}为放电开路电压；R 为内阻；$I_{\text{dis_max}}$为最大放电输出电流；$P_{\text{cap_charg_max}}$为超级电容最大充电输入功率；$I_{\text{charg_max}}$为超级电容最大充电输入电流。

纯电动汽车的最大输出/输入功率为电池和超级电容的最大输出/输入功率之和，即复合电源的最大输出/输入功率。在汽车驱动时，电动机的需求功率/回馈功率不能大于复合电源的最大输出/输入功率。若电动机需求功率小于电源最大输出功率，则输出电动机实际需求功率，否则只能输出电源的最大功率。行驶驱动策略流程如图 9.20 所示。

9.3.2　能量管理策略研究与程序设计

1. 电动汽车能量流向研究

能量管理是纯电动汽车的核心设计。由于纯电动汽车的能量来源是蓄电池，能量十分有限，因此如何提高能量的使用效率和回收率一直是电动汽车的热门研究方向。要进行能量管理，首先要了解纯电动汽车工作时的能量流动。

锂离子电池和超级电容混合动力电动汽车在不同运行状态下具有不同的功率需求：需求功率很大时，锂离子电池和超级电容共同供电；需求功率小时，锂离子电池主要供电；需求功率为负时，超级电容主要吸收能量[3]。表 9.1 中，DD 为 DC/DC 变换器，C 为超级电容，M 为驱动电动机，BA 为锂离子电池，“—”为母线，“→”为能量流向。

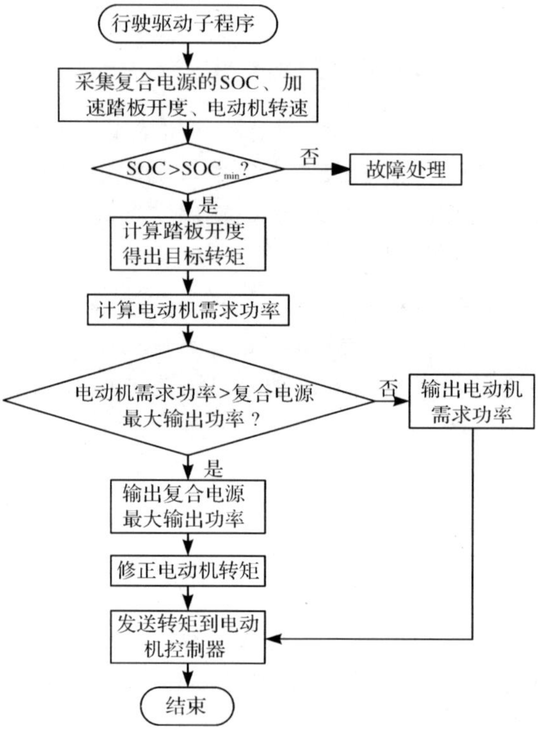

图 9.20　行驶驱动策略流程

表 9.1　电-电混合动力电动汽车工作模式

序号	能量流向图	工作模式	适用工况
1	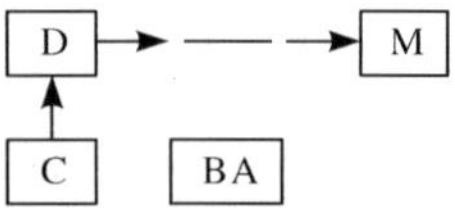	超级电容单独驱动	适用于汽车起步或需要很大功率的短时加速情况。此时，只有超级电容工作，蓄电池不工作
2	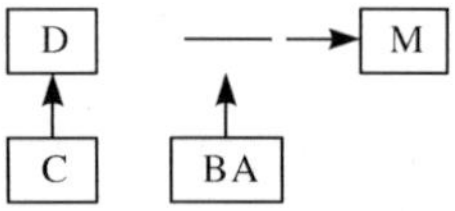	蓄电池单独驱动	汽车巡航行驶时，即使车速很高，需要的功率也不大。此时，只有蓄电池工作，超级电容不工作
3	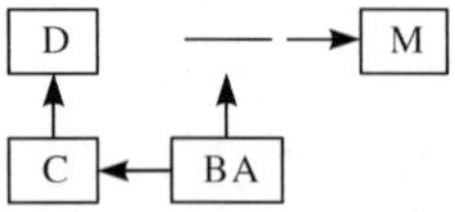	蓄电池单独驱动同时给超级电容充电	当汽车需求功率不大且超级电容 SOC 值低于设定值时，蓄电池提供驱动功率并给超级电容充电
4	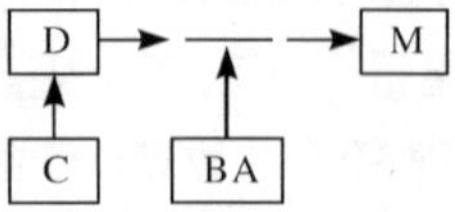	蓄电池和超级电容共同提供驱动功率	汽车加速或爬坡时，若超级电容 SOC 值下降到允许下限不能提供足够功率，则蓄电池和超级电容共同供电

续表

序号	能量流向图	工作模式	适用工况
5	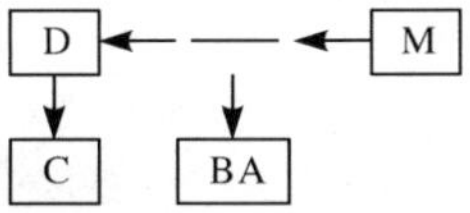	蓄电池和超级电容再生制动	当汽车减速或下坡行驶时，回收的制动能量分别流向超级电容和蓄电池
6	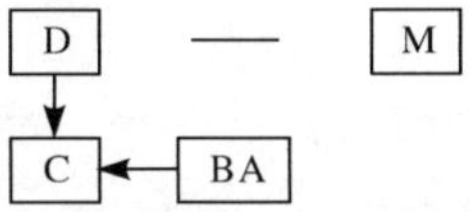	蓄电池向超级电容充电	汽车停车且超级电容 SOC 值低于设定值时，蓄电池向超级电容充电

综上所述，能源管理策略需要结合实际的汽车工况，整车控制器进行实时计算和分析，向复合电源管理系统和电动机控制器发出相应的指令，保证电动汽车的正常运行。车辆行驶过程中存在大量的加速、巡航、减速等操作，整车控制器必须实时采集整车状况，以进行实时能量管理。

2. 基于模糊控制的能源管理策略研究

模糊控制器的鲁棒性较好，对于非线性的、强耦合的、时变的、复杂的系统可以进行简单有效的控制，在工业生产和实验操作中，模糊控制器应用广泛。

这里设计模糊控制器对电-电混合动力汽车的双能源(复合电源)进行能量管理。模糊控制器的设计主要包括以下四个步骤。

1) 确定模糊控制器的结构

选用 Mamdani 型模糊控制器作为模糊控制器，输入变量有三个，输出变量只有一个，三个输入变量分别为电动机需求功率 P_{req}、磷酸铁锂离子电池 SOC_{Li}和超级电容 SOC_{cap}，输出变量为磷酸铁锂离子电池的输入/输出功率所占驱动电动机需求功率的百分比 K_{Li}。

2) 定义输入、输出量的模糊分布

所有的模糊子集都选取高斯型隶属函数。电动机需求功率涵盖输入量的论域为[−1,1]，它的模糊集合为 $P_{req}=\{NB,NM,NS,ZE,PS,PM,PB\}$，NB(负大)、NM(负中)、NS(负小)、ZE(零)、PS(正小)、PM(正中)、PB(正大)的隶属度函数分别为

$$\mathrm{NB}(x)=\begin{cases}1, & -1\leqslant x\leqslant -0.85\\ \mathrm{e}^{-\frac{(x+0.85)^2}{0.0117}}, & -0.85< x\leqslant -0.5\end{cases}\tag{9.4}$$

$$\mathrm{NM}(x)=\mathrm{e}^{-\frac{(x+0.57)^2}{0.0117}},\quad -0.87\leqslant x\leqslant -0.27\tag{9.5}$$

$$\mathrm{NS}(x)=\mathrm{e}^{-\frac{(x+0.29)^2}{0.0117}},\quad -0.59\leqslant x\leqslant 0.01\tag{9.6}$$

$$\mathrm{ZE}(x)=\mathrm{e}^{-\frac{x^2}{0.0117}},\quad -0.30\leqslant x\leqslant 0.30\tag{9.7}$$

$$\mathrm{PS}(x)=\mathrm{e}^{-\frac{(x-0.29)^2}{0.0117}},\quad -0.001\leqslant x\leqslant 0.59 \tag{9.8}$$

$$\mathrm{PM}(x)=\mathrm{e}^{-\frac{(x-0.57)^2}{0.0117}},\quad 0.27\leqslant x\leqslant 0.87 \tag{9.9}$$

$$\mathrm{PB}(x)=\begin{cases}\mathrm{e}^{-\frac{(x-0.85)^2}{0.0117}}, & 0.5\leqslant x\leqslant 0.85\\ 1, & 0.85<x\leqslant 1\end{cases} \tag{9.10}$$

磷酸铁锂离子电池涵盖输入量的论域为[0,1]，它的 F 集合为 $\mathrm{SOC_{Li}}=\{\mathrm{LE},\mathrm{ME},\mathrm{GE}\}$，LE(较小)、ME(中)、GE(较大)的隶属度函数分别为

$$\mathrm{LE}(x)=\begin{cases}1, & 0\leqslant x\leqslant 0.32\\ \mathrm{e}^{-\frac{(x-0.32)^2}{0.037}}, & 0.32<x\leqslant 0.66\end{cases} \tag{9.11}$$

$$\mathrm{ME}(x)=\mathrm{e}^{-\frac{(x-0.57)^2}{0.037}},\quad 0.32<x\leqslant 0.82 \tag{9.12}$$

$$\mathrm{GE}(x)=\begin{cases}\mathrm{e}^{-\frac{(x-0.91)^2}{0.037}}, & 0.68\leqslant x\leqslant 0.91\\ 1, & 0.91<x\leqslant 1\end{cases} \tag{9.13}$$

电动机需求功率的隶属度函数分布如图 9.21 所示。

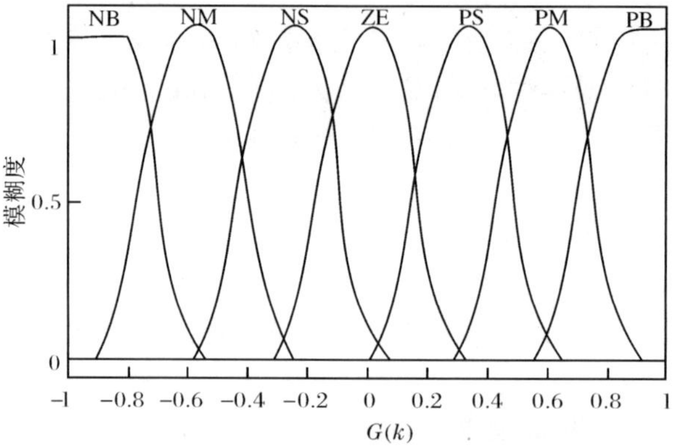

图 9.21　电动机需求功率的隶属度函数分布

磷酸铁锂离子电池 SOC 值的隶属度函数分布如图 9.22 所示。

超级电容涵盖输入量的论域为[0,1]，它的 F 集合为 $\mathrm{SOC_{cap}}=\{\mathrm{LE},\mathrm{ME},\mathrm{GE}\}$，LE(较小)、ME(中)、GE(较大)的隶属度函数分别为

$$\mathrm{LE}(x)=\begin{cases}1, & 0\leqslant x\leqslant 0.32\\ \mathrm{e}^{-\frac{(x-0.32)^2}{0.037}}, & 0.32<x\leqslant 0.66\end{cases} \tag{9.14}$$

$$\mathrm{ME}(x)=\mathrm{e}^{-\frac{(x-0.57)^2}{0.037}},\quad 0.32<x\leqslant 0.82 \tag{9.15}$$

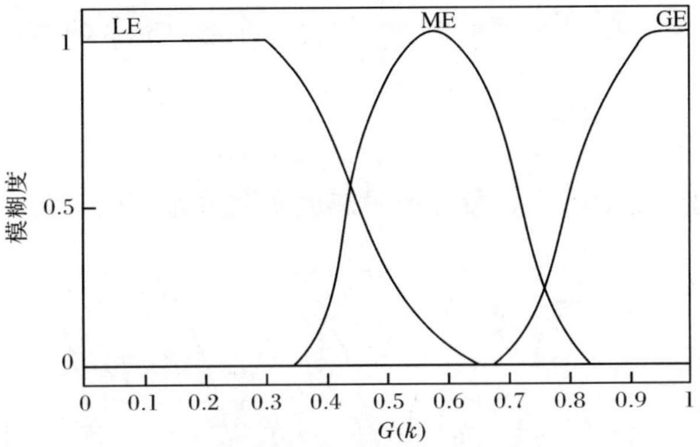

图 9.22　磷酸铁锂离子电池 SOC 值的隶属度函数分布

$$GE(x)=\begin{cases} e^{-\frac{(x-0.91)^2}{0.037}}, & 0.68\leqslant x\leqslant 0.91 \\ 1, & 0.91< x\leqslant 1 \end{cases} \tag{9.16}$$

超级电容 SOC 值的隶属度函数分布如图 9.23 所示。

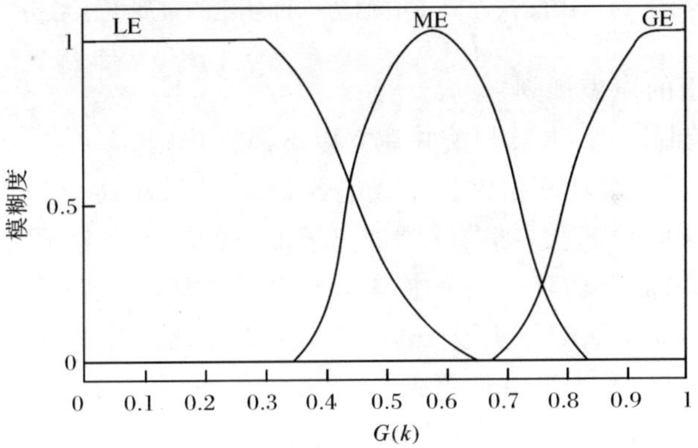

图 9.23　超级电容 SOC 值的隶属度函数分布

磷酸铁锂离子电池的输入或输出功率所占电动机功率的百分比 K_{Li} 的涵盖输入量的论域为[0,1]，它的 F 集合为 $K_{Li}=\{LE, ML, ME, MB, GE\}$，LE(较小)、ML(中小)、ME(中)、MB(中大)、GE(较大)的隶属度函数分别为

$$LE(x)=\begin{cases} 1, & 1\leqslant x\leqslant -0.09 \\ e^{-\frac{(x-0.09)^2}{0.0036}}, & 0.09\leqslant x\leqslant 0.22 \end{cases} \tag{9.17}$$

$$ML(x)=e^{-\frac{(x-0.25)^2}{0.00519}}, \quad 0.05\leqslant x\leqslant 0.55 \tag{9.18}$$

$$ME(x)=e^{-\frac{(x-0.50)^2}{0.0117}}, \quad 0.27\leqslant x\leqslant 0.73 \tag{9.19}$$

$$\mathrm{MB}(x)=\mathrm{e}^{-\frac{(x-0.75)^2}{0.00519}},\quad -0.30\leqslant x\leqslant 0.30 \tag{9.20}$$

$$\mathrm{GE}(x)=\begin{cases}\mathrm{e}^{-\frac{(x-0.91)^2}{0.0036}}, & 0.78\leqslant x\leqslant 0.91\\ 1, & 0.91< x\leqslant 1\end{cases} \tag{9.21}$$

磷酸铁锂离子电池功率百分比的隶属度函数分布如图 9.24 所示。

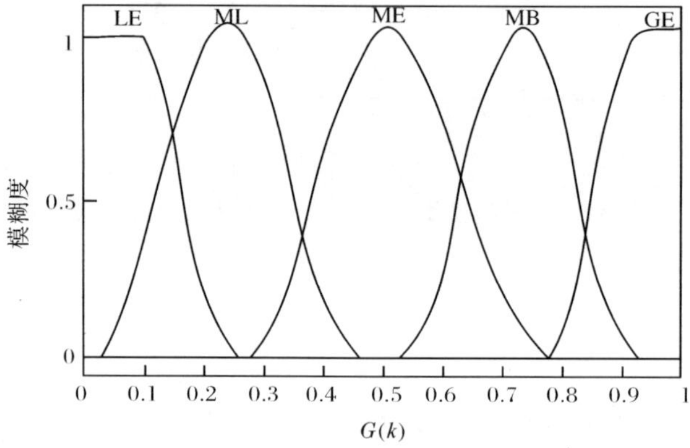

图 9.24 磷酸铁锂离子电池功率百分比的隶属度函数分布

3) 建立清晰的模糊规则

根据模糊控制原理,本节归纳并建立以下模糊规则。

(1) 当电动机需求功率很大且超级电容 SOC 值较小时,在安全上限内的磷酸铁锂离子电池 SOC 值越大,则磷酸铁锂离子电池的功率百分比越大。

(2) 当电动机需求功率在一个中等大小的范围内且超级电容和磷酸铁锂离子电池 SOC 值较大时,磷酸铁锂离子电池的功率百分比选择适中。

(3) 当电动机功率为负值且超级电容 SOC 值较小时,在安全上限内磷酸铁锂离子电池 SOC 值与其功率百分比大小成反比。

……

将模糊规则进行组合搭配和详细分类后,可设立 63 条模糊控制规则,如表 9.2 所示。

表 9.2 电-电混合动力电动汽车的能量管理模糊控制规则表

序号	逻辑规则
1	if(P_{req} is NB)and(SOC_{Li} is LE)and(SOC_{uc} is LE) then(K_{Li} is ME)
2	if(P_{req} is NB)and(SOC_{Li} is ME)and(SOC_{uc} is LE) then(K_{Li} is ML)
3	if(P_{req} is NB)and(SOC_{Li} is GE)and(SOC_{uc} is LE) then(K_{Li} is LE)
4	if(P_{req} is NB)and(SOC_{Li} is LE)and(SOC_{uc} is ME) then(K_{Li} is MB)

续表

序号	逻辑规则
5	if(P_{req} is NB)and(SOC_{Li} is LE)and(SOC_{uc} is GE) then(K_{Li} is GE)
6	if(P_{req} is NM)and(SOC_{Li} is LE)and(SOC_{uc} is LE) then(K_{Li} is ME)
⋮	⋮
61	if(P_{req} is PB)and(SOC_{Li} is GE)and(SOC_{uc} is LE) then(K_{Li} is GE)
62	if(P_{req} is PB)and(SOC_{Li} is GE)and(SOC_{uc} is ME) then(K_{Li} is MB)
63	if(P_{req} is PB)and(SOC_{Li} is GE)and(SOC_{uc} is GE) then(K_{Li} is MB)

4）输出量的清晰化

进行模糊逻辑推理后，输出的是模糊集合，通过简称模糊转经典模块（F/D模块）的最大隶属度法，可将上述步骤得到的结论数据化。

3. 能量管理策略程序设计

将按上述方法设计的模糊控制器整合成一个模块，可以简化能量管理策略的程序，图 9.25 为能量管理策略程序流程。

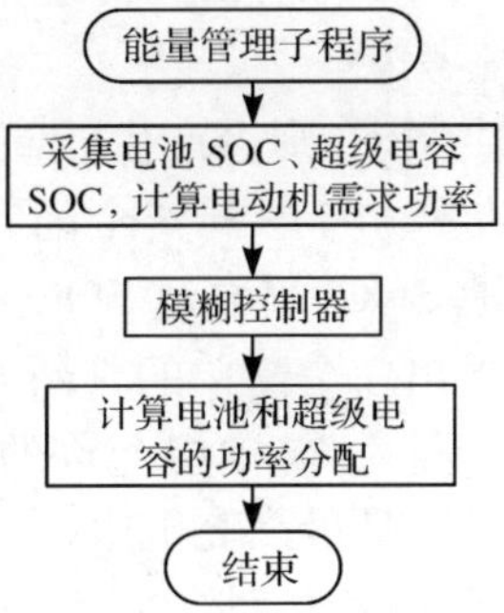

图 9.25　能量管理策略程序流程

9.3.3　再生制动能量回馈控制策略研究与程序设计

因为纯电动汽车具有制动能量回馈的能力，所以纯电动汽车在能量的使用效率上优于内燃机汽车。电动汽车的制动能量是通过电动机产生制动力矩来回馈的。相对于内燃机汽车，电动汽车的制动方式分为液压制动和再生制动两种，纯电动汽车的再生制动需要两种制动方式的配合。当车速太低时，电动机定子侧产生的感应反电动势过小，制动力矩过小，不能起到很好的制动效果，此时液压制动介入；反之，当车速太高时，靠电动机的制动力矩不足以达到需要的制动效果，此时液压制动介入。

除此之外，应当考虑电池的充电特性。当车速很高时，若进行再生制动，则会产生较高的电压，向电池充电时有可能高于电池允许的最大可充电功率。考虑到安全问题，此时要减少再生制动，加大液压制动。同时需要考虑电池 SOC，当电池 SOC 值高于上限时，停止再生制动。

关于电动机制动力矩修正策略，与 9.3.1 节中的行驶驱动策略类似，也从电动机的自身特性和复合电源的自身特性两方面考虑。

1）从电动机的自身特性考虑

电动机回馈电能时，处于制动状态，此时的特性和电动状态是基本相同的，但是在制动状态时要多增加一个状态，当电动机转速小于一个较小值 n_0 时，由于制动力矩太小，为了方便控制，设定电动机的制动转矩为 0，此时全部制动力为液压制动，因此制动力矩 T_{re} 可以表示为

$$T_{re}=\begin{cases}0, & n<n_0 \\ \dfrac{9550P_{in\_max}}{n_N}, & n_0\leqslant n<n_N \\ \dfrac{9550P_{in\_max}}{n}, & n\geqslant n_N\end{cases} \tag{9.22}$$

式中，P_{in_max} 为最大制动输入功率；n 为电动机转速。

2）从复合电源的自身特性考虑

当车速很高时，若进行再生制动，则会产生较高的电压，向电池充电时有可能高于电池允许的最大可充电功率。考虑到安全问题，此时要减少再生制动，加大液压制动。同时，需要考虑电池 SOC，当电池 SOC 值高于上限时，停止再生制动。为了防止出现以上问题，下面提出一个简单的判断方法。

设动力电池组标称电压为 V_{bat_N}，电池组允许的最高充电电压为 V_{bat_max}，电池组当前电压为 V_{bat}，过压系数 K_{over} 是最高充电电压与标称电压的比值，范围为 1～1.5。在制动过程中，控制器实时采集动力电池组电压，如果 $V_{bat}>V_{bat\_N}[1+0.5(K_{over}-1)]$，那么整车控制器开始降低制动功率；如果 $V_{bat}>V_{bat\_N}K_{over}$，那么将制动功率限制为零。再生制动子程序流程如图 9.26 所示。

9.3.4 纯电动汽车整车控制器软件设计

纯电动汽车是一个复杂的整体，由多个子系统组成，整车控制器相当于汽车的大脑，需要对各个子系统发出正确、及时的指令使整车运行在正常状态。软件的质量决定硬件运行的状况，软件相当于大脑的思考方式，整车控制器软件设计是赋予控制器处理各种情况的能力。

1. 整车控制器软件主流程

在整个控制系统上电以后，首先要进行初始化和系统自检，确保在汽车启动

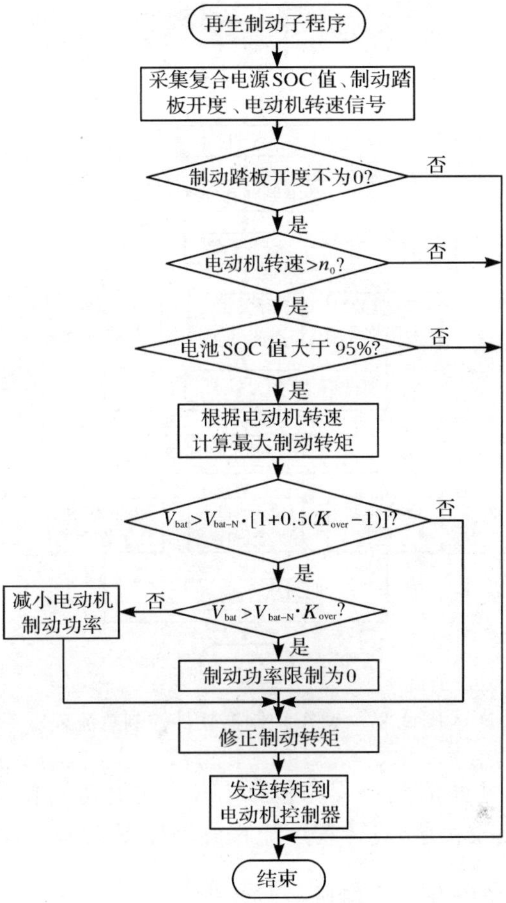

图 9.26　再生制动子程序流程

以前系统是正常的或者是可以运行的。在确保系统可以运行后，控制器开始采集整车数据(包括踏板信号、挡位信号、电动机控制器和复合电源系统的 CAN 数据等)，管理层进行控制策略的判断计算以及发出控制指令给各个执行机构。整车控制器软件控制总流程如图 9.27 所示。

对整车控制器软件控制总流程进行设计后，需按照流程的框架对其功能进行模块设计。其中，整车控制策略在 9.3.1～9.3.3 节已经详细介绍，在此不再赘述。

2. CAN 通信模块程序设计

整车控制器系统中，控制器依赖 CAN 与各个子系统进行信息交换，因此通信程序必须稳定可靠。设计中选用 PIC 系列单片机，既集成了 CAN 通信功能，又简

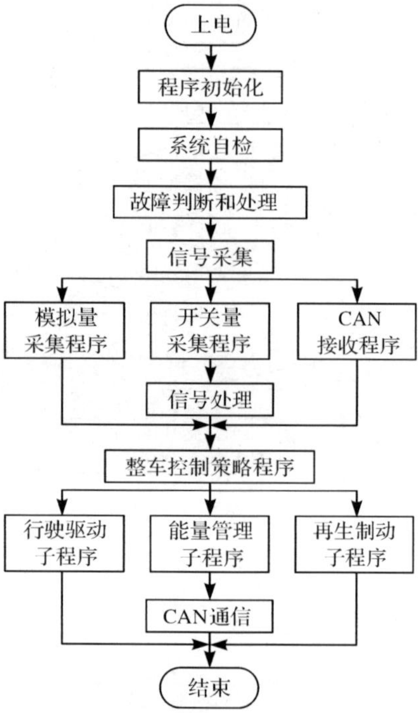

图 9.27　整车控制器软件控制总流程

化了程序设计。CAN 通信模块程序包括 CAN 通信初始化程序、CAN 通信发送程序及 CAN 通信接收程序，具体程序流程分别如图 9.28～图 9.30 所示。

3. 信号采集处理程序与中断服务程序设计

需要获取实时的信息来判断整车状况，尤其是需要及时响应踏板信号和挡位信号及 CAN 到控制器的数据信息，否则会影响驾驶员的安全。这些信号必须要优先处理，因此把它们的处理程序放到中断服务程序中。

1）模拟信号采集程序

PIC18F258 单片机的 RA0、RA1、RA2、RA3 和 RA5 I/O 端口是模拟量输入口，模拟量信号经过调理电路处理后直接送到这 5 个输入口，A/D 转换结束后，相应的中断标志位 ADIF 置 1，进入中断。本设计只用到 RA0、RA1，模拟信号采集程序流程如图 9.31 所示。

2）开关信号采集程序

设计中，假设采集的开关信号只有挡位信号。PIC 系列单片机具有外部中断特性，将设置单片机 PORTB 的高 4 位端口为输入时具有检测电平变化的功能。当 4 个管脚的电平与上一次检测到的电平不同时，内部硬件电路自动把中断标志

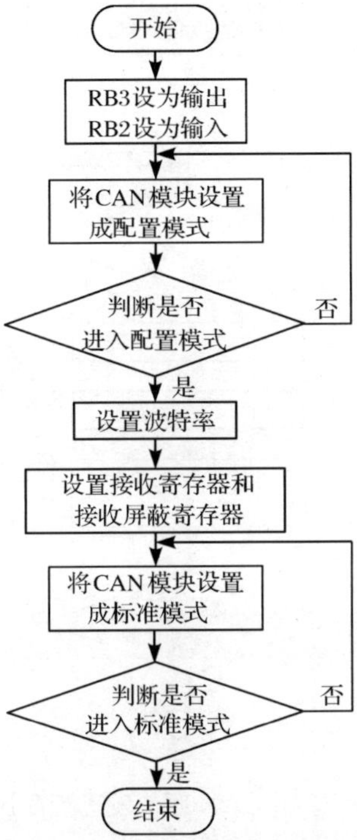

图 9.28　CAN 通信初始化程序流程

位 PBIF 置 1,间隔一段时间后对该中断标志位进行检测即可快速响应挡位变化,判断出当前的挡位,并且把判断后的挡位对应的电动机命令发送给电动机控制器。开关信号采集程序流程见图 9.32。

3) 外部中断断电保护程序

在系统断电时,单片机要及时把重要的数据保存到 EEPROM 中。9.2 节专门介绍了采用断电保护电路来实现此功能。在断电时,断电保护电路会给单片机的 INT0 端口一个中断信号,程序立刻跳转到这个中断进行快速保存数据,外部中断断电保护程序流程如图 9.33 所示。

4) 中断服务主程序

中断服务主程序主要负责标志位的检测和相应中断的跳转,其程序流程如图 9.34 所示。

4. 故障判断和处理程序设计

系统故障是难以避免的,为了避免故障引起安全问题,系统需时刻检测故障是否存在,然后做出实时处理。故障的类型很多,有的可以不用马上处理,有的必须停车处理。因此,对故障处理的前提是对故障进行分级。根据故障的严重性,

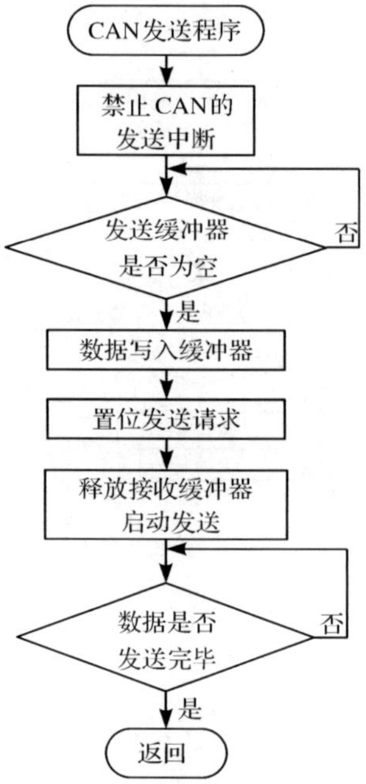

图9.29　CAN通信发送程序流程

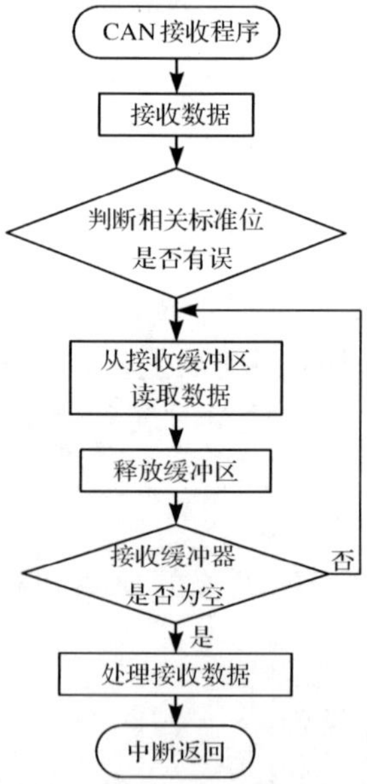

图9.30　CAN通信接收程序流程

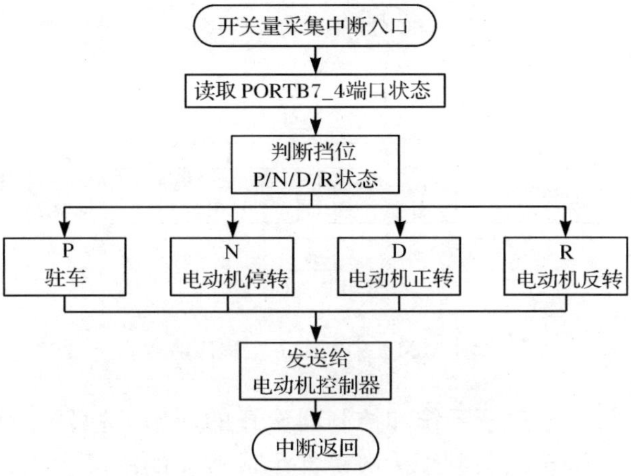

图 9.31　模拟信号采集程序流程

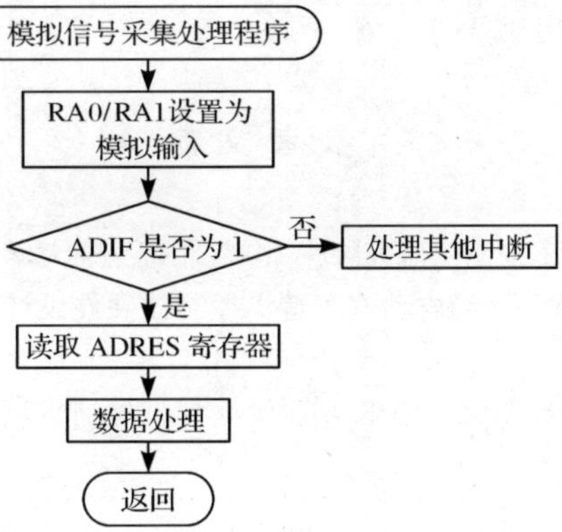

图 9.32　开关信号采集程序流程

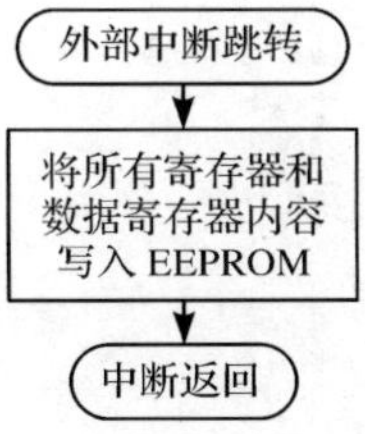

图 9.33　外部中断断电保护程序流程

可以把故障分为轻微故障、一般故障和严重故障三级。

在纯电动汽车系统中，电动机控制器、复合电源管理系统和很多子系统都有故障诊断功能，各个系统把各自的故障转换成故障代码发送给整车控制器。对于

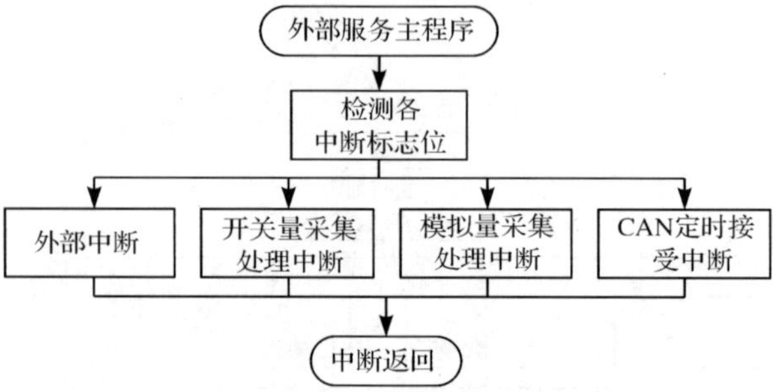

图 9.34　中断服务主程序流程

CAN 通信故障，可以通过子系统和控制器设置的通信计数器来诊断，在一定时间内通信的次数少于固定次数判断为故障并生成相应的故障代码；对于长时间没有应答的子系统也可以判断为故障，也生成故障代码。整车控制器把故障代码与对应的各类故障处理规则进行匹配，然后根据预先制定的处理规则进行故障处理。由于故障类型很多，这里就不一一列举了。

参考文献

[1] 杨庆保. 纯电动汽车整车控制器研究[D]. 北京：北京交通大学，2012.

[2] 马宇坤，郭艳萍，翟世欢，等. 纯电动汽车整车控制器硬件设计[J]. 汽车工程师，2014，(12)：30-33.

[3] 谭建蓉. 电动汽车整车控制器电磁兼容性设计与试验研究[J]. 自动化与仪器仪表，2014，(10)：19-21.

彩 图

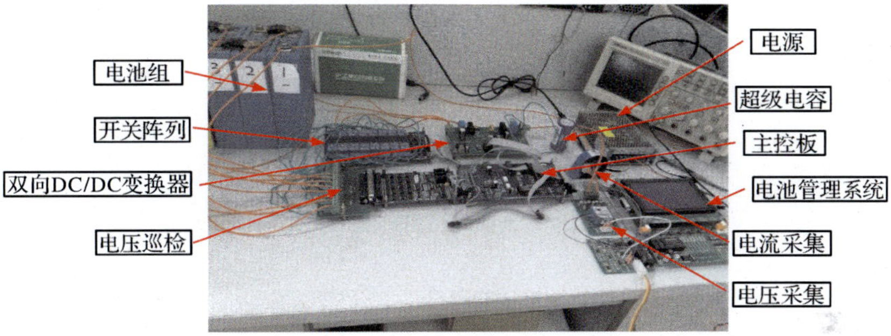

图 5.48 均衡系统实验台

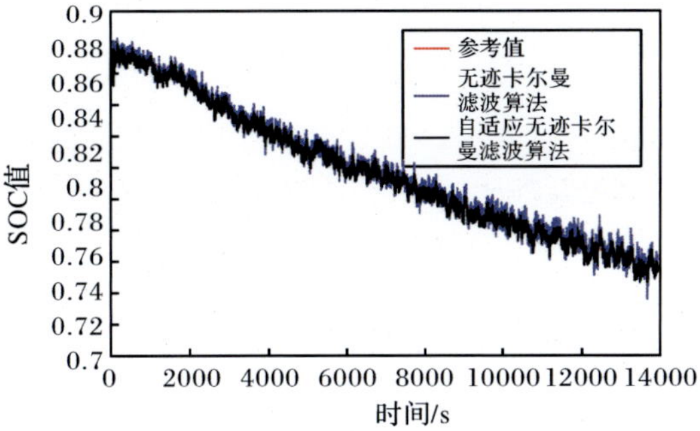

图 6.12 UDDS 工况下的锂离子电池 SOC 估计

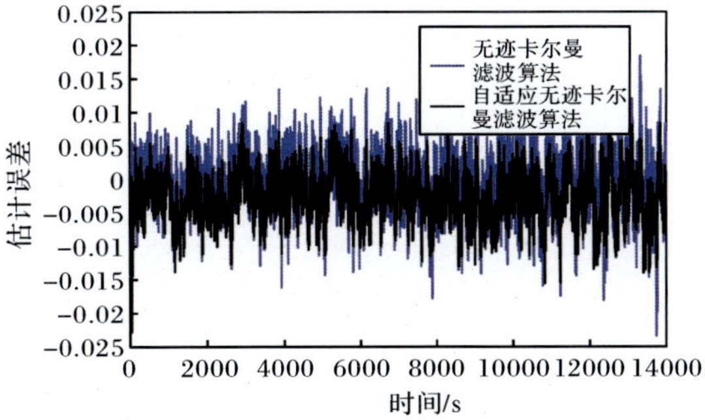

图 6.13 UDDS 工况下的锂离子电池 SOC 估计误差

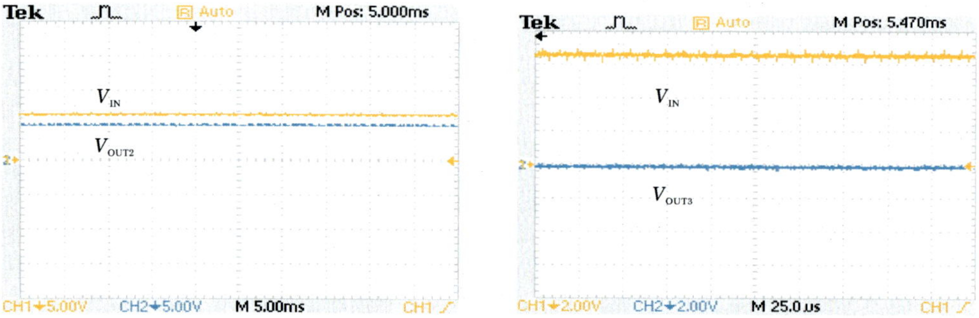

(a) 电阻-电容无源滤波法输出 V_{OUT2}　　(b) 有效值反相叠加法输出 V_{OUT3}

图 7.38　实际测试输出结果对比

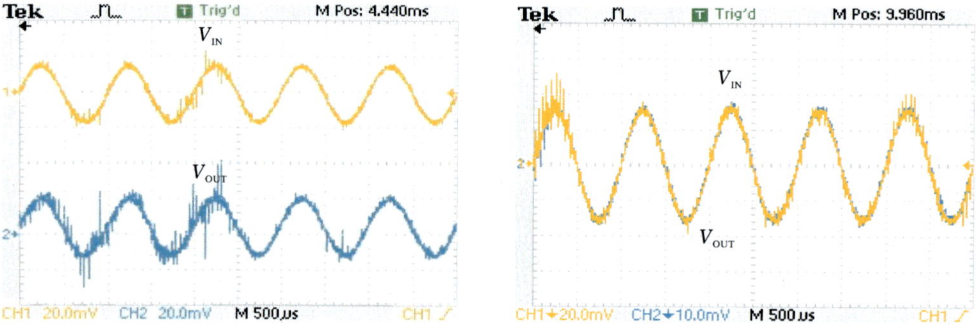

(a) 有效值反相叠加法的交流输出　　(b) AD637 电位补偿后的交流输出

图 7.39　有效值反相叠加法的交流输出和 AD637 电位补偿后的交流输出

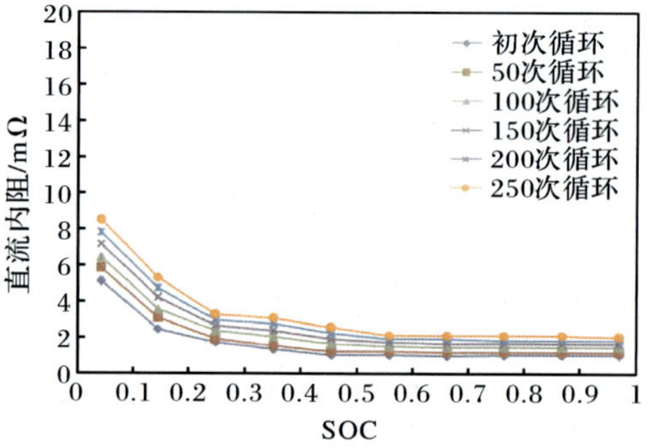

图 7.49　锂离子电池直流内阻谱